张中行 著

禅外说禅

北京出版集团
北京十月文艺出版社

目　录

第一章　弁言　1

第二章　观照人生　17

第三章　佛法通义　36

第四章　中土佛教　69

第五章　禅宗史略　118

第六章　禅悟的所求　197

禅外説禅

第七章　渐与顿　228

第八章　师徒之间　264

第九章　机锋公案　306

第十章　禅悦和禅风　347

第十一章　理想与实际　369

第十二章　可无的赘疣　384

第十三章　禅的影响（上）　407

第十四章　禅的影响（下）　441

第十五章　余论　467

第一章 弁言

1.1.1 缘起（一）

想起我与禅的关系，说来话长。最早大概是青少年时期，看《红楼梦》，第九十一回写黛玉和宝玉用禅语问答：

> 黛玉乘此机会，说道："我便问你一句话，你如何回答?"宝玉盘着腿，合着手，闭着眼，噘着嘴道："讲来。"黛玉道："宝姐姐和你好，你怎么样? 宝姐姐不和你好，你怎么样? 宝姐姐前儿和你好，如今不和你好，你怎么样? 今儿和你好，后来不和你好，你怎么样? 你和他好，他偏不和你好，你怎么样? 你不和他好，他偏要和你好，你怎么样?"宝玉呆了半晌，忽然大笑道："任凭弱水三千，我只取一瓢饮。"黛玉道："瓢之漂水，奈何?"宝玉道："非瓢漂水，水自流，瓢自漂耳。"黛玉道："水止珠沉，奈何?"宝玉道："禅心已作沾泥絮，莫向春风舞鹧鸪。"黛玉道："禅门第一戒是不打诳语。"宝玉道："有如三宝。"

话扑朔迷离，像是句句有言外之意，觉得有意思。甚至觉得巧，因为化显为隐，使难说的变为可以说。

过了些年，兴趣早已离开编撰的故事而转到实在的人生。自己思索，疑难很多，于是求外援，希望能够"朝闻道"；未能如愿，只好多方寻求，看看所谓贤哲都是怎么想的。这包括古今中外。这里撇开外和今，专说中和古。就现存的文献说，儒家大概是最靠前的（《老子》时代有问题），道家大概是最深入的。顺路往下走，自然会碰到佛家。儒家讲"率性之谓道"（《礼记·中庸》），也讲修齐治平（指修身、齐家、治国、平天下。见《礼记·大学》）。道家讲"知其不可奈何而安之若命"（《庄子·人间世》），也讲"治大国若烹小鲜"（《老子》第六十章）。只有佛家，总是喊"生死事大"，虽然也不能不把在上者奉为大檀越。总之，与孔孟、老庄相比，释迦的思想言论似乎离个人更近。于是看，通过空、有，通过般若、法相等等，想大致了解，对人生，他们是怎样看的，对其中较为突出的问题，他们是怎样对付的。五花八门，但也万变不离其宗，是以"悟"力脱"苦"境。悟，何以能得？于是就不能不碰到"禅"。这之后，就扔开俱舍、法华等等而读《古尊宿语录》《五灯会元》一类书。一读才知道，这些所谓禅师比黛玉和宝玉厉害得多，因为二玉的话虽然迷离，却沾边，禅师的话是不沾边，甚至像是梦中说呓语。举一点点为例：

（1）黄檗希运禅师——（丞相裴公）问："圣人无心即是

佛，凡夫无心莫沉空寂否?"师云:"法无凡圣，亦无空寂。法本不有，莫作无见;法本不无，莫作有见。有之与无，尽是情见，犹如幻翳。所以云:'见闻如幻翳，知觉乃众生。'祖宗门中只论息机忘见，所以忘机则佛道隆，分别则魔军炽。"

(《古尊宿语录》卷三)

(2) 赵州从谂禅师——僧问:"如何是古佛心?"师曰:"三个婆子排班拜。"问:"如何是不迁义?"师曰:"一个野雀儿从东飞过西。"问:"学人有疑时如何?"师曰:"大宜小宜?"曰:"大疑。"师曰:"大宜东北角，小宜僧堂后。"问:"柏树子还有佛性也无?"师曰:"有。"曰:"几时成佛?"师曰:"待虚空落地时。""虚空几时落地?"师曰:"待柏树子成佛时。"

(《五灯会元》卷四)

(3) 临济义玄禅师——上堂。僧问:"如何是佛法大意?"师竖起拂子。僧便喝，师便打。又僧问:"如何是佛法大意?"师亦竖起拂子。僧便喝，师亦喝。僧拟议，师便打。师乃云:"大众! 夫为法者不避丧身失命。我二十年在黄檗先师处，三度问佛法的大意，三度蒙他赐杖，如蒿枝拂著相似。如今更思得一顿棒吃，谁人为我行得?"时有僧出众云:"某甲行得。"师拈棒与他。其僧拟接，师便打。

(《古尊宿语录》卷四)

（4）昭觉克勤禅师——入侍者寮。方半月，会部使者解印还蜀，诣祖（五祖法演，非弘忍）问道。祖曰："提刑少年曾读小艳诗否？有两句颇相近，频呼小玉元无事，只要檀郎认得声。"提刑应"喏喏"。祖曰："且子细。"师适归，侍立次，问曰："闻和尚举小艳诗，提刑会否？"祖曰："他只认得声。"师曰："只要檀郎认得声。他既认得声，为甚么却不是？"祖曰："如何是祖师西来意？庭前柏树子。聻！"师忽有省。遽出，见鸡飞上栏干，鼓翅而鸣，复自谓曰："此岂不是声？"遂袖香入室，通所得，呈偈曰："金鸭香销锦绣帏，笙歌丛里醉扶归。少年一段风流事，只许佳人独自知。"祖曰："佛祖大事，非小根劣器所能造诣，吾助汝喜。"祖遍谓山中耆旧曰："我侍者参得禅也。"

（《五灯会元》卷十九）

例（1）虽是正面说，可是拈举有无，意思玄远，并且有矛盾。例（2）大部分是所答非所问；至于大宜（便）小宜（便），简直是开玩笑。例（3）近于演哑剧，用形相表玄意。例（4）只有佳人独自知的风流事竟是非小根劣器的造诣之证，而且徒自信，师印可，他们共同的（假定能够共同）意境究竟是什么？这里面应该有看人生、对待人生的所谓"道"，可是这道是怎么回事？简直莫明其妙。

有那么一种讲历史的书，观点鲜明，解决这个疑难的办法很干脆，用一种中药名为"一扫光"的，说都是欺骗。欺有外向、内向之别，外向（欺人）比较容易讲；内向（自欺）不容易讲，因为牵涉到主观、客观的问题，相对真、绝对真的问题，还牵涉到雅名所谓立场、俗名所谓眼镜的问题。在这种地方，我们最好还是虚心一些，暂不戴有色眼镜，看看大批语录所反映的，作为人生之道，究竟是怎么回事。显然，其中会杂有渲染，甚至夸大，更甚至自欺欺人。但璞中有玉也是世之常理；正面说，我们总不能设想，禅宗典籍中所说，许多古德的思想与行事，都是假的。儒家讲究"躬自厚""能近取譬"（《论语·雍也》），我们可以本此精神想想，有不少古德，甘居草野，粗茶淡饭，不娶妻，如果他们没有与常人不同的想法，或说所谓"信"，这办得到吗？如果还觉得这不算什么，就无妨自己试试。这是内证。还有外证，是一千多年来，禅影响很大，如上面所引，连年轻的苏州姑娘林黛玉，到有难言之意、难表之情的时候，也不得不到这里来讨点巧；至于不年轻的秀才们或老爷们，如白香山、苏东坡之流，就更不用说了。

禅是客观存在。可是禅的语言多以机锋出现，言在此而意不在此，打破了"名者，实之宾也"的表达规律，因而以言考实，它就如《老子》所说："道之为物，惟恍惟惚。惚兮恍兮，其中有象。恍兮惚兮，其中有物。窈兮冥兮，其中有精。其精甚真，其中有信。"象，物，精，都真而有信，遗憾的是外面有恍惚、窈冥罩着，我们只能觉得有而看不清形质。多年以来，由读书的角度看，中文典籍，包括四部九流，我感到最难读的是禅宗语录。儒家的"中庸""慎独"等，道家的"逍遥""坐忘"等，不管意思如何微妙，总容许由字面探索。禅则不然，面对文字，却不能照文字解，打个比方说，甲约乙在北京站见面，乙知道必不是北京站，那他到哪里去赴约呢？这是虽见文字而几乎等于不见文字。当然可以臆测，也必致臆测，如由"北"而联想到北新桥，由"站"而联想到永定门车站，等等，可是怎么能知道某一种联想可能正确甚至一定正确呢？不能知道，说严重一些，那就是读了等于不读。情况就是如此。但知难而退也不易，因为探讨人生，总不能不听听禅家的发言。结果就成为进退两难：吃，怕烫；不吃，馋得慌。对于禅，很长时期心情就是这样。

1.1.2 缘起（二）

四十年代后期，由于某种机缘，我主编一种研讨佛学的期刊《世间解》。约稿难，不得不广求师友。其中顾羡季（随）先生是熟悉禅的，于是就求他写了《揣籥录》(后收入上海古籍出版社1986年版《顾随文集》)。揣籥的故典来自苏东坡《日喻》："生而眇者不识日，问之有目者。或告之曰：'日之状如铜盘。'扣盘而得其声，他日闻钟，以为日也。或告之曰：'日之光如烛。'扪烛而得其形，他日揣籥，以为日也。……道之难见也甚于日，而人之未达也无以异于眇。……故世之言道者，或即其所见而名之，或莫之见而意之，皆求道之过也。"顾先生取义甚明，是谦逊；如果把引文中的"道"换为"禅"，义就更明，是主观的胡猜。全文由《小引》到《末后句》，共十二章，谈了禅法的各个方面，或者说，兼及表里，兼及知行，而且妙在，推古德之心，置学人之腹，一并以散文诗的笔法出之。刊出之后，读者很快有反应，要点有二：一是好，二是深。觉得深，我的看法，是因为：一，顾先生虽是在家人，讲禅却还是坐在禅堂之内；二，行文似是为上智说，轻轻点染，希望读者闻一以知十。关系重大的是前者，在禅堂之内说，一就不能不随着禅师的脚步走，二就难于俯就常识，化为浅易。想卑之无甚高论，需要写些初学能够了然的文章，顾先生希望我勉为其难。我答应了，可是心为物扰，一直到五十年代初才拿笔，写了一篇《传心与破执》，刊在1953年11月号的《现代佛学》上。如文题所示，这是想用常人的常识讲禅，可是篇幅不很长，其结果自然是，既不能全面，又不能深入，甚至比顾先生的"揣籥"更不能言下大悟。

一晃三十年过去，随着运动动了若干次之后，心情渐渐平静。吃饭睡觉，仍然不能不接触人生。也没有忘记人生。"死生亦大矣"（《庄子·德充符》引孔子语），于是有时就想到禅。渐渐还产生了弘愿。我想，至晚由南朝晚年开始，在中土文化中，禅成为相当重要的成分，有相当多的人走入禅堂，企图了他们的所谓"大事"，不走入的，有不少人乐得从禅堂讨些巧妙，来变化自己的文章、思想，甚至生活，势力这样大，却面目不清楚，能不能弄个放大镜，上上下下，前前后后，左左右右，仔细看看，大致弄清庐山真面之后，把自己的所见告诉也感到困惑的人？这自然不容易，原因是一，客观的，禅，复杂而恍惚，难于看清楚；二，主观的，我，不只学力有限，而且缺少参的经验。但我不想知难而退，因为我觉得，一，紧跟着品头论足，总会比目不斜视看得清楚些；二，细看，有个印象，举以告人，总会比没有人过问好一些。本于这样的弘愿，或这样的妄念，我决定试试。

1.2　禅内禅外

说禅，书名的前半是"禅外"，有人会想，这是表示自己是门外汉。这样理解对不对？也对也不对。对，因为一，余生也晚，即使想参禅，已经没有曹溪、百丈、云门等等那样的环境；二，读语录，如果说间或还能心领神会，所领所会的大多是各式各样的机锋之下的"不契"，而不是听驴叫、见桃花而悟的"悟"。但这没有什么大妨害，因为就是唐宋时代走入禅堂的人，也是不契者很多而悟者很少。这样说，谦逊不谦逊也就关系不大；在禅外说，应该还有另外的或说积极的理由。

1.2.1　在外有自由

在禅内，我的理解，是走入禅堂，踏着祖师的足迹，求了所谓生死大事。这样做，思想方面必须有个前提，是相信生死事大，并且可以通过悟求得解脱。这，换句话说，是自己先要成为信士弟子。成为信士弟子有什么不好吗？人各有见，知行贵能合一，新的说法是信教自由，当然没有什么不好。问题是，这里的要求不是走入禅堂坐蒲团，而是想搞清楚，坐蒲团，以及所言所行，尤其所得（如果有），究竟是怎么回事。还是用上面用过的比喻，这是用放大镜，上下前后左右仔细端详某种对象，而不是自我观照。仔细端详，可以看见桃腮杏眼；但也有可能，看见的不是桃腮杏眼，而是某处有个伤疤。说不说？遇见这种情况，禅内禅外就有了大分别。在禅内，根据戒律，妄语是大戒，明载着，当然可以说，应该说。可是还有个不明载着的更为根本的戒，是不能不信佛所说（呵佛骂祖是修持手段，非叛教）。显然，这就会形成难以调和的矛盾，说形象一些，如已经走入禅堂，坐在蒲团之上，忽然发奇想：见性成佛，入涅槃妙境，不会是幻想吗？也许竟是幻想吧？心行两歧，很难办。佛法无边，也只能以"不共住"（也就是赶出禅堂）了之。如果没有走入禅堂，那就没有这样的麻烦，因为本来就没有共住。考虑到这种情况，所以说禅，如果决心知无不言，言无不尽，那就只好站在禅堂之外。这取其消极的意义是避免不共住的处罚，积极的意义是旁观者自由，可以怎样想就怎样说。

1.2.2　著史只能在外

由现在的一般人看，禅是中土文化的一种现象，或一种成分。如果同意这种看法，显然，写它，那就最好把它当作文化史的一个分支来对待。这样，写史，以今述昔，自然只能站在外面动手。理由可以分作三项说。一，著史贵在记实，不偏不倚，如果是坐在禅堂之内，那就要忙于参机锋，解公案，甚至进而宣扬"庭前柏树子"的妙理，其结果就难于不偏不倚。二，禅是文化史的一支，文化有多支，多支间有千丝万缕的关系，想明白一支，就不得不时时看看多支，如果已入禅堂，那就难得平等地观看多支，不见多支，讲一支就难得讲清楚。三，以太史公著《史记》为例，写垓下之围，不管怎样希图绘虞姬之影，绘项羽之声，也只能在汉武帝时的长安写，因为无法置身于其中。

1.2.3 易解的路

禅，难解。想变难解为易解，介绍，评论，都不得不用现在一般人能够理解、容易接受的办法。这办法是什么？不过是注意两个方面。一是态度方面，要客观，或打个比方说，是不要像广告，而要像记者述评。广告是在内的人写的，保养药，一夜可以使病号变为大力士；化妆品，一瞬间可以使无盐变为西施。记者述评就不然，是在局外写，虽然有时也难免略有倾向，但就大体说，总不能不摆事实，讲道理。可见在内就容易主观；近理，就不能不在外。二是表达方面，要现代化。过去讲禅，几乎都是老的路子。这不能怪它，因为那时候还没有西化的新术语，所以只能在自性清净、真如实相，以及水牯牛、干屎橛等等中翻来覆去，而这些，正是现在一般人感到莫明其妙的。想变莫明为能明，不管介绍还是评论，都应该用（至少是多用）现代通行的术语，摆在科学的或说逻辑的条理中，让人领会。禅或者不能算科学，但它是文化的一种现象，同样是事实；是事实，我们总能够解释它，或说把它化为科学常识。想变恍兮惚兮为明晰易解的科学常识，自然也只能在禅外说。

1.3　史料问题

介绍，评论，要根据事实；事实由史（各种记录）中来。可是说到史，一言难尽，想所记皆实，说是难上加难还不够，应该说是绝对办不到。原因很多。最轻微的是感觉、知识、记忆之类有误，这是想据实写而所据并不实。退一步说，即使所据是实，语言文字与现实终归是两个系统，想合一必定做不到。还有较严重的，是等而下之的种种。所记不实，可以出于偏见，如张三和李四冲突，动了手，在张三一面的笔下是李四先举起拳头，在李四一面的笔下却相反。还有必须不实的，是照例要颂圣、骂贼。帝王降生，祥云照户，逐鹿失利，蜂目豺声，等等美言恶语都属于此类。因此，远在战国时代，孟子已经慨叹："尽信书则不如无书。"（《尽心下》）可是，谈论旧事又不能无书。中间的一条路是考证，去伪存真，利用可信的事实，舍弃不可信的非事实。但这很不容易，因为既牵涉到文献的数量，又牵涉到史才和史识的程度。文献不足，只好存疑；无才无识，难免道听途说，将错就错。

以上是就一般史实说；至于宗教，尤其佛教与禅，那就严重得多，甚至可以说是另一回事。这也难怪，宗教想解决的不是家常的柴米油盐问题，而是有关灵魂、永生之类的问题。灵魂，永生，由常人看来是非人力所能及，可是创宗立教，就必须证明难及为易及，不能及为能及，于是就不能不到举手投足之外去寻求力量，或者说，不能不乞援于神异。佛教来自印度，古印度是最喜欢并最善于编撰神话的，于是近朱者赤，由释迦牟尼创教开始，或有意或无意，就也连篇累牍地讲神异。如降生时是：

> 佛初生刹利王家，放大智光明，照十方世界。地涌金莲华，自然捧双足。东西及南北，各行于七步。分手指天地，作狮子吼声。上下及四维，无能尊我者。
>
> （《景德传灯录》卷一引《普曜经》）

其后，由成道、转法轮（传道），一直到入涅槃（寂灭），是处处充满神异。这神异还从教主往四外扩张，三世诸佛，以及无数的菩萨、罗汉，都是具有多种神通。这些，因为我们是现代的常人，头脑中科学常识占了主导地位，想信受奉行自然有大困难。

缩小到中土，再缩小到禅，也是如此，常常不免因夸饰而失实。大的如道统，由菩提达摩到六祖慧能这一段，看《六祖坛经》，是如此如此传授，看《楞伽师资记》，是如彼如彼传授，同物异相，可证，至少是可以设想，传说的南宗的光荣历史，其中有些大概并不是事实（详见第五章）。小的如大量的著名禅师的事迹，初始的一段是有异禀异相，末尾的一段是预知示寂的时日，等等，与我们大家都看到的"人"（禅师也是人）的事迹合不拢，显然也应该归入神话一类。就是不神异的那些，见于大批僧传、语录中的，就都可信吗？也不能这样一揽子计划。原因是：一，材料的大部分来自传说，传说，由甲口到乙口，由乙口到丙口，等等，不能不因记忆、措辞等而变，尤其不能不因个人的想炫奇斗胜而变。二，即使是亲炙弟子记的，因为意在扬善以取信，所记也会或多或少地走些样子。所有这些就给介绍和评论带来相当严重的困难。更加困难的是必不能满意地解决，就是说，引为典据的，总难免，零星的，甚至大块头的，以为可信的，原来并不可信，或不都可信。怎么办？显然，正如写其他史书一样，也只能以科学常识为尺度，量一量，选取合用的，或为筛子，筛一筛，选取有分量的。但这终于难免混入个人之见，譬如说，对于舍去的那些，坐在禅堂内的人就未必不看作珍宝。在这种地方，两全之道是没有的，也只能言自己的所信而已。

1.4　也是揣籥

有些泄气的话应该说在前面，是成果未必能够与主观愿望相副。

更明确一些说，是想说清楚却未必能说清楚，想说对了却未必能说对了。这，原因的一部分是客观的，本来是恍兮惚兮，自然难于化为清兮晰兮。但也可以多反求诸己，说自己没有慧眼，因而不能于恍惚中看到清晰。总之，结果是一样，是许了愿却未必能还愿；甚至可以说，在有些地方，一定不能还愿。这类地方，多得很，只举一点点例。

一个最大的是参的所求，或说悟的所得，用旧的名相容易说，真如，实相，佛性，涅槃，菩提，自性，以至彼岸，净土等等，都可以；但就怕碰见追根问柢的人，一定要求讲明白，甚至要求拿出来让他看看，怎么办？依理，既然有实相，在彼岸，就应该指给想看的人看看。可是，偏偏这不同于现在的宏观世界和微观世界，可以用大镜子和小镜子，或数字和方程式，让人看到或悟到。不能让人看到，很可能是因为这本来就非视觉所能及。不能及，还要讲，就不能不乞援于推想。推想，错的可能自然是有的。

另一种，数量更多，是古德用机锋引导，学人有省，如果这都像记录的那样货真价实，这条通路，内容和作用究竟是怎么回事？显然也只能推想。推想，也就难于避免错的可能。

此外，还有不少过于离奇而费解的，只举一个例。《五灯会元》卷六"亡名道婆"条：

> 昔有婆子供养一庵主，经二十年，常令一二八女子送饭给侍。一日，令女子抱定，曰："正恁么时如何？"主曰："枯

木倚寒岩，三冬无暖气。"女子举似婆。婆曰："我二十年只
供养个俗汉！"遂遣出，烧却庵。

按照书的体例以及记录的口气，这里以禅理为标准，论高下是婆
子高而庵主下，论是非是婆子是而庵主非。为什么？可惜道婆没有说
明理由。我们想补理由，不容易，因为不能躲开"女子抱定"。不得
已，只好求救于《六祖坛经》，庵主是"卧轮有伎俩，能断百思想"，
所以错了。或者更深地追求，道婆是"烦恼即是菩提，无二无别，若
以智慧照破烦恼者，此是二乘见解"，所以对了。这说来像是头头
是道，但"道"，要不只能说，而且可行。如何行？那就不可免，要
"不断百思想"，要保留"烦恼"。这据我们常人的理解，也许就是无
妨"动心"吧？可是，真要是这样，影响就太大了，积极的，修不净
观，消极的，持五大戒，就都完了。世俗的，如宋人笔记所说：

（苏）东坡守彭城，参寥往见之。坡遣官奴马盼盼索诗。
参寥作绝句，有"禅心已作沾泥絮，不逐东风上下狂"之语。

（《续觚牍说》）

历来传为美谈的，也就随着完了。在禅宗历史中，道婆烧庵是有
名的公案，究竟要表示什么道理？——当然，如果只是玩玩机锋，我
们也可以为庵主想想办法，如乞援于祖师，说"仁者心动"，或乞援

15

于流行的成句，说"人面不知何处去，桃花依旧笑春风"（崔护《题都城南庄》）之类，也许就可以不被赶出去吧？这里的问题不是被赶不被赶，是被女子抱定时，依照禅理，究应如何反应（语言的、身体的、心境的）。这，至少我觉得，是很难办。

总之，说禅，我们不能不利用有关禅的记录，而这些记录所显示的，有些苦于看不清，有些苦于拿不准。其结果，自然不免如《日喻》所说，"闻钟，以为日也"，"揣籥，以为日也"。

第二章　观照人生

2.1　宇宙和人生

佛教，教义或佛理，来源于对人生（或世间）有某种看法，对人生问题有某种解决办法。因此，说禅，说佛教，有如寻长江、黄河的源头，不能不由人生说起。

人生是"一"，人生之道（包括看法和对待办法）是"多"。有一种道，在老庄眼里也许是最高的，是"不识不知，顺帝之则"（《诗·大雅·皇矣》）。但这很不容易，即以老庄而论，赞颂"虚其心，实其腹"（《老子》第三章），赞颂，就是已经在比较、选择，也就是心里早已装了不少东西，并非虚其心，不识不知。这里的情况，正如郑板桥所说，是"难得胡涂"。不能胡涂，睁眼就会看见人生，闭眼就会为这样那样的人生问题所苦。如孔子就颇有这种心情，所以说："朝闻道，夕死可矣。"（《论语·里仁》）

回到亚当和夏娃的伊甸园时期，至少就常态的人说，是办不到了。所以就只好接受现实，该看就看，该想就想。遗憾的是，有不少现象，简直想不明白；有不少问题，简直无法解决。一个最大的是人生的环境或基地，旧的说法是天地，新的说法是宇宙，究竟是怎么回事，我们弄不清楚。由有文献记录起，人们就在猜谜，阴阳五行，无极而太极，地水火风，上帝创世，等等，费了很大力，所得也许不值后来人一笑。笑人的后来人呢？所知显然多了，大的，由银河系到类星体，小的，由分子到基本粒子，外加相对论和测不准原理，等等，可是，如果以彻底了解的要求为鹄的，究竟比阴阳五行之类前进了多少？像是只移动了一点点。我们住在"有"的世界里，"有"是怎么回事？甚至证明其为"有"，除了直观以外，我们也是想不出好办法。在这种地方，万不得已，我们还是只能接受或者可以称之为本能的信仰，我们既然已经"感"其为有，那就只好"信"其为有。

信为有，定了，接着会碰到一连串问题。为什么会"有"，不是"无"？有没有起因？如果有，这"因"或"最初"是什么？想到初，自然连带会想到"趋向"，向哪里？如果有所向，即传统所谓"天命"，是不是蕴含着"目的"？目的，由"意志"的桥一跳，就会过渡到"生命"，与"人生"近了，不可避免地又会引来一连串问题。

这一连串问题，因为接近，所以就更加迫切，甚至更加严重，而且就是以"各人自扫门前雪"为信条的人也躲不开。古今中外的贤哲，几乎都是不想躲。有的甚至追得很深远，如法国的笛卡儿，一疑再疑，最后对"我"的存在也起了疑心。左思右想，渴望证明其为有。最后还是借重左思右想，说："我思，故我在。"证明"我"不是虚假的，拍拍胸脯就是。这样证明，后来有人（如罗素）认为也是自己骗自己，因为"思"只能证明"思在"，"我"是偷偷跟进来的。我们是常人，可以不（甚至不应该）这样走入思辨的奥境；那就还是借重于常识或本能的信仰，说，不管原因和证据是什么，"我"的确是存在。"我"有了稳固地位，与"我"有关的"人生"也就成为硬邦邦的现实。人生，与宇宙相比，虽然个头儿小得可怜，但它是家门之内的事，所谓休戚相关，因而就不能不引来更多的人的更深沉的思虑。

2.2　人生问题

人生问题，以著书立说或聚徒授业的为限，西方由苏格拉底起，东方由孔子起，可以说有数不清的人在这方面费尽了心血。所得不能说少。但是，唯其因为看法和办法也多，我们可以推论，就质说，所得并不很多。明确一些说，所得的十之九是病情方面的清楚，不是药理方面的有效。说起病情，大大小小，一言难尽。这里选一点点大户谈一谈。

2.2.1　目的难证

上面曾说到"目的"，人生有没有目的？以我们现在所知的宏观世界为背景，像是不能给目的找到靠山。生命是自然演化的一种现象，如何来，正在摸索；如何去，连摸索也谈不到。"人为万物之灵"，这是出于"人"之口的话；如果出于"羊"之口，那就很可能是截然相反的一句，因为吃烤羊肉串的是人。由哲理方面考虑，目的是途程中的最远点，指定者应该是人以外的什么。古人设想是"天"，或说"上帝"，或说"神"，不管怎么称谓，都是性格远远超过人的什么，或说至上的什么。可是这"什么"是设想的，或说是由人能造许多物品推想的，证明其为有很难。退一步说，即使勉强以不能无中生有为理由，向上一级一级地推出个全知全能全善的什么，我们也不可避免地要碰到个逻辑问题，这"什么"的上面应该还有什么，因为无中不能生有。这是说，在我们的知识系统里，不能推出最初因。不得已，再退一步，承认有个全知全能全善的什么，有许多现象也显然与这种设想不能协调。如一，目的应该是可取的，力求达到的，既然全能，为什么不把它放近些？二，目的不应该是反善的，可是世间分明有不少恶，这怎么解释？三，还是说世间，根据地质学家的考证，有不少生物曾经盛极一时，可是灭绝了，这也是目的中应有的事吗？四，即以日常杂事而论，吸纸烟，打麻将，以及夫妻吵架，飞机失事，等等，说都是预定的趋向某远点的应有的阶段，就更不能取信于人了。其实，设想有目的，性质不过是小生意想赚大钱，自我膨胀。常说的"活得有意义"，"这辈子没白来"，以及"佛以一大事因缘出世"，等等，也是这种奢望的表现。奢望的根柢是信仰。信仰有用处，或有大用处，是可以由它取得心安。但心理的满足与事实如此是两回事。这引来的问题就是：有目的是好事，可惜像是没有。

2.2.2　义务和善念

目的，玄远，搞不清，或说鞭长莫及，我们只好缩小范围，由天涯回到己身，想想怎么样生活才好，才对；或者说，就一个人说，未来的路像是很多，究竟应该选择哪一条？这太繁杂，不好说，只好由概括方面下手，转为道德哲学的问题，是：评定行为的善恶或对错，应该以什么为最根本的标准？这答案，在古今中外贤哲的言论中也是五花八门。但大致可以综合为两类，曰"义"，曰"利"。先说义。孟子说："生，亦我所欲也，义，亦我所欲也，二者不可得兼，舍生而取义者也。"（《孟子·告子上》）这是说，只有合于义的行为才是善的，对的。历代道德哲学家，或不成家而也谈论这类问题的人，甚至常人，自觉或不自觉，几乎都可以算作这一派（推重品德就是一证自然，说到实行，至少有相当多的人，那就是另一回事了。专就理的方面说，以义为评价行为的标准，问题也不少，只说重大的。一是根基相当渺茫。义好，对，不义不好，不对，谁规定的？古人说："皇天无亲，惟德是辅。"（《尚书·周书·蔡仲之命》）说本源是天命。可是天命虚无缥缈，难知，尤其难证。外，找不到，只好反求诸己，说是内心有良知良能。可是这同天命一样，也是虚无缥缈，难知难证。而且不止如此，我们找它，它却常常和人欲纠缠在一起，使我们大失所望。总之，以义为有大价值，像是很应该，却有缺陷，是难于找到它的娘家。以人为喻，没有根，取得信赖就很难。二，穷理要追根，而义常常像是背后还有什么。以日常生活为例，遇见自寻短见的，救是违反被救人的意愿的，可是通常说是义，为什么？因为都直觉地认为，生比死好。又如撒谎是不义，可是医生向垂危病人说病状，却照例要撒谎，为什么？因为这样可以减少病人的痛苦。可见我们所谓义的行为，都有所为；有所为，在理上它就不能是根本。三，义，作为价值观念，有时是浮动的，异时异地且不说，严重的是可以因人而不同，如小至买卖双方，大至交战双方，义的所指总是冲突的。事同而评价异，义的实在性也就成问题了。

2.2.3　快乐与众乐主义

上面说到生比死好，苦少比苦多好，这就理说是由义跳到利。为了避免误会，我们可以不用利，而用道德哲学中习用的说法：生活现象虽然多到无限，而所求不过是快乐（偏于心理学的说法），或者说，评定行为的善恶或对错，应该以能否去苦得乐为标准（偏于道德哲学的说法）。与行义相比，这种求乐的想法也许更接近常识。当然，问题也不少。一是乐与义有时候冲突（小如酗酒，大如吸食毒品），怎么办？二，乐与品德像是没有血肉联系。没有联系，它就有可能被赶到道德规律之外，还会有道德规律之外的评价行为的标准吗？三，乐有人己之间未必协调的问题，如争夺心爱之人或物就是这样，甲乐则乙苦，甲苦则乙乐，怎么办？边沁主义就是想解决这最后一种困难，它把乐的范围扩大，说道德哲学所谓善，应该指能够使最大多数人得到最大幸福的行为。这样，乐在人己之间不能协调的时候，就可以用计量的办法来解决（自然还难免有算不准的问题）。边沁这种想法，过去称为功利主义，其实也是古已有之，就是《孟子》的"与少乐乐，与众乐乐，孰乐？""不若与众。"（《梁惠王下》）可以称之为"众乐主义"。众乐主义是"量"的原则的扩大：一方面，就己身说，一分乐不如两分乐，两分乐不如三分乐；另一方面，就社会说也是这样。兼及社会，肯定了利他，可以使道德规律找到更稳固的基石。可是以乐为值得追求的价值，终归是，就己身说容易圆通，因为有"实感"为证；推到己身以外，找理由就不容易，因为没有实感为证，尤其是人己苦乐不能协调的时候。此外还有个非常严重的问题，是四，量的原则难得普遍实用，因为有许多事是虽乐而不当做。写《逻辑系统》的小穆勒是边沁主义者，也承认快乐有高下之分。常识也是这样看，如平时，赌博与读诗之间，乱时，整人与宽大之间，绝大多数人认为前者卑下而后者高尚。可是这样一来，量的原则就不得不同质的原则平分秋色，作为评价的原则，允许平分秋色，它就完了。五，还是就常识说，人的日常活动，有不少显然与求乐无关，小的，如挤向前看车祸，大的，如已经苦于不能教养还要生育，等等，都属于此类。有不求乐的行为，而且为数不小，这就使我们不能不推想，人生活动的种种花样，如果有动力，或说有所求，这动力或所求，也许是比快乐更为根本的什么。

2.2.4 欲的满足

说来也许是值得感伤的，这更为根本的什么，或者并无价值可言。原因是，人生，扩大到生命，是自然现象的一部分，何自来，莫明其妙，有何意义，也莫明其妙。这是一面。另一面，这现象的一部分（生活）却实实在在，并且在感知之前早已受命，只能这样而不能那样，只能向此处而不能向彼处。这用《中庸》的话说，是"天命之谓性"。天为什么命，为什么这样命，不知道，人所能做的不过是"率性"而行。想抗吗？连抗的力量和方式也不能不来自天命。说句泄气的话，至少叔本华这样看，是彻底的被动。这被动的情况，承认也罢，不承认也罢，反正不能不动。这就使我们又碰到人生问题：怎么理解才对？怎么活动才对？"天命之谓性"是一种理解。与之相连的有性的性质问题，很麻烦。为这个，孟子曾经同告子展开辩论。孟子是理想主义者，主张性善，想凭借良心以修身治国平天下。这显然是书生坐在书斋里做的白日梦。与孟子相比，荀子实际得多，由书斋走到街上，看到形形色色，于是以所见为根据，主张性恶，也就是成为教化主义者。教化，会多有实效；但是，如果性恶的想法对了，推崇教化的善念又从何而来？孟荀以后，两千几百年来，无数读书人，包括韩愈、李翱，以及几乎所有的宋元明理学家，直到戴东原和谭嗣同，都在这上面大动脑筋，因为像孟荀一样，都认为这同修身治国平天下有血肉联系。花样越来越多，如有善有恶，性善情恶，等等。现在，一般认为，反而被缺席裁判的告子（自己没有书传下来）的想法比较近真。他说："性犹湍水也，决诸东方则东流，决诸西方则西流。"(《孟子·告子上》) 这是说，性无所谓善恶，只是受之自然的某些趋向而已。我们说这种想法只是近真，是因为它还同善恶勾勾搭搭。其实，性和善恶并没有直接关系：善恶评价的对象是意志范围内的"行为"，不是性。性是天命所定，非人力所能左右，如有生必有死，饥要食，渴要饮，有什么善恶可言？但告子终归通情达理，于水的比喻之后，还说了这样的名言："食色，性也。"这话值得我们深思。为什么？因为它触及人生的奥秘：不食，就不能保持己身的生命；不色，就不能保持种族的生命。总之，人生，不管说得如何天花乱坠，最基本的，最实在的，是要活，要生存。这种情况也可以说得雄伟些，是"天地之大德曰生"(《易·系辞下》)。生，概括，因而近于玄妙，能不能说得较质实些？古人早已这样做过，如荀子说：

> 人生而有欲，欲而不得则不能无求，求而无度量分界则不能不争。争则乱，乱则穷。先王恶其乱也，故制礼义以分之，以养人之欲，给人之求。使欲必不穷于物，物必不屈于欲，两者相持而长，是礼之所起也。

> (《礼论》)

这里最重要的是第一句的"人生而有欲"，尤其是其中的"欲"。欲是一种顽固地要求满足的力量，依照现代心理学的看法，尤其是弗洛伊德精神分析学派的看法，这就是生命的底里。欲的表现是求，求就不能不触及外界（包括人和物），于是有得，有不得，有和谐，有冲突，并且，与得失相伴，有使欲更为顽固的，使求更为有力的"感情"，如喜怒哀乐等。这些加在一起就是"人生"。这样理解人生，性质单纯；至于表现，则芥子化为须弥，千头万绪。它还容许伸张，或说遐想，如书中自有颜如玉，立德、立功、立言三不朽，等等，都属于此类。但不管怎样遐想，想得如何美妙，追到根柢，总是来源于欲。值得慨叹的是，欲虽然强有力，却是渺小的，即如"天地之大德曰生"的"生"，就己身说是终须结束，就种族说是难于找到保票。总之，求彻底满足，求终极意义，都会失望。这就难怪，在人生的各式各样的现象里，竟有轻生的一类；甚至提高为理论，即所谓悲观主义，如叔本华就是突出的代表。幸或不幸而绝大多数人是《吕氏春秋》一派，讲究"贵生"，至少是实际"贵生"。但是贵生，要生，就不能不碰到与生有关的种种问题，即所谓人生问题。这有来自内心的；内又不能不外，于是就成为各种性质各种形式的社会问题。所有这些问题，就性质说可以归结为：欲不得满足，或生不得遂顺。

2.2.5　粗略认识

对于人生问题，我们由义利，由生而有欲等方面分析，大致可以得到以下一些认识。一，"人生而有欲"是根，义利、善恶，以及乐观、悲观等都是枝叶，至多只是干而不是根。二，有欲是受天之命，天是怎么回事，不知道，受与不受，我们没有选择的自由，所以应该承认，这里找不出道德哲学和美学性质的"意义"。三，欲表现为有所求的各种趋向，或说各种活动，趋，可能通顺，但由于条件（包括己身、他人和社会环境）的阴错阳差，更多的可能是不通顺，这就形成各种人生问题。四，感情是欲的心理形态的表面化，它兼有代表和助手的作用，所以谈人生问题，讲修身治国平天下，都不能低估它的地位。五，讲人生之"道"，至少就一般人说，不能不接受现实，走"贵生"的路，或说"顺生"的路。六，顺生之为可取，或者只是因为"容易"（没有终极意义）；如果是这样，显然，我们不能以易行为理由，反对其他难行的，不同于平常的。这是说，人生和人生问题虽然是"同"，人生之道却无妨不是同，而是"异"。

2.3　人生之道

人生之道，用平常的话说，是应该怎样活；或说得具体些，是遇见某种情况，应该怎样对待，遇见某种问题，应该怎样解决。情况无限，问题无限，因而对待办法和解决办法也无限。无限的具体无法说，只好说原则。古今中外的贤哲，谈人生问题都只是讲原则，或以具体活动为例，以显示原则。但就是这样，也太多了，因为范围是古今中外。这里不是讲思想史，而是为说禅铺一条路，所以范围可以大大地缩小，只涉及中土的一点点大户，以期通过对比，可以较清楚地看到禅的面目。

2.3.1 勤勉的路

这条路是顺生的路，就是《中庸》所说，"率性之谓道"。率性是顺本性而行，用上一节的说法是，既然有欲，就当想办法使欲得到满足。这还可以引经据典，是："饮食男女，人之大欲存焉。"（《礼记·礼运》）这样的人生之道，如果允许用民主的原则，它就会成为胜利者，因为一般人总要投票选它。这里说胜利，胜利不等于正确，因为如上一节所说，大道可以多歧，任何歧路都不会有什么究竟意义。一般人投票，未必多想投票的理由，这近于"不识不知，顺帝之则"。但这不识不知有大力量，因为小反其道而行，大难；大反其道而行，必办不到。中土学派有不少是走这条路的，主要是儒家。既然成家，当然不只要行，而且要想。于是而有连篇累牍的可以称之为积极乐观的理论。如孟子说：

养生丧死无憾，王道之始也。五亩之宅，树之以桑，五十者可以衣帛矣。鸡豚狗彘之畜，无失其时，七十者可以食肉矣。百亩之田，勿夺其时，数口之家，可以无饥矣。谨庠序之教，申之以孝悌之义，颁白者不负戴于道路矣。七十者衣帛食肉，黎民不饥不寒，然而不王者，未之有也。

（《孟子·梁惠王上》）

这里想望的显然是世俗所谓幸福的生活。什么是幸福？不过是满足求饱暖舒适的欲望而已。这自然不那么容易，因为社会中不止一个人，使人人的欲望能够协调，不因冲突而引来祸害，简直办不到。儒家的贤哲明察及此，所以于"率性之谓道"之后，紧接着说一句，是"修道之谓教"。这用我们现在的话作注解，是要用文化，尤其是其中的道德，来节制，来调停。这自然也不容易做到，所以要"知其不可而为"（《论语·宪问》），期望以人力胜天命。为，追到根柢，是对付欲。但也逐渐认识，欲是修齐治平的大敌，因而，虽然仍旧相信率性之谓道，却对欲产生了戒备之感。荀子说欲的结果是求，是争。到宋儒就更进一步，设想"天理"和"人欲"是善恶对立的两种力量，人生之道要伸张天理而扼制人欲。可是，由表面追到本质，天理不过是人欲的节制，没有人欲，又哪里来的天理？（戴东原就这样想）因此，讲人生的这一种道，我们最好还是扔开玄妙的不可知，只说，走这条常人的率性的路，应该树立这样一个或者也可以称为量的原则：最好是使包括旁人在内的欲得到最大量的满足。这所谓大量，包括各种级别的，或说各种性质的。具体说，不只可以喝可口可乐，而且可以听贝多芬交响曲。与音乐同类的还有其他各种艺术创作和欣赏的活动。再推而广之，还有各种知识的钻研活动。这打个比喻，是已经温饱了，就应该鼓励腰间挂佩，鬓上插花，让生活带点诗意、理意。用我们现在流行的话说，是应该求生活的改善和提高。这是常人的常态，可是作为人生之道，它也可以同哲理拉上关系，这哲理就是儒家大讲特讲的。这也可以反过来说，儒家讲这一套，是接受了常人的生活态度。因为是常人的，所以又成为传统的，如先秦典籍《尚书》《左传》等，论是非，定取舍，就都是沿着这条路走的。这条路，与其他人生之道相比，至少有两种优点。一是合乎情理，因为情理的根基是欲，肯定欲，求平和的满足，是绝大多数人乐于接受或说不能不接受的。二是因为勤勉，它就会使我们走向文明，纵使羽绒衣，巧克力，空调室，直升机，以及天文镜，原子能，民主制度，互助合作，等等，由哲理的角度考虑，是并没有终极价值的。

2.3.2　倦怠的路

这可以举先秦的道家，严格说是《庄子》为代表。儒家和道家，看到的人生和社会是一个，但因为兴致不同，反应却有别。儒家也看到黑暗的一面，可是觉得这花花世界有意思，值得费心思，想办法，把它改好，人力胜天，化黑暗为光明，即使失败了也不泄气，要"知其不可而为"。道家不然，而是认为，黑暗不能化为光明，而且，即使有常人所谓光明，也没什么意思，因而不值得追求。这是由于多看黑暗面（包括己身的）而灰了心又不愿费力抗拒的生活态度，是倦怠，而没有深到叔本华的悲观，所以不说出世，而说"知其不可奈何而安之若命"。安之，是任其自然，不因爱恶而执着于取舍。这种意思，《庄子·大宗师》篇描述得最为真切生动：

> 子祀、子舆、子犁、子来四人相与语曰："孰能以无为首，以生为脊，以死为尻，孰知生死存亡之一体者，吾与之友矣。"四人相视而笑，莫逆于心，遂相与为友。俄而子舆有病，子祀往问之。（子舆）曰："伟哉！夫造物者将以予为此拘拘也，曲偻发背，上有五管，颐隐于齐，肩高于顶，句赘指天。"阴阳之气有沴，其心闲而无事，跰𨇤而鉴于井，曰："嗟乎！夫造物者又将以予为此拘拘也。"子祀曰："汝恶之乎？"曰："亡（无），予何恶！浸假而化予之左臂以为鸡，予因以求时夜；浸假而化予之右臂以为弹，予因以求鸮炙；浸假而化予之尻以为轮，以神为马，予因以乘之，岂更驾哉！且夫得者，时也，失者，顺也。安时而处顺，哀乐不能入也。此古之所谓县（悬）解也，而不能自解也，物有结之。且夫物不能胜天，久矣，吾又何恶焉？"

对天命的态度，以招待客人为喻，儒家（代表常人）是热情，道家是冷淡。安时而处顺，就是一切都无所谓。这一切包括己身的苦乐和社会的治乱。因为无所谓，所以立身，是不干事，宁可曳尾于涂（途）中，以不材终其天年；对社会是反对机心，轻视一切文化施设。与儒家相比，道家的态度是远于常人的，所以深入考察就会发现，那种想法，在脑子里转转像是没什么滞碍，如果跳出脑子走入实际，就会到处碰壁。大的方面，是社会绝不会因为某少数人的理想（也许应该称为幻想）而就变动甚至倒退；小的方面，就是庄子自己，如果生在现代，有机缘由北京往广州，也会乘飞机，或坐特快软卧，而不徒步奔波吧？如果真是这样，他的理论的价值就很可疑了。但是道家思想，作为一种人生之道，影响却是大的，因为人生是复杂的，正如一个大仓库，即使是装食品的，也无妨挤入一两箱刮脸刀片。影响最明显的是六朝时期的清谈，文士手挥麈尾，上天下地，以脱略世事为高。不明显的，是心内则淡泊，心外则隐居，几乎支配两千年来的许多所谓雅士。这用同情的眼光看，也可说是不得不然，因为率性，或因欲而有所求，尤其求而不能如意，确是有使人厌烦甚至难忍的一面。

2.3.3 以逆为顺

上面说，人生现象虽然是一，对人生的看法却可以是多。原因主要是两种。一，人生现象包罗万象，某一人切身经验的只能是其中的星星点点，这星星点点有特定的性质，由满足欲望的程度方面说是有量的差别，甚至大差别，就是说，或者乐多苦少，或者苦多乐少。二，即使苦乐的程度相同，人心之不同，各如其面，也会有不同的感受和反应。感受和反应不同，看法和对待办法也就随着不同；这不同如果多而且深，就会形成"道"的差异。这有如同是买票消闲，有人看京戏，有人看芭蕾舞。道的差异，就中土说，最突出的是儒家和佛家的背道而驰。佛家远离代表常人的儒家，原因也可以举出两种。一种小的，是社会现实。总的有天灾人祸，分的有机缘舛错，以致安全和幸福没有保障，或说确是有不少苦，甚至难以忍受的苦。一种大的，是佛教来自印度，随身带来产地的非中土所有的思想，如现世多苦、六道轮回、修苦行可以解脱之类。戴着这种异国眼镜看人生，结果由浅到深就成为：一，现象界的森罗万象，睁眼时便有所选择，总是多看见不可取的而少看见可取的，或说见苦而不见乐。二，常常是，一般人感到可取的，佛家却认为无所谓，甚至可厌弃的。三，再发展就成为对"欲"，以及作为欲的表现和助力的"情"的否定（自然难于彻底，详见下），比如说，使常人神魂颠倒的锦衣玉食、翠袖罗裙之类，所谓人之大欲存焉，佛家偏偏要避之若仇。四，因为有以上观感，于是尽终生之力求证涅槃；办法，就禅宗说是"自性清净"；什么是净？实质不过是清除一切常人的欲而已。常人，以及代表常人的儒家，人生之道是率性，就是求欲的合情合理的满足。这条路，用佛家的眼光看，是不只无所得，而且必致永沉苦海。这样，就对欲的态度而言，儒佛就正好相反，儒家是"顺"之，佛家是"逆"之。可是照佛家的看法，只有这样才能得到真值得获得的，才是"顺"。我们，如果站在常人的立场，就无妨说佛家是"以逆为顺"。这逆，佛家也并非视而不见，因为他们承认自己的人生之道是"出世间法"。出世间，设想能够求得无欲的人生，至少由常人看，困难一定不少。

这一点，佛家也清楚地认识到，因而就不能不讲般若真空之类的理，坚持戒定慧之类的行，以及发展到禅宗，坐蒲团，参机锋，由棒喝直到烧木佛，面貌虽然怪，用心却是苦的。还不只用心苦，由常人看，这条路也是苦的，因为逆，就是行舟，也太难了。有不少人进一步，不只说难，而且说背人之性，虚妄不实。不过谈人生之道，说实虚要有个前提，而设想一个前提，理论上并能获得人人承认，恐怕比佛家的背人之性更难。因此，对于佛家的逆，作为一种人生之道，我们最好还是虚心地看一看，想一想，先分析而后评价。

2.3.4　道的同异

人生之道是多，其中个体与个体间有大异小异之别，就是只论大异也说不尽。但可以总括说，区别都来自爱恶的不同，以及爱恶等级的不同，还有对待办法的不同。恶的极端是叔本华式的悲观主义者，认为人生只是受自然定命的制约，没有积极意义；或者说，没有"去苦"之外的积极的乐，也就没有顺从欲的要求的必要。叔本华没有自杀，可是写了《论自杀》的文章，认为这是向自然定命的挑战。由人生之道的性质方面看，叔本华的看法像是五条腿的牛，虽然可能出现，却非常罕见。中土，包括佛家在内，没有这样的悲观主义，因为都相信，怎么样怎么样生活就"好"，虽然在"怎么样"方面，各家的看法相差很多。重要的是都承认有"好"，而叔本华就不承认。打个比喻，避暑季节，中土学派是往山还是往海之争，叔本华是不想避暑。不避暑，热得难挨，常人总是不愿意接受，或不能接受。其实，由生理和心理方面看，人人（包括叔本华在内）都是常人（非超世间之义），因而，至少由"行"的方面看，世间并没有彻底的悲观主义者；以自杀了一生的只是求乐而不得的失败主义者，因为临死的时候也没有轻视乐。这样，就有所想望并寤寐以求这种心理状态和行为状态说，中土学派，儒家用不着说，连佛家也是积极的，甚至更奢望的（详见下）。但是，儒和佛的关系究竟很微妙。从都承认有"安乐"并都求"安乐"这个角度看，两家走的是一条路。不过走法则大异，儒家接受常识，从"欲"（人生而有欲的欲）的方面说是求合情理的满足；佛家则是"灭"，或者说，也要，但要的是一种性质迥然不同的欲，灭掉常人之欲的欲。这自然不容易，所以要多想办法，证明不只为可欲，而且为可行。这办法就是所谓"佛法"，下一章介绍。

第三章 佛法通义

3.1 章题释义

佛法，或说佛教教义，是个大题目，只得小作；就是小作也有不少困难。所以"义"前加个"通"字，为的是可以化大为小，化复杂为简单，因而也就可以化很难为较易。"通"在这里有三种意思。一是"通常"，就是尽量取一般人（非教内或研究佛学的）容易接受的，或者说，所说虽是教内事却不太专。二是"通用"。佛教教义，远在佛灭度后不久就有大分歧，传入中土以后就更加厉害，分为各宗各派，当然人人都自信为真正老王麻子。同是"如是我闻"而所闻不同，或体会不同，依照逻辑规律不能都对。可是深入考究对错，就会陷入义理交错的大海，不只无此精力，也无此必要。取通用，是只涉及各宗各派几乎都首肯的基本观点，如人生是苦、万法皆空之类，至于苦的真实性，空和有能不能调和，等等，就只好不深追了。三是"通达"。讲佛法是为讲禅做准备，没有这样的准备，提及禅家的想法和行事，没接触过佛学的人会感到离奇，或说不可解。准备多少，应以能否进一步了解禅为取舍的尺度。就是说，只要能铺平通禅的路，介绍教义能浅就浅，能少就少。以下先说介绍的不易。

3.2.1　内容过多

佛教教义内容多，由集多种典籍为大藏的壮举也可以看出来。在这方面，自称为儒的读书人远远落在和尚之后，先是热心于辑要，如三国时的《皇览》、宋朝的《太平御览》之类，都是为皇帝能够取巧作的。比较像样的是明朝的《永乐大典》和清朝的《四库全书》，可是都只是抄而没有刻。佛教就不然，集佛教典籍都是大干，不只多收，而且全刻。佛教典籍的库存称为"藏"，包括"经"（佛所说）、"律"（佛所定）、"论"（门徒的解说）三部分，也称为"三藏"。在中土，最早刻成的藏是北宋初年的《开宝藏》，收佛教典籍六千多卷。其后有《碛砂藏》《南北藏》《龙藏》等，总计刻了十四次。所收典籍越来越多，如清朝的《龙藏》收七千多卷，到日本印《大正藏》，所收超过万卷。万卷以上，卷卷有复杂的内容，这就不能不如《史记·太史公自序》所慨叹："六艺经传以千万数，累世不能通其学，当年不能究其礼。"就是想撮要介绍也太难了。

3.2.2　内容过专

佛教教义是进口货，与中土的思想相比，是出于不同的文化系统，由不同的语言（佛教经典传入，兼用梵语以外的语言，如巴利语、藏语和各种胡语）表达的。想输入，为中土所了解，要翻译。翻译是难事，因为某一词语的意义，是必须以该词语所属的文化系统为基地的；离开这个基地，意义会变，至少是韵味会变。举例说，"保守"，我们的理解或体会，一定与英国人不同，因为他们还有保守党。这是泛论。佛教教义就大大超过一般的情况，因为，一是有很多不是中土所有；二是有很多意义过于深奥。我们没有，过于深奥，都使翻译成为难上加难。为了克服过难的困难，一种办法是知难而退，即不意译。这在六朝时期已经如此，到唐朝玄奘综合为五不翻：一是秘密，如陀罗尼，不翻；二是多义，如薄伽梵（有六义），不翻；三是中土所无，如阎浮树，不翻；四是顺古，如阿耨菩提（汉以来就这样称呼），不翻；五是生善（用原语可以使人生善念），如般若（意为慧），不翻。但这究竟是少数。绝大多数还是不得不翻。这就不能不用中土的语言（很多要改装），表达印度一种教派的思想。而这种教派，偏偏是喜欢深思冥想的，于是表现在中土佛教典籍上，就成为数不尽的生疏的名相（耳可闻谓之名，眼可见谓之相，大致相当于现在说的术语）。名相多，一种原因是同文（或同义）可以异译，如阿赖耶识，异名有十八个，涅槃，异名有六十六个。译名不同，含义还可能大同小异，即如阿赖耶识，南朝真谛译为"无没识"，兼指净法；玄奘译为"藏识"，专指染法。这些都可以不管。只说名相，且放下多；就是随便拿出一个，如果想透彻了解，也必致闹得头晕眼花。即以佛法的"法"而论，我们常人可以理解为"道"，像是不错，可是

"万法皆空"也用"法"，似是也指一切事物，怎么回事？往深处钻，看唯识学的解释，是包含二义：一是"自体任持"，二是"轨生物解"。这由一般人看，是你不说我还明白，一说反而胡涂了。佛家的名相几乎都是此类。难解还有进一步的来源，是此名相不能不同彼名相发生关系，如阿赖耶识是第八识，自然要同第七识末那识和第六识意识发生关系。这就有如八卦，三爻重为六爻，一乘就变为六十四卦。而佛教名相就不只重一次，因而数目也就比六十四大多了。佛教教义难解，还来源于一种脱离常态的思辨方式。如《心经》说："不生不灭，不垢不净，不增不减。"《中论》说："不生亦不灭，不常亦不断，不一亦不异，不来亦不出。"公然违反排中律而不以为意。我们翻看佛教典籍，这样的思辨方式几乎随处可见。如三论宗着重破一切邪见，说执此是边见，执彼也是边见，不执此不执彼还是边见。总之，要一反知识论必须承认有知的定理，否定一切知见。禅宗更是这样，这里说"即心是佛"，那里说"非心非佛"，你问哪个对，他说都不对。就这样，佛教教义大多远离常人的知解，总是太专了。

3.2.3 内容过繁

古印度人大概是最不怕麻烦的。他们惯于繁琐，如同类的意思，喜欢反复说；一种平常的名相，经过冥思，会发现平常人不见的奥妙；一种事物，经过解析，会一分为二，二分为四，四分为八，没有完。各举一个例。一，重复说的。如《维摩诘所说经》，说长者维摩诘害病，佛派大弟子去问疾。由舍利弗起，佛说："汝行诣维摩诘问疾。"舍利弗白佛言："世尊！我不堪任诣彼问疾。"以下说不敢去的理由。接着派大目犍连，派大迦叶，派须菩提，派富楼那弥多罗尼子，派摩诃迦旃延，派阿那律，派优波离，派罗睺罗，派阿难，都说不敢去以及不敢去的理由。理由虽有小异，记述的格式和话语却都是照样来一遍，中土典籍是难于找到这样的笔法的。二，含奥妙的。如"睡眠"，人人有此经验，似乎用不着解释。可是佛家要解释。浅的是睡与眠不同：睡是意识昏熟；眠是五识（眼识、耳识、鼻识、舌识、身识）暗冥不动。还可以再深追，说它是五盖（贪欲盖、瞋恚盖、睡眠盖、掉悔盖、疑盖）之一，五欲（财欲、色欲、饮食欲、名欲、睡眠欲）之一。三，解析入微的。如"生死"，虽然事大，却非常简单，生是有生命，死是失掉生命，像是用不着再分类。可是佛家偏偏要分类，而且分法不止一种。少的是二分：一是分段生死，二是不思议变易生死。再多有三分、四分、七分。直到《十二品生死经》分死为十二种：无余死，度于死，有余死，学度死，无数死，欢喜死，数数死，悔死，横死，缚苦死，烧烂死，饥渴死。其实，这十二还是少数，如天有三十三，见有六十二，尤其因明三支的过，先粗分为宗九类，因十四类，喻十类，然后一再细分，总起来是几千种，不要说王蓝田式的人物，就是我们常人也会感到头疼的。

3.3　教外说

　　难，要介绍，还要一般人能够接受，所以不能不限于"通义"。求通，要有办法，或说原则。这主要是以下三种。

　　一是不走旧路。旧路包括两种意思。一种，大藏的"论"藏，以及未入藏的，甚至晚到现代的不少讲佛学的文章，性质都是解释、发挥佛以及佛的一再传弟子所说，也就是重述佛教教义。述说、辨析都是用传统的形式排比名相，这是旧路。旧路，门内汉能懂，门外汉不能懂。求门外汉能懂，就不宜于走旧路。另一种，佛学离常识比较远，因而作论的几乎都是门内的。门内的人作论，经常是笺注、阐微，而不走到门外，看看这里面究竟有没有问题。而门外的人，更想知道的可能是某种想法有没有问题，有哪些问题。为了满足门外人的愿望，也不宜于走旧路。

　　二是不求甚解。求甚解，是无论讲到什么，都要求明澈见底。这要费大精力，而结果却未必能如愿，并且常常是无此必要。原因有多种，这里只说一点点突出的。一，有些名相，如"心"，含意太复杂，而且，根据此经论是这么回事，根据彼经论是那么回事，想明其究竟就不能不岔入歧路。二，历史上，包括西土、中土，佛学大师很多，对于许多大大小小的事理，人各有见，想明辨是非，也就不能不岔入歧路。三，有些名相，如"识"，解说大多根据自己的心理感受，判定是非就更难。四，这里重点是介绍佛教教义，不是批判佛教教义，对于其中我们未必能同意的，为了不转移重点，也最好是暂且安于不求甚解。

三是不离常识。这意思很简单，是用常人的知见讲，讲给常人听。佛法是超常的，用常人的知见强之就下，由门内人看来，就未免可笑；而所得，轻则太浅，重则太陋，甚至太谬。讲道理，不管牵涉到任何性质任何名称的教，张口总是很难的。但既然张了口，也就只好说说自己之所见了。

3.4　佛法要点

佛法，如上文所说，太复杂；想介绍，比较省力的办法是各取所需。这里的所需是为讲禅做准备。禅是一种人生之道，因而介绍佛法，就宜于以人生之道为主要线索。

3.4.1　生死事大

由最根本的讲起。"生死事大"是禅宗和尚常说的话。也常说"佛以一大事因缘出世"，这大事是了生死，原因当然也是觉得生死事大。这句话兼说生死，其实重点是"生"。这正如宋儒所批评：说生死事大，只是怕死。怕死是乐生，连带说死是舍不得死。这是人之常情，连贤哲也无可奈何；甚至可以说，贤哲讲学论道，千言万语，连篇累牍，追到根柢，不过是设想怎么样就可以活得更好些。这里面真是五花八门，千奇百怪。其上者是追求立德、立功或立言的不朽。等而下之，练气功，吃抗老药，登旅游车，下酒菜馆，直到加塞儿挤买入门票，说穿了不过都是有了生，就想生得丰富些，有趣些。最好是不死，万不得已就求晚死。在这一点上，我们无妨说，古往今来，域内海外，数不尽的人，甚至包括叔本华式的悲观主义者，都属于一党一派，有了生就紧抱着生不放。小的差异，或说量的差异是有的。一个极端是"不识不知，顺帝之则"，也吃饭，也传种，只是不想生是怎么回事，怎么样生活更好些，也就是有些人认为可怜可笑的，胡里胡涂过了一辈子。而其实，跑到另一极端，冥思苦想，伤春悲秋，又何尝不可怜可笑？与中土的人，尤其带些老庄气质的人相比，古印度人总是偏于冥思苦想的另一极端，有了"生"的本钱就不甘心于胡里胡涂一辈子，或者说，心里总是装着生死事大。这种心理状态，思辨方面表现为各种教理、哲理，行为方面表现为非日常生活所需的各种形式，如静坐、礼拜以及各种苦行等。据说释迦牟尼成道前也修过六年苦行，因为不得解脱才改走另外所谓中道的路。在不同的道中摸索，就因为心里总是想着生死事大。这个传统传到中土，表现为与华夏的精神大异其趣。儒家接受常态，饮食男女，有龃龉就设法修补。道家虽然不积极，但也愿意以不材终其天年。佛家想得多，想得深，总以为饮食男女，平平一生，远远不够，因为生死事大。感到不够，于是不能不反复想，以求建立新认识，然后是依新认识而行。

3.4.2　人生是苦

前面说，在重生方面，佛家和儒家大同小异：同是都珍视生，异是佛家的愿望奢得多。这情况，六朝时期已经有人看到，如《世说新语·排调》篇记载："何次道往瓦官寺，礼拜甚勤。阮思旷语之曰：'卿志大宇宙，勇迈终古。'何曰：'卿今日何故忽见推？'阮曰：'我图数千户郡尚不能得，卿乃图作佛，不亦大乎？'"取大舍小，是因为不只认为生死事大，而且对现象的生有独特的看法。这看法是"人生是苦"。至此，佛家和儒家就有了大的分歧。儒家的生活态度是常人的加以提炼，但基本是常人的，所以不离常态。常人承认有苦，但眼注意看的，或说心注意求的却是乐。睁眼见美色是乐，听靡靡之音是乐，乘肥马衣轻裘仍是乐，直到在家有天伦，出门有山水，"有朋自远方来"，都是"不亦乐乎"（《论语·学而》）。就是道家，一切看作无所谓的，也承认："鲦鱼出游从容，是鱼之乐也。"（《庄子·秋水》）常人的人生哲学（如果有）是：应尽力求安乐。求，是因为相信有乐，而且种类和数量都不少。佛家就正好相反，打个比喻说，是戴着一种特制的过滤眼镜，睁眼只能见苦而不能见世俗的乐（他们的所求也可称为乐，但不是世俗性质的）。这种怪看法，大概与古印度的社会状况有关，与民族习性与文化传统或者也有相当密切的关系，这且不管。总之，是他们看到的人生无乐可言，都是苦。据说释迦牟尼为太子时曾经游城四门，一门见生苦，一门见老苦，一门见病苦，一门见死苦。这显然也是戴着特制的眼镜看的。又，佛家所谓苦，还不只是眼所见，因为还有"设想"的轮回。说全了是六道轮回，就是人的灵魂（或心识）不灭，由于业因不同，死后要相应地由六种道转生，即地狱道，饿鬼道，畜生道，阿修罗道，人间道，天上道，循环不息。这样，苦就由现世的一段苦变为无尽的苦，所谓苦海无边。

由我们现在看，说人生是苦有片面性，说苦无尽不只有片面性，而且有幻想性。幻想，这是戴着现代科学的眼镜看出来的；没有科学眼镜的时候，看到幻是不容易的，只有少数特异人物如范缜等是例外。因为认幻为真，所以两千年来，六道轮回说一直是佛教教义的一根强有力的支柱。时至今日，这支柱有被科学知识撞倒的危险。但更大的危险还不是来自设想或幻想，而是来自现实，是生而为人，或多或少，或强烈或微弱，或这里或那里，总会有"不亦乐乎"的实际感受；而这类感受常常有难以抗拒的力量。如果竟至不抗，或抗而不能成功，显然，佛法的出发点就有澌灭至少是模糊的危险。补救之道是想办法证明乐的实感是空幻，而破除空幻之后才能获得实相的乐。这不容易，所以才出现各种超常的知和行。

3.4.3　四圣谛

这是最早期最基本（自然较粗疏）的理论。传说释迦牟尼是北印度一个小城主净饭王的儿子，大约与孔子同时。小时候从婆罗门学者受教，接受不少厌世的观点。十六岁娶妻，生一个儿子。因为痛感生老病死等苦，想解脱，二十九岁时候，扔下妻子，出了家。先学"无所有处"道，继学"非想非非想处"道，都不满意。于是到苦行外道那里去修苦行，六年，只落得皮包骨。决心改变，坐毕钵罗树下，发誓说："我今若不证无上大菩提，宁可碎是身，终不起此坐。"（《方广大庄严经》）静坐想苦因和脱苦之道，观十二因缘，过了七七四十九日，终于成了正觉，也就是寻得解脱之道。这解脱之道是对人生的一整套认识或理论，分称是苦、集、灭、道，合称是四圣谛。谛是真实义，大致相当于现在所谓真理。四圣谛按性质可以分为两大类：苦和集属于"知"，即领悟世间不过是这么回事，是世间法；灭和道属于"行"，即这样做就能解决问题，是出世间法。两大类还可以按因果关系再分：苦是集之果，集是苦之因；灭是道之果，道是灭之因。以下依次说一说。

（一）苦谛。这就是前面说过的人生是苦。不过作为一种谛，讲得更细致，更玄远。如人生，这里就扩大为"世间"。佛家讲世间，正如其他名相一样，也不能简单化。它包括三界：一是欲界，用现在的话说，是执着于"食色，性也"的。二是色界，用现在的话说，是不具生命的物质。三是无色界，是非物质的精神，究竟指什么，难于说清楚。总之，三界都不能不生灭变化，都是苦。苦，种类很多，通常是于生老病死之外，再加爱别离苦（与所爱者离别之苦）、怨憎会苦（与可厌者相聚之苦）、求不得苦（想有而没有之苦）、五盛阴苦（身心炽盛而生之苦）。还有另一种分法。先分为内外两大类。内苦再分为两类：各种病为身苦，忧愁嫉妒等为心苦。外苦也再分为两类：受虎狼盗贼等侵害是一类，受风雨冷热等折磨是一类。这样，生活就成为十分难忍，所以就不能不想办法。办法是先求苦因。

（二）集谛。这一谛讲苦因，集是因缘和合，用现在的话说是各种条件的凑合，或说相关原因的结果。原因分为两大类：一类名为正因，是"业"［过去（包括现世以前）所思成为的积存］；一类名为助因，是烦恼（又名结、缚、惑、缠、漏等，指各种不快的情绪）。业来于思：思表现为身体的活动，成为身业；表现为语言，成为口业；不表现于外，只在内心思量，成为意业。业还可以依时间分：过去时的是宿业，现在时的是现业。烦恼，通常分为六种：贪，嗔，痴，慢（骄傲凌人），疑，见（指偏见，即不合理的想法）。每一种都可以再分，其中重要的是见，通常分为五种：身见（谓己身为实有）、边见（偏于一边，非中道）、邪见（谓无因果）、见取见（总以为自己高明）、戒禁取见（以戒禁为解脱之因）。以上总称根本烦恼或本惑。由根本烦恼还要引起许多烦恼，如忿恨、嫉妒、吝啬、放逸等，多到二十种，名随烦恼或枝末惑。所有以上各种业和各种烦恼，都来于无明（详下面"十二因缘"节），其结果是苦。

（三）灭谛。苦的原因找到，问题自然容易解决了（至少是理论上，也许至多是理论上）。办法是使业永尽，使烦恼永尽。说具体些是去掉爱欲。佛家深知欲是苦的本原，把欲分析得很细，其中最有力的是爱欲、有欲（执着生存）和繁荣欲（争权力财富）。断了欲，不再造业，不再有烦恼，所得是解脱。这解脱的境界，佛家称为涅槃，意译是寂灭、灭度、圆寂、无为、解脱、安乐等。涅槃是佛家求证的最高的所住（未必是生）境界，可是说明却很难。佛家自己也承认，涅槃的实体，不是思虑言语所能触及，涅槃的实义，不是思虑言语所能说明。可是既然要求证，望道而未之见总是遗憾。勉为其难，通常是由反面说，如："贪欲永尽，瞋恚永尽，痴愚永尽，一切诸烦恼永尽。"（《杂阿含经》）还可以描画得更加精致，说涅槃境界有八味：常住，寂灭，不老，不死，清静，虚通，不动，快乐。总而言之，是不再有苦。可是，不老，不死，常人没有见过。就是修出世法的，病危时入涅槃堂（近于世俗的太平间），这涅槃显然也不是不老不死。因此，虽然理论上涅槃非言语所能说明，可是事实上，为了破除迷离恍惚，却必须用言语来说明。这不得不用惯用的办法，分析。一般是分为两种：一种初级的是有余依涅槃，一种高级的是无余依涅槃。两者的分别是，前者只断生死之因，后者兼断生死之果。还可以分得更细，如法相宗分为四种：自性清净涅槃，有余依涅槃，无余依涅槃，无住处涅槃。看名相，头头是道，可是，这里的难题是，它不能像商彝周鼎那样，你没见过，想看，可以指给你看，说这就是。涅槃，没法拿给你看。还不止如此，譬如你问个顶浅近的问题，它与死是一是二？答也很不容易。可是就本书而言，参禅的所求正是这个，就是讲不清楚，也要讲清楚为什么讲不清楚。这问题很复杂，都留到正面讲禅时候再辨析。

（四）道谛。这一谛最好依字面解释，是通往灭（解脱或涅槃）的路。这当然很难走。原因是：一，目标不清晰；二，断贪欲，就是贤哲，也太难了。克服太难，不得不加倍努力，所以修持的方法越来越复杂。佛初转法轮（摇动佛法的武器，即传道）时是八正道，也称八圣道支，是：一，正见，就是明确认识四圣谛的道理为绝对真理；二，正思惟，就是坚持思索四圣谛，不生其他妄念；三，正语，就是说正经的，不要言不及义；四，正业，就是不干犯戒的坏事；五，正命，就是照规矩过淡泊生活，不贪图享受；六，正精进，就是勤勉修持，不懈怠；七，正念，就是总想道法，不生邪念；八，正定，就是修禅定，不乱想。后来，也许觉得这样还不够，于是扩大为七科三十七道品：第一科四念处，包括身念处等四种；第二科四正勤，包括对已生之恶，为除断而勤精进等四种；第三科四神足，包括欲神足等四种；第四科五根，包括信根等五种；第五科五力，包括信力等五种；第六科七觉支，包括念觉支等七种；第七科八圣道，包括正见等八种（同前）。这由常人看来，真是太麻烦了。其实还远远不够，这有如乘宇宙飞船上天，因为难，设备就不能不复杂。佛法传入中土以后，在这方面不断范围加大，节目加细，于是而有理方面的唯识之类，行方面的止观之类，以及戒方面的加多加细，直到南禅的机锋棒喝，花样这样多，目的则可一言以蔽之，求此路能通而已。

3.4.4 无常

佛家常说，诸行无常，诸法无我。无我，问题太复杂，意义太深奥，这里只说无常。无常是我们这个世界的普遍现象，大概没有例外，除非说"无常是常"。这种情况，远古的贤哲早已看到，所以古希腊赫拉克利特说"人不能两次走入同一河流"，孔子说"逝者如斯夫，不舍昼夜"（《论语·子罕》）。常人也是这样，如说："几天没出门，牡丹都谢了。"但佛家说无常，有述说现象之外的用意。这可以有两个方面：一是作为人生是苦的一种证明；二是作为万法皆空的一种证明。关于后者，下面还要谈到，这里只说前者，作为厌弃现世生活的一种论据。无常就都值得厌弃吗？人间的许多情况显然不是这样。如夏天炎热，好容易熬到过了立秋，西风乍起，有些凉意，大概和尚也欢迎这种变吧？同理，连着吃几顿米饭熬白菜，承厨师的善意，改为馅饼粥，总不会有人反对吧？可见厌恶无常，起因不是不欢迎一切变，而是不欢迎某种变，那是老和死。那像是说，饮食男女，柴米油盐，有什么意思？都留不住，到头来还是不免一死。这意思，还是上面说过的生死事大。因为无常，所以才有生死事大的问题出现。反过来，因为感到生死事大，所以不能不大喊无常。不只喊，还要分析它，这就成为四有为相。有为是因缘和合而造作的意思。由佛家看，凡是造作的都是不能常的，正如因明学中所证明：声无常（宗），所作性故（因），如瓶等（喻）。四相之一是生，就是已有或已出现；之二是住，就是有特定的体性；之三是异，就是连续变化；之四是灭，就是消亡。无常还可以加细解析，那就成为刹那生灭，玄远且不说，各家的理解还有大差异，只好从略。这里我们只须知道，这是佛家对现世的一种重要看法；因为有此看法，所以才有对于真如实相（常而不变）的想望，也就才有各种修持方法，其中一种重要的是禅。

3.4.5　五蕴皆空

证明现世不值得眷恋，只说无常还不够，因为那究竟是有，是实。由佛家看，现世大概有非常强的顽固性，不只睁眼可见，而且闭眼可思。怎么办？最好是想办法，证明它并不是实，直到感知是实的"我"也不是实。这就是般若学所努力做的。其主张，玄奘译的《心经》可为典型的代表。前半说：

> 观自在菩萨行深般若波罗蜜多时，照见五蕴皆空，度一切苦厄。舍利子！色不异空，空不异色，色即是空，空即是色；受想行识，亦复如是。舍利子！是诸法空相，不生不灭，不垢不净，不增不减。是故空中无色，无受想行识，无眼耳鼻舌身意，无色声香味触法。无眼界，乃至无意识界。无无明，亦无无明尽，乃至无老死，亦无老死尽。无苦集灭道，无智亦无得。

一切无，就成为一切空，也就证明了一切不实，因而不值得执着。这空无的认识，来于对感知的现象界（包括心理状态）的分析。总分为五种：色，受，想，行，识，合称五蕴，或五阴，或五聚。蕴是积聚的意思，用现在的话说，是时间流中所感知现象中的一种状态。佛家想破的是认识方面的信无为有，信空为实，所以分析着重从感知方面下手。蕴之一是色，指显现于外界的事物；之二是受，大致等于现在所谓感觉；之三是想，大致等于现在所谓思辨（包括记忆）；之四是行，意义广泛，大致等于现在的意念活动和行为；之五是识，指意识的统一体（包括觉得有自我）。这五蕴，以心和物为纲，可以分为两类：色是心理活动的对象，属于物；受、想、行、识是不同的心理活动，属于心。以能认识（我）和所认识（我所）为纲，也可以分为两类：色、受、想、行都能为识所认识，是认识的对象，属于我所；识是能认识的，属于我。无论怎样分类，都可以看出着重心理活动的性质。到此为止，佛家的理论与英国柏克莱主教相似，不管外界是否实有，我们所知的外界总是我们感知的。但佛家并不到此为止，他们要进一步证明，这五蕴都是空而不实。证明的办法非常繁琐。以色为例，说它靠不住，会变。变有两种：一是触对变坏，指有形体可指的，大至山川，小至草木，都可以用外力使之变化、损坏以至破灭。二是方所示现，指有形象可见可想的，都是由主观认识而有此假名，并没有客观的真实性。

照第二种分法，识独自成为一类，与它有关的理论当然就更为复杂。先分析为六种，是眼、耳、鼻、舌、身、意。每一种识都有对镜，如眼的对镜是色，因见色而生眼识。因为能生，所以又名为根。根的对境是尘，也可称为境。这样，由识蕴的一就派生出十二：六根（眼、耳、鼻、舌、身、意）和六尘（色、声、香、味、触、法）。用现在的话说，这是知识的本原。由作用方面看，六根的前五种是一类，佛家认为属于色法，意则属于心法。前五种本领小，只能直觉地感知现在的，而且限于外界的和有形质的；意就不然，而是能够通于一切。因为意识这样有大本领，所以不能不加细分析，后来就发展为唯识学（下节谈）。这里只说，像色受想行一样，识蕴也要破。破的办法，概括说是：因为它念念生灭，次第相续，也就是由积聚或和合而成，所以没有实相。

这样，五蕴皆空了，也就是能知和所知都泯灭了，一切爱欲和执着当然就丧失了根据。佛家的想法常常就是这样乐观。自然，说到事实，那就会成为另一回事。破色很难，因为睁眼可见；有不少不在眼前的还要拿钱去买。破我尤其难，因为唯其有了我，才需要般若波罗蜜多（到彼岸），以度一切苦厄（包括"我"的苦厄）。可见彻底空或彻底无，想说得圆通，无懈可击，也不那么容易。

3.4.6　万法唯识

佛教教义的空有，即使不说是一笔胡涂账，也应该说是一笔永远算不清的账。这里面有宗派的对立，如大众部偏于空，上座部偏于有；大乘偏于空，小乘偏于有；三论宗主空，法相宗主有。空的程度，各宗派的看法也不尽一致，如小乘成实主张相空而性不空，大乘中观主张性相皆空。又，关于空的实质，空的证明，不只说法不同，而且都玄之又玄，至少是门外人，总感到莫明其妙。上一节说空，为了"通"而不片面，这里说说唯识学的"有"。唯识的道理，印度的佛学大师无著、世亲兄弟早已阐发得相当深远，到中土的法相宗，就像幼苗生长成大树，名相更加复杂，辨析更加精细，不要说门外汉，就是门内汉，如果没有超人的忍耐力，陷入也会感到心烦。因此，这里只好浅之又浅，只说说上一节提到的六识（眼、耳、鼻、舌、身、意）之外，又加上两种识：第七种末那识，第八种阿赖耶识。末那的意义是思量，阿赖耶的意义是藏。为什么在第六识（意）之外又添上两种？最简要的解释是：第六识是了别外来的，所以变灭无常；第七识是思量心内的，所以恒而不断；第八识是摄持诸法（万有，包括前七识）种子（能生诸法而自己恒存）的心，是生长一切的根。所谓万法唯识，就是主张，人人（还扩大到包括一切有情）都有这八种识，万法是这八种识所变现；尤其第八种识，万法都是从它蕴藏的种子中生出来的。这样，虽然佛教教义不能离开空，照唯识学的讲法，最后却要承认这第八识为有。显然，这个有与执外界万物为有的有不同，因为与外界万物比，它终归是不可见的，不可见，也就不会成为可欲，使心乱。

3.4.7　十二因缘

说空说有，目的都是建立出世间法，得解脱。这还有更直接的理论，是十二因缘。十二因缘，又名十二缘起、十二支等，是对苦的人生的更加深入更富于实用性的一种讲法，或对四圣谛中苦集二谛的另一种讲法。说它更加深入，更富于实用性，是因为讲苦的人生，它不停止于感知，而追到因果关系，求其所以然。目的很明显，是想找苦因，以便容易灭苦果。理论还是由感到生死事大而深思冥想来的。这感（感到老死等苦恼）是出发点。感到老死之苦，于是问：为什么会有"老死"？思索后得到解答，是因为有"生"（生命、生活）。再问再答，是因为有"有"（存在，包括各种行事和各种现象）；有"取"（追求，执着，计较）；有"爱"（因欲而求得、求避免）；有"受"（感觉苦、乐、不苦不乐）；有"触"（见、闻、嗅、尝、觉、知）；有"六入"（或六处：眼、耳、鼻、舌、身、意）；有"名色"（心理、物质）；有"识"（认识、了别的功能）；有"行"（意念和行为）；有"无明"（混沌，迷惑，近于叔本华的盲目意志）。以上是"往观"，由果推因。也可以反过来，"还观"，由因推果，成为：因为有一"无明"，所以有二"行"，三"识"，四"名色"，五"六入"，六"触"，七"受"，八"爱"，九"取"，十"有"，十一"生"，十二"老死"。还有顺观和逆观的讲法："顺观"是无明缘（致成之义）行，行缘识，识缘名色，名色缘六入，六入缘触，触缘受，受缘爱，爱缘取，取缘有，有缘生，生缘老死。"逆观"是无明尽则行尽，行尽则识尽，识尽则名色尽，名色尽则六入尽，六入尽则触尽，触尽则受尽，受尽则爱尽，爱尽则取尽，取尽则有尽，有尽则生尽，生尽则老死尽。顺观偏于知，逆观偏于行；也可以说，知是行之因，行是知之果。用这种因果观讲人生，由我们现在看，主观成分未免太多。但这是就枝节说，至于总括的求因，我们似乎就不能不多闻阙疑，因为时至今日，我们还是不知道。

同其他名相一样，十二因缘也有各种阐微的讲法。最常见的是三世的讲法，说一无明、二行是"过去"的两种"因"，即受生以前就有的因，三识、四名色、五六入、六触、七受是"现在"的五种"果"，即受生以后才有的果；八爱、九取、十有是"现在"的三种"因"，即造业，十一生、十二老死是"未来"的两种"果"，即轮回。这样，由十二因缘所解释的人生就由现世延长到无尽的过去和无尽的未来，成为真正的苦海无边。情况过于严重。但办法却明确而简单（假定十二因缘的分析是对的），是砍断十二因缘的因果环。断坚实的环要用工具，这工具是修行。

3.4.8　戒定慧

修行，总的精神是对佛法的信受奉行；办法，也是总的，是戒、定、慧，合称三学。《翻译名义集》解释说："防非止恶曰戒，息虑静缘曰定，破恶证真曰慧。"三者相辅相成，是通往证涅槃、得解脱的路。以下依次说一说。

（一）戒。这是大藏三分之一的律藏所讲，当然很复杂。复杂，是出于不得已。前面说，佛教处理人生的办法是以逆为顺；逆是反"率性之谓道"，谈何容易！饮食男女，且不说更难抗的男女，只说饮食，烤鸭与清水煮白菜之间，舍烤鸭而吃清水煮白菜，至少就一般人说，也大不易。手伸向烤鸭，用现在流行的说法，提高到原则上，是爱恋世间法；爱而不舍，佛教教义就落了空。为了防止甚至杜绝这种危险，不只要有理论，论证烤鸭是空，不可取，而且要有规定，判定向烤鸭伸手是不应有的错误。这规定就是戒，或戒律。又因为世间可欲之物，力量超过烤鸭的，无限之多，所以戒的条目就不能不陆续增加，一直加到，比丘（和尚）是二百五十，比丘尼（尼姑）是三百四十八（泛称五百）。戒因重轻不同而分为几类。比丘戒是八类：一、四波罗夷（不共住，即开除），二、十三僧残（许忏悔赎罪，相当于缓刑），三、二不定（因情况而量刑），四、三十舍堕（没收财物兼入地狱），五、九十单提（入地狱），六、四提舍尼（向其他比丘忏悔以求免罪），七、百众学（应注意做到），八、六灭净（禁止争论）。比丘尼戒是七类：一、八波罗夷，二、十七僧残，三、三十舍堕，四、百七十八单提，五、八提舍尼，六、百众学，七、七灭净。比丘尼条目多，是因为男尊女卑，如比丘尼修行，要先转为男身始能成佛；又依照比丘尼八敬法，第一是"虽百腊比丘尼见初受戒比丘，应起迎礼拜问讯，请令坐"；第三是"不得举比丘罪，说其过失，比丘得说尼过"。也许还有更深隐的原因，是女性常常是破戒（因而不能解脱）的最有力的原因。

依照行为性质的不同，或过错重轻的不同，戒分为两类。一类对付严重的出于本性的世俗也禁止的恶，是"性戒"，包括杀、盗、邪淫（不正当的男女关系）、两舌（播弄是非）、恶口（骂人）、妄言（说假话）、绮语（说香艳秽亵话）、贪、瞋、痴十种。前三种造成身业，中间四种造成口业，后三种造成意业，合称十恶；守戒而不犯是十善。另一类是佛所定的"制戒"，比喻说是设在通往解脱的大路两旁的屏障，因为路很长，唯恐某时某地会步入歧途，所以屏障不能不长不密，就是说，条目非常多，对付的情况非常琐细。如比丘戒规定："不得塔下嚼杨枝（刷牙）"，"不得向塔嚼杨枝"，"不得绕塔四边嚼杨枝"，"不得塔下涕唾"，"不得向塔涕唾"，"不得绕塔四边涕唾"（《四分僧戒本·百众学法》第七十八至第八十三）；比丘尼戒规定："若比丘尼入村内，与男子在屏处共立共语，波逸提（堕地狱）"，"若比丘尼与男子共入屏障处者，波逸提"，"若比丘尼入村内巷陌中，遣伴远去，在屏处与男子共立耳语者，波逸提"（《四分比丘尼戒本·单提法》第八十至第八十二）：即使有必要，也总是太费心了。

信奉教义的人有深入和浅尝的分别，所以戒也要因人的身份不同而有别。由适用范围方面着眼，戒有六种：三归，八戒，五戒，十戒，具足戒，菩萨戒。三归是归依佛，归依法，归依僧，是信奉教义的根本，所以一切佛教徒都要信受。八戒和五戒是在家佛教徒（居士，梵名男为优婆塞，女为优婆夷）应当遵守的。八戒是杀、盗、淫、妄、酒，加不香华盖身（不打扮）、不歌舞伎乐故往观听、不高广大床（不贪图享受），限制多，可是一个月只有晦望等六天。五戒的杀、盗、淫、妄、酒要终身遵守，所以"淫"加了限制，改为"邪淫"，这样，男女居士就得到较之比丘和比丘尼远为宽大的待遇。十戒、具足戒是出家佛教徒应当遵守的。十戒是上面八戒加不食非时食和不畜金银宝，适用于沙弥（小和尚）。具足戒，比丘二百多条目，比丘尼三百多条目，适用于升级之后的出家人。菩萨戒，一般指《梵网经》的十重四十八轻戒，是一切佛教徒都应当遵守的。不管哪一种戒，传与受都要经过一定的仪式，以示信受的事非同寻常。

戒，条目多，性质却单纯，都是禁止求可欲，以期心不乱。这自然不容易。佛家也深知这种情况，所以特别提倡忍（多到十四种）；又，为了防止万一，还开了个后门，或说采用了愿者上钩的原则，即出家人还俗，只须对一个精神正常的成年人说："我还俗了。"就算生效。

（二）定。就是禅定，也称止或止观，目的在于息杂念，生信心。在戒、定、慧的修持方法中，它居中，所以说，由戒生定，因定发慧。戒，作用偏于消极，只是不做不宜于做的；定则可以转向积极，生慧，慧是得度的决定性力量。禅定是印度多种教派共用的修持方法，因为要走与"不识不知，顺帝之则"不同的或说非世俗的路，所以不能不深思冥想，以求最终能够确信，自己的设想比世俗的高明得多。不深思冥想就不能获得这种高明得多的信心，也就不能生慧。没有慧，不只解脱落了空，还不可避免地要随世俗的波，逐世间的流，太危险了。也就因此，就佛教说，不管什么宗派，都特别重视定功。

定功，用现在的话说是改造思想，只是改的幅度大，是面对世俗的客观而建立迥异于世俗的主观。这自然很难。难而仍想求成，就要有理论，有办法。这都很复杂，只说一点点浅易的，以期门外汉可以略知梗概。

戒、定、慧的定，不是一般的定，是禅定。照佛家的分析，定是止心于一境的心理状态，常人也有。这很对，如低的，专想哈密瓜，高的，专想方程式，都是。佛家说这类情况是"生得之散定"，散是乱的意思，与戒、定、慧的定不同。戒、定、慧的定指"修得之禅定"，简单说是不想世间法，只想出世间法。

因级别有浅深的不同，禅定（的境）分为四种：初禅定、二禅定、三禅定、四禅定。每一种有各自的心理状态，内容太复杂，只得从略。果也不同，初禅定生初禅天，二禅定生二禅天，三禅定生三禅天，四禅定生四禅天，这也太玄远，只得从略。

还是说通常的办法，那就比较浅易、实际。程序是先发心，小的是信受佛法，求悟以得解脱，大的是兼普度众生。然后是具体做，顺序是五调。一是"调食"，就是吃得不过多过少，不吃不适于吃的食物。二是"调睡眠"，就是不要贪睡而忽略定功。三是"调身"，这包括多种内容，如坐相、手相、正身、正颈、轻闭眼、择坐地等都是。四是"调息"。息有四种相，风（有声），喘（不通畅），气（不细），息（微弱而顺适），要避免前三种相，用息相。五是"调心"，就是既不乱想教义以外的事，又不堕入浮（心不定）沉（昏沉不思）二相。这样经过五调，安心修定（据传入定时间很长，如数日甚至数月，其心理状态如何，难知难说，从略），结果就会逐渐领悟佛法的大道理，也就是发慧。

（三）慧。定是求知，慧是知（断惑证理）。不知不能行，就不能得解脱，所以慧在佛法中处于绝顶重要的地位。大藏中连篇累牍，各宗派力竭声嘶，讲"般若"（慧），就因为有了"般若"才能"波罗蜜多（得度）"，"般若者，秦言智慧，一切诸智慧中最为第一，无上无比无等，更无胜者。"（《大智度论》卷四十三）说一切诸智慧，因为照佛家的看法，智慧不止一种。主要有两种，分别称为智和慧：智是认识世间事的明察力，慧是证悟出世间法的明察力。两者的性质迥然不同，如前者可以包括求取利禄，后者就绝不可以。这样限定，慧（或般若）就成为见佛法而笃信而笃行的一种心理力量，用前面的说法，是真正能看逆为顺，行逆如顺，如见外界实物而以为空，见美女而以为可厌，见断气而以为证涅槃，等等。这样的慧，纵使常人会认为只是自造的一种主观的境，站在佛教的立场却不能不叹为"无上无比无等"，因为离开这个，佛法就必致成为皆空。

同其他名相一样，对于慧或般若，也有繁琐的分析。少的分为两种，共般若（声闻、缘觉、菩萨通用），不共般若（只适用于菩萨）；

或三种：实相般若（般若之体），观照般若（般若之用），文字般若（解说般若之经论）。多的分为五种，是三种之外加境界般若（般若所观照之对境）和眷属般若（与般若有关的诸名相）。

总之，慧是一种心理状态，包括"能""所"两个方面：能是有洞见佛法之力，所是所见的境确如佛法所讲。这力，这境，究竟是怎么回事，留待讲"悟"的时候再谈。

3.4.9 解脱

以上谈的多种看法，多种办法，目的只有一个，是求解脱。解是解除惑业的系缚，脱是去掉三界的苦果，或简单说，是永离苦海。解脱后所得之境为涅槃，义为灭。《大乘义章》解释说："外国涅槃，此翻为灭。灭烦恼故，灭生死故，名之为灭。离众相故，大寂静故，名之为灭。"说浅易些，是因为修行有道，得了不再有苦的果。

依照佛教教义，得这种果，还有等级之别。较低的是声闻，指听到佛的言教，明四圣谛之理，断了惑，而得解脱的。较高的是缘觉（又称辟支佛），指因某种因缘，或悟十二因缘之理，而得解脱的。再高是菩萨，指勇猛求道，得大觉，并有觉有情的弘愿，而得解脱的。最高是佛，指具一切种智，得无上遍正觉，并能觉他，而得解脱的。还有小乘大乘的分法：己解脱而不度人的是罗汉，己解脱而兼度人的是菩萨。

以上也许应该算作"文字般若"，甚至画饼充饥。常人想知道的大概是，所谓解脱，身与心究竟是什么状态？依教义说是涅槃。可是涅槃的性相很难捉摸，如《中论》说：

> 无得亦无至，不断亦不常，不生亦不灭，是说名涅槃。无得者，于行于果无所得。无至者，无处可至。不断者，五阴先来毕竟空，故得道入无余涅槃时，亦无所断。不常者，若有法可得分别者则名为常，涅槃寂灭，无法可分别，故不名为常。生灭亦尔。如是相者名为涅槃。复次，经说涅槃，非有，非无，非有无，非非有，非非无，一切法不受，内寂灭，名涅槃。

总之，是用世间的话，怎么说都错。可是，想认识，至少是门外的常人，又非用世间的话不可。不得已，只好离开玄理，考察事实。涅槃是灭，是否触及身心？像是触及了，远的如各种涅槃经中所说，释迦牟尼佛也灭度了，其后，各种高僧传中所说的高僧，也灭度了。也许是往生净土？可惜这比涅槃更渺茫。客观是不可抗的，因而所谓解脱，恐怕不能不指一种因观空制欲而得到的不执着因而无苦或少苦的主观的意境。这意境，正是禅悟所追求的，后面还要详谈。

3.4.10 慈悲喜舍

慈，悲，喜，舍，合称四无量心，是乐于利他的四种心理状态。

慈是想与人以乐，悲是想使人离苦，喜是见人离苦得乐而喜，舍是平等对待一切，不偏执。依四无量心而行，可以得生色界梵天的果，所以四无量心又称四梵行。

利他的心和行是世间的常事，可是想由理论方面找到根据却不容易。孔子说："夫仁者，己欲立而立人，己欲达而达人。"（《论语·雍也》）只是说事实这样，没有说理由。孟子往深处走一步，说："人皆有不忍人之心。"（《孟子·公孙丑上》）这是《中庸》说的"天命之谓性，率性之谓道"。讲道德哲学的人几乎都推重道德规律，这规律何自来？不管说良知还是说义务，都可以算作孟子一路。委诸天，问题离开自己，就可以轻松愉快。难点来自人己有大别：己，苦乐都是实感；人，自己不能实感，即使可以类推，"能近取譬"，也总不能推论为必须推己及人。理论方面找不到根据而仍须这样做，恐怕来源是以社会为基础的生活习惯；所以能养成，是不这样，自己的所求也就落了空。这样说，佛教教义不安于小乘的自了，要发大誓愿，普度众生，实际是接受了常识。因为无论由四圣谛，还是由十二因缘，都只能推论出须度苦，而不能推论出必须普度众生。

不过佛家接受常识，却没有停留于常识。利他，他的范围大，不是只对人，而是包括诸有情（有情识的，大致相当于动物）。大戒的第一戒不杀就是贯彻这种主张的。不杀还不限于人和牛羊等，如具足戒规定"知水有虫饮用者，波逸提"，就扩大到连蚊子的幼虫也放过了。还有，利他，利的做法要求高，不只不利己的事要做，损己以至于杀身的事也要做。投身饲虎，割肉饲鹰，是佛教常说的故事；不只是故事，大乘戒并把这两项列为十忍的第一、二两个条目。其实，就是不规定，教史中所记，如释迦成道后的转法轮，达摩祖师西来意，等等，所显示的都是利他的弘愿和行为，也等于明说了。

3.4.11 神通和福报

作为宗教，宣扬教义，不只要论证所想和所说都是独一无二的真理，而且要指明，照此而行一定能获得非一般人所能获得的酬报。了生死，得解脱，证涅槃，是信士弟子的所求，也是理所应得，可以不在话下。这里说的是近于世俗的甚至可以说是近于迷信的两种获得：出家修行可以获得神通，在家布施可以获得福报。

神通，一般说有五种：一是神境智证通，即能变化外界，往来自由；二是天眼智证通，即能照见一切；三是天耳智证通，即能听闻一切；四是他心智证通，即能知他人所想；五是宿命智证通，即能知过去未来。有的还加上无漏智证通，即断尽一切烦恼，成为六通。还有加到十种的。这自然都出于想象。但力量却大，翻阅教史，由释迦牟尼起，无数佛、菩萨、罗汉，几乎都是神迹累累。到中土，集中体现在观世音菩萨身上，为了救苦救难，是无所不能，其他散见在小说里的也是随处有，如济公就是其中最突出的。

布施有多种，总括分是两类，财施和法施；这里取其狭义，只指财施。或者更狭义，只指敬三宝（佛、法、僧）的以财物供养僧和僧寺。根据有些经典所说，以及日常的信仰，布施是种福田，可以收获福。这福报可以用两多来形容。一是所施虽少而所报却多，常常是百倍、千倍甚至万倍。二是所施虽只是财物而所报的种类却多：可以是超现世的，如来生得福甚至往生净土之类；可以是现世的，而又是凡有所求都必如愿，如富贵寿考、消灾除病之类。因为福报这样多，所以布施的风气自佛教传入而经久不衰。大的是修建佛寺，北朝如《洛阳伽蓝记》所记述，南朝如杜牧诗"南朝四百八十寺"所形容，真是多得很；小的是饭僧、结缘，直到目前入灵隐寺的掷香火钱，更是多得很。与四圣谛、十二因缘之类相比，神通和福报是更难于证实的，可是反而有更大的吸引力，这也许是门内门外人都应该深思的吧？

3.4.12　门外管窥

关于佛教教义，以上择要介绍了一点点。是站在门外介绍的。这有如场外看表演，有时会喊好，有时也许会有些挑剔的意见。好也罢，挑剔也罢，既然有，就无妨（或应该）说一说。

先说挑剔的。

（一）佛法，如果算作一个整体，想圆通是很难的。原因很多，一最根本，佛法是一种设想的人生之道，讲教义，目的在于说明怎样做就好，不在于证明怎样想才对，因而它虽然也讲因明，却经常不管逻辑。二是神话过多，神话总是难于纳入理的范围的。三是宗派过多，人各有见，想不冲突、不矛盾是办不到的。四是太繁琐，这有如堆了满院子什物，想搬到室内，摆得有条有理，就太难了。

（二）作为一种人生之道，理想缺少实际性（如涅槃究竟是什么境界，几乎谁也说不明白），即使好，但摸不着，总是遗憾，或说致命伤。

（三）以逆为顺，至少由常人看，这逆（主要是断情欲）是太难了。勉强，结果就会不出两种：一种是不能照做，一般人就是这样；另一种是名做而实不做，或想做而做不到，有不少出家人就是这样。

再说好的一面。

（一）人生，同已经有生的自己关系最密切，而且求得心安理得大不易，所以反复想想是不可避免的，或说应该的。佛家想了，而且想得很深，不管想以后的认识是什么，这种不浮光掠影、不得过且过的认真精神总是可钦佩的。

（二）有了认识，坚持努力学，努力行，精进不息，这种实干的态度也是值得钦佩的。

（三）由某种观点看，人生为盲目的欲所支配，世路坎坷，多苦，也言之成理。怎样对待？顺是一条路。逆，至少在理论上，也是一条路。自然，这条逆的路很难走。但佛家想试一试，用"大雄"精神走下去。这种精神不只可钦佩，而且，我们总要承认，理论上，甚至事实上，不会绝没有走通的可能。而如果能走通，则必有所得：大的是不为情欲所制，因而少苦；小的，利禄心因而减少，可以安于淡泊，总比苟苟营营好得多吧？

（四）普度众生的心和行，浅之又浅地说，会使社会减少一些你争我夺的力量，增添一些互谅互助的力量，也是值得欢迎的。

第四章 中土佛教

4.1 源流说略

禅宗是中土佛教的一宗，想了解禅宗，先要略知中土佛教的情
况。中土佛教来自印度，虽然有发展，有变化，但枝干不能离根，尤
其早期，是印度佛教的繁衍，因而就是讲中土的，也不当数典忘祖。

但这祖又是太繁杂了，只好谈一点点关系密切的。据说释迦牟尼
佛灭度后不久（佛教教史几乎都是无确证的传说），像孔门弟子整理
写定孔子的言行为《论语》一样，佛门弟子也聚会，想整理写定佛的
训戒。这样的聚会名为结集，据说主要有三次：第一次于佛葬后在王
舍城，有五百大弟子参加（这就是五百罗汉的来源）；第二次于佛灭
度后约百年在毗舍离城，有七百高僧参加；第三次于阿育王（公元前
250年前后在位）时在波吒厘子城，有一千和尚参加。每次结集都写
定一些经典；至于何种经典，所传不尽同，这里从略。

结集，是因为对于佛所说唯恐有误记，或所记和所解已经有分
歧。但分歧终于不能免，因为一传再传，有讹误是必然的；又，人心

之不同，各如其面，同样一句话，甲可以从中取得实义，乙可以从中悟得玄机，何况佛法所讲，大多是意义不定的抽象概念，尤其容易仁者见仁，智者见智。据说结集时已经有宗派之分，印度称为部。起初分为上座、大众两部。上座指老字号的和尚，相当于贵族；大众指少壮派的和尚，相当于平民。老字号的保守，严格遵守传统，不敢越雷池一步；少壮派敢想敢说，阿育王时期出了个大天，说五事（一余所诱，二无知，三犹预，四他令入，五道因声起），在教理上越走越远。此风不可遏，于是上座、大众两部又分化为十八部：上座分为犊子、经量等十部；大众分为说出世、多闻等八部。

在教理方面，上座部、大众部的最重要的分歧是上座说有，大众说空；上座安于小乘，大众趋向大乘。有和空都具有远离常识的意义：有，是指一切法的自体三世长有；空，是指一切法念念生灭，所以过去未来无实体，只有现在瞬间的体用为有。上座部的理论基本上是原始佛教的。大众部思路比较开放，且追得深，气度大（强调普度），所以得到较多人的赞许，其后就发展为大乘佛教。佛教传入中土，小乘不兴盛，六朝以后，地盘完全为大乘所占领，与印度源泉的下流是有密切关系的。

4.2　前期佛教

中土佛教的历史，内容复杂，千头万绪，为了简明，想分作三期：前期，由东汉到西晋；中期，由南北朝到唐；后期，由五代十国到明清。中的意义相当于盛，是重点。

4.2.1 汉

佛教传入中土，最早在何时，有异说。有的，大概意在夸饰，与道教争胜，说在东汉明帝（公元58—75年在位，年号永平）以前。引经据典，近的推到汉武帝，远的推到秦始皇，更远的推到《山海经》。可惜都证据不足，难于取信。

多数人认为可信的是汉明帝永平求法的传说，见于东汉末牟子《理惑论》第二十章：

> 昔孝明皇帝梦见神人，身有日光，飞在殿前，欣然悦之。明日博问群臣，此为何神。有通人傅毅曰："臣闻天竺（即印度）有得道者，号之曰佛，飞行虚空，身有日光，殆将其神也？"于是上悟，遣使者张骞、羽林郎中秦景，博士弟子王遵等十二人，于大月支写佛经四十二章，藏在兰台石室第十四间。时于洛阳城西雍门外起佛寺（其他书称为白马寺），于其壁画千乘万骑，绕塔三匝。时国丰民宁，远夷慕义，学者由此而滋。

此外还有许多书谈到，内容大同小异。所记事详细明确，但也有漏洞，因而近年来有人疑为不实。不过这项记载可信与否是一回事，佛教何时传入是另一回事。汤用彤先生《汉魏两晋南北朝佛教史》举西汉哀帝时大月氏王使伊存授浮屠（佛）经，明帝时楚王英已为桑门（沙门，和尚）、伊蒲塞（优婆塞，男居士）设盛馔，傅毅已知天竺有佛陀之教为理由，证明佛教的传入必在明帝以前。以常情推测，两汉和西域的交往相当频繁，西域诸国是信奉佛教的，传入的可能比不传入的可能一定大得多。

佛教初传入时期，重要的活动是译经。译者都是外国人，如安世高来自安息（初来的佛学大师，名前多标明国籍），支娄迦谶来自大月支（也写大月氏），竺佛朗来自天竺，康孟详来自康居。其中最有名的是安世高，译出《安般守意经》（最早传入讲禅法的）等约三十几部。其次是支娄迦谶，译出《般若道行经》等十几部。

教义的传播还比较粗浅，大多是灵魂不灭、地狱受报、祭祀得福之类。所以在当时人的眼里，佛法不过是方伎的一种，出家人同样是方士、道士，可以称呼为道人。但佛教徒的出世色彩，可能也表现得相当明显，如《后汉书·襄楷传》记襄楷于桓帝延熹九年（公元166年）上书说：

> 又闻宫中立黄老浮屠之祠。此道清虚，贵尚无为，好生恶杀，省欲去奢。今陛下嗜欲不去，杀罚过理，既乖其道，岂获其祚哉！或言老子入夷狄为浮屠。浮屠不三宿桑下，不

欲久，生恩爱，精之至也。天神遗以好女，浮屠曰，此但革

囊盛血，遂不盼之。其守一如此，乃能成道。

像这样对付情欲（绝），是道家也远远赶不上的（只是寡欲）。

宫中有浮屠祠，推想只是祭佛而不住僧。宫外已经有寺院，如传
说建于明帝时的白马寺就是。寺院不多，都是供外来的和尚住的。中
土人不住，原因有二：一是据《高僧传·佛图澄传》："往汉明感梦，
初传其道，惟听西域人得立寺都邑，以奉其神，其汉人皆不得出家。"
二是当时还没有传戒的规定，也就不能有正式受戒的比丘和比丘尼。

4.2.2　三国两晋

这两个时期合起来，将近一百年（公元220—316年）。佛教的重
要活动还是译经。重要的译者有：康僧铠在魏都洛阳译出《无量寿
经》等四部；帛延在同地译出《首楞严经》等七部；支谦在吴都建业
译出《维摩诘经》等八十余部；康僧会在同地译出《六度集经》等数
部；竺法护在两晋初年译出《普曜经》等一百六七十部；竺叔兰在陈
留等地译出《放光般若经》等数部；帛法祖在长安等地译出《菩萨修
行经》等十几部；安法钦在洛阳译出《道神足无极变化经》等五部。
所译经典，教理方面偏于大乘的般若，这就为后来道安的般若学开了
先河。

译经中的一件大事是，三国魏的晚年，印度和尚昙柯迦罗来洛

阳，译出《僧祇戒心》，其后不久安息和尚昙谛来洛阳，译出《昙无德羯磨》，并根据戒律的规定举行传戒仪式，这就为佛教势力的扩大开辟了一条广阔的路。

中土人出家，有人说始于东汉末的严佛调（安世高弟子）。但也有人说，严只是居士，并未出家。如果后一说近真，那最早出家的名人，应该是三国魏的朱士行。朱不只是最早出家的，还是最早西行求法的。他研究般若，中土经典有限，义多难通，于是在魏末（公元260年）往西域。到于阗，得《大品般若》数十万言，于西晋初年命弟子送回洛阳，他没有回来。

有了戒律的规定，出家人逐渐增多，据说西晋时有僧尼三四千人；僧寺，仅洛阳、长安就有近二百所。

4.3　中期佛教

这一期包括东晋和南朝（宋、齐、梁、陈），北朝（五胡十六国、北魏、东魏、西魏、北齐、北周），隋，唐。朝代多，地域杂，加上佛教最兴盛，更是千头万绪。所谓兴盛，是内，教理钻得深，分得细（各宗各派）；外，热闹，由寺院、出家到造像、俗讲等等，真是五花八门；还有，影响也大，由小民的念"阿弥陀佛"到士大夫的谈空说寂，更是无孔不入。内容太多太杂，只得取大舍小，只谈一点点显赫的。

4.3.1 东晋、南北朝（一）

这时期包括东晋、南朝和北朝的匈奴、羯、鲜卑、氐、羌五个民族（史称五胡）先后建立的二赵、三秦、四燕、五凉、夏、成（或成汉）十六国，时间是一百年多一点（公元317—420年）。

译经的盛况远远超过前代，不仅译师多，译品多，而且出了不少在佛教史上有重要地位的大师。这包括僧伽提婆、僧伽跋澄、僧伽罗叉、佛陀耶舍、佛陀跋陀罗、昙摩难提、竺佛念、帛尸梨蜜多罗（高座道人）、弗若多罗、鸠摩罗什等。其中尤以鸠摩罗什名声最高，贡献最大，与唐初的玄奘，同居译经大师的首位。这时期所译经典的方面也广，包括"阿含"（小乘经）、"阿毗昙"（说一切有论部）、"律藏"、"密教经典"、"大乘经论"等。其中影响最大的是大乘经论，如《大品般若》《金刚经》《维摩诘所说经》《首楞严三昧经》《大智度论》《中论》《百论》《十二门论》等，都出于鸠摩罗什之手。

教理的研究和传布也远远超过前代。重要的大师有佛图澄、道安、鸠摩罗什、慧远、竺僧朗、竺潜、道生、道融、僧肇、法显、慧观、慧严、支遁等。研讨的内容太多，太专，不能介绍。只说说多数人感兴趣的是般若性空的学说。可是同是说空而看法不同，道安时期有六家的分别。所谓六家，指一"本无"（万有生于无），二"即色"（色法因缘和合而生，无自性），三"识含"（万有为心识所变），四"幻化"（世间诸法皆幻），五"心无"（对外物不起计执心，故说空

无), 六 "缘会"(诸法因缘会合而有, 无实体)。其中道安的本无说势力最大。其后鸠摩罗什更深入发挥, 创毕竟空说 (一切有为法无为法皆空无余), 其弟子僧肇作《不真空 (不真即空) 论》(见《肇论》), 即使不是越来越玄奥, 也总是越来越细致了。其实目的仍是简单的, 是想证明现世无可爱恋, 因为不实。

不爱恋现世是消极方面, 消极总是为积极服务的, 就是说, 舍是为了取。所取当然是出世, 或说涅槃。这时期, 佛法在取的方面有了新的趋向, 是由道安 (在北方) 开始, 慧远 (在南方) 发扬光大, 根据《无量寿经》《弥勒下生经》等经典, 倡导往生弥勒净土的修持方法。与般若性空的玄远理论相比, 往生净土的路像是既容易走, 又收获大, 所以对后来佛教的更深入人心起了有力的推动作用。

随着佛教势力的增大, 西行求法的风气也兴盛起来。先后有法显、智严、宝云、智猛等多人。其中成就最大的是法显, 于东晋安帝隆安三年 (公元399年) 从长安出发, 到天竺、师子国 (斯里兰卡) 等三十余国, 获得很多经典, 十几年后回到建业, 与佛陀跋陀罗共同译出《大般泥洹经》等经典。

出家、在家的信徒, 数量增加得很快。在北方, 只长安一处的僧尼就过万。其他地方, 尤其南方的佛教中心建业, 数目当然也不会少。寺院自然也要相应地增多。与信仰俱来的还有佛像的各种形式, 包括塑像、画像 (包括画佛教故事, 名家有顾恺之、曹不兴等) 和雕像。雕像还发展为大规模的形式, 是石窟造像。据说敦煌千佛洞就是苻秦时期开始建造的。

道释融合从这个时期起表现得越来越明显。道家推重老庄的无为，理论讲无，行事讲冲虚淡泊，尚清谈，这同佛家的讲般若、轻世间名利有相通之处，又因为许多出家大师深知儒道（如慧远、支遁等），许多士大夫名流信佛，通佛理（如孙绰、宗炳等），所以有不少名僧和名士交了朋友，谈吐也是既道且释，就是后来说的禅味。

4.3.2　南北朝（二）

这时期，南朝包括宋、齐、梁、陈，约一百七十年（公元420—588年）；北朝包括北魏以及分裂后的东魏、西魏、北齐、北周，约一百六十年（公元420—581年）。

先说南朝。

译经的事业还在继续。有名的译师有佛陀什、求那跋摩、求那跋陀罗、求那毗地、达摩摩提、曼陀罗、真谛、宝志等。其中贡献最大的是真谛，在梁、陈之际译出《无上依经》《十七地论》《摄大乘论》等约五十部经典。

佛理的研究和诠释更加深入，并由泛泛地讲某一门变为专攻某一部经论。有专研究、弘扬阿毗昙的，称为毗昙师，如法业、僧渊、慧集、智藏等。有专研究、弘扬《成实论》的，称为成实师，如僧导、道猛、慧次、法云、法偃等。有专研究、弘扬三论（《中论》《百论》《十二门论》）的，称为三论师，如僧朗、僧诠、法朗、智辩、慧勇等。有专研究、弘扬《摄大乘论》的，称为摄论师，如智恺、法泰、曹毗、僧荣、法侃等。有专研究、弘扬十诵律的，称为十诵律师，如僧业、昙斌、慧询、慧猷、智称、法超、智文等。有专研究、弘扬涅槃学的，称为涅槃师，如道生、宝林、慧观、慧静、僧宗、慧皎等。这类研究，有的更深入，更扩大，徒众和著作增多，就发展为不同的宗派。

这时期，佛理方面曾引起一次大争论，就是神灭还是不灭。佛家主张神（有各种异解异名，如心识、自性等）不灭，因为如果灭，生死即使事大，也就没有办法，六道轮回也就成为无稽之谈。可是不灭又很难举出实证，于是有人根据常识的所闻所见，驳斥神不灭说，重要的论文有何承天的《达性论》和范缜的《神灭论》。

经典越来越多，于是有人整理为目录。三次都在梁代：一是僧绍编的《华林殿众经目录》，二是宝唱编的《众经目录》，三是僧祐编的《出三藏记集》。现在存世的只有最后一种。

这时期，佛教势力更加膨胀，简直可以说到了顶点。最明显的表现是渗入各阶层，渗入生活的各方面。四朝的皇帝几乎都信佛。其中最突出的是梁武帝萧衍，他不但修建了很多寺院，而且四次到同泰寺舍身为奴。结果引来侯景之乱。可是后来的皇帝并没有看作前车之鉴，如陈的武帝、文帝都曾向寺院舍身。上有所好，下必有甚焉，于是官僚、名士等，也都以事佛、与名僧往来为荣。平民文化低，更容易相信福报，信佛的当然更多。据说宋、齐、陈三朝，僧尼都多到三万多人，寺院一两千所；梁朝僧尼多到八万多人，寺院多到三千所。出家人多，寺院多，于是各种法会（斋会、水陆会、盂兰盆会等）也应运而起，如梁武帝就举办过多次四众（比丘，比丘尼，优婆塞，优婆夷）无遮（平等待遇）大会。造像的风气也很盛，为了功德，有的用木雕，有的用铜铸，还有的用金银铸；大的高一两丈，多的到几万躯。

道释融合，名士和名僧的交往更加频繁。玄谈之外，还可以用诗，如谢灵运、颜延之、智恺、智藏都是这方面的名手。

再说北朝。

译经的事业仍在继续。主要是北魏（早期在平城，晚期随东魏由洛阳移到邺都）。译经大师有昙曜、吉迦夜、昙摩流支、菩提流支、勒那摩提、佛陀扇多等。其中菩提流支尤其有名，用半生精力，译出《法华经论》《十地经论》《入楞伽经》《深密解脱经》等共三十部。北齐、北周时期，译经大师有那连提黎耶舍、达摩阇那、阇那耶舍、耶舍崛多等。

佛理的研究和诠释也像南朝，因专精而分为不同的部门。有专研究、弘扬阿毗昙的，称为毗昙师，如智游、慧嵩、志念、道猷、道岳等。有专研究、弘扬《成实论》的，称为成实师，如僧嵩、僧渊、昙度、道登、道纪等。有专研究、弘扬《摄大乘论》的，称为摄论师，如靖嵩、昙迁等。有专研究、弘扬涅槃学的，称为涅槃师，如昙准、昙无最、宝延、昙延等。有专研究、弘扬《十地经论》的，称为地论师，如道宠、僧休、慧光、法上、僧范等。有专研究、弘扬四论（三论加《大智度论》）的，称为四论师，如道场、昙鸾、静蔼、道判、慧影等。有专研究、弘扬《四分律》的，称为四分律师，如法聪、慧光、道云、道晖、洪道等。有专研究、弘扬净土的念佛法门的，称为净土师，如昙鸾、慧海、灵裕等。有专研究、弘扬楞伽的禅法的，称为楞伽师，如菩提达摩（禅宗东土初祖）、道育、慧可、慧满、僧副等。

同南朝一样，佛教势力在北朝也升到顶峰。几朝皇帝，绝大部分是信奉佛教、尊重名僧的。一般平民当然更少例外。佛法盛，信徒多，从许多方面可以表现出来。一是僧尼多，北魏由平城迁都洛阳以前，城乡合计，僧尼有八万多；到魏末增到二百多万。二是僧寺多，北魏平城时期是六千多所；到魏末，仅洛阳一地就有一千多所（《洛阳伽蓝记》记其大略，可见豪华宏丽的一斑），全国各地是三万多所。其时建塔的风气也盛起来，许多僧寺兼有塔。三是造像多，最著名的是，北魏平城时期的武州山石窟（今大同云冈石窟），洛阳时期的龙门石窟，此处还有麦积山、天龙山、响堂山等地的石窟。四是刻石经，有名的有响堂山石经、泰山经石峪石经等。五是因为信徒多，民间还有了信奉佛教的组织，名为义邑，首领名为邑主、邑长等，成员名为邑子、邑人等。

这时期也有西行求法的事。著名的有宋云和惠生，到西域许多国，取来不少经论，并著书记西行的经过（《洛阳伽蓝记》卷五专记此事）。

这时期，佛教的一件大事是出了两个庙号都是"武"的"灭法"的皇帝。一是北魏迁都洛阳前的太武帝（公元424—452年在位）。他信道士寇谦之和司徒崔浩的话，说佛教是"西戎虚诞，妄生妖孽"，先是让五十岁以下的僧人都还俗，服兵役；其后，因为发现长安一寺院收藏兵器、财物及妇女等，于是下令杀尽僧徒，毁寺院、经像等。幸而其时太子晃监国，故意缓宣诏书，僧徒多闻风逃匿，经像也有不少人秘藏，佛教才不至完全灭绝。另一是北周武帝（公元560—578年在位）。他重儒术，轻道、佛，曾多次发起争论道、佛的高下，又听信还俗僧人卫元嵩和道士张宾的意见，开始是减寺减僧；其后是废斥道、佛二教，令僧徒、道士都还俗，财物没收散给臣下。攻灭北齐以后，用同样的办法，强迫僧徒还俗，焚毁经像，财物没收归官。据说周境道、佛还俗的有二百多万人，齐境僧徒还俗的有三百万人。

4.3.3　隋

隋朝只有短短的三十七八年，可是长期分裂的局面成为统一，佛教情况就有了混合南北、继往开来的性质。

译经仍然没有停顿。重要的译师有那连提耶舍、毗尼多流支、阇那崛多、达摩笈多等。其中阇那崛多成就最大，在长安大兴善寺译经二十年，译出《佛本行集经》《大方等大集护经》等三十余部。

佛理方面出了一些造诣深、影响大的大师。如慧远（不是东晋的庐山慧远）通各宗各派，著《大乘义章》，普遍解释大小乘的名相，开后来华严宗的先河。智顗以《法华经》为本，创一念三千等说，成为天台宗的创始者。吉藏承鸠摩罗什、僧肇的思想体系，研究三论，成为三论宗的创始者。此外，继北朝摄论师的传统，研究《摄大乘论》的也不少，其中以昙迁为最有名。

这时期，佛教的一件大事是出现了信行和尚创立的三阶教。三阶教有教理，说其时已经到了末法时期，应该适应这个时期采用近于苦行的修持方法，如一天只吃一次乞讨来的饭，见人即礼拜（一切众生是真佛），死后尸体供鸟兽吃（布施），等等。所谓三阶，是把时、地、人都分为三个阶段，如依时分，佛灭度后五百年（有异说）为第一阶，第二个五百年为第二阶，以后一千年为第三阶，是末法时期。这个教在隋至唐朝早期势力相当大。可是因为有不少人（包括一些皇帝）视为异端，到唐朝后期就逐渐灭绝了。

经典积存更多，于是有继续编撰目录的事。重要的有法经等编的《众经目录》，费长房编的《历代三宝记》，彦琮等编的《众经目录》。

佛教势力仍然很旺盛。原因同过往一样，是在上者提倡，一般人民信受。隋文帝热心护法，建寺，建塔，度僧尼，造佛像，并提倡公私写经（开唐朝大批写经的风气）；他的儿子隋炀帝杨广并且受菩萨戒，自称菩萨戒弟子。石窟造像和刻石经仍然继续，著名的房山石经就是这时期开始的。

这时期，佛教还由中土东传到高丽、百济、新罗和日本。这些国家都有不少僧人来长安学习佛法。文帝时期，高丽、百济、新罗并分得舍利，带回国建塔供养。

4.3.4 唐

唐朝由建国到灭亡（公元618—907年），经历了将近三百年，至少在前期和中期，佛教还处于顶峰时期。不只兴盛，还可以拿出几种第一来。初年出了个玄奘，无论是译经，西行求法，还是通晓教义，都应该高踞出家人的首位。佛理研究方面，各宗各派争奇斗胜，真可以说是百花齐放。其中尤其禅宗，开花结果都是在这个时期。弘法的方式也有大发展，因要求通俗化而兴起俗讲，于是而产生了变文。信徒数量更多，信的程度更深，有种种作功德的花样，如写经，近年发现于敦煌千佛洞的，绝大多数是这时期写的。名僧和名士的关系更加密切，因而产生了不少出于僧俗的带佛教气息的诗文。

译经已经是高潮的末期，但成就很大。译经大师很多，如玄奘、智通、佛陀波利、菩提流志、实叉难陀、义净、智严、善无畏、金刚智、不空、尸罗达摩等。其中贡献最大的当然是玄奘，用将近二十年精力，共译出经论七十五部，一千三百三十五卷，其中《大般若波罗蜜多经》一部有六百卷之多。译的质量也远远超过前代，因为其时已经有严格的译场制度和精密的翻译律例，而且，如玄奘、义净、不空等，都精通梵汉两种文字，不再有语言的隔阂。

教理的研究，承过去的余绪而更加深入，从而体系更加严整，面目更加鲜明，就形成不同的宗派。有天台宗，重要大师为智威、玄朗、湛然等。有三论宗，重要大师为吉藏、慧远、智拔、慧均等。有慈恩宗（即法相宗），重要大师为玄奘、窥基、慧沼、智周等。有律宗（主要的一派是南山宗），重要大师为道宣、太慈、融济、文纲等。有贤首宗（也称华严宗），重要大师为杜顺、智俨、法藏（字贤首）、澄观、宗密等。有密宗，重要大师为善无畏、金刚智、一行、不空等。有净土宗，重要大师为道绰、善导、怀感、慧日等。有禅宗（下章详述）。

经典编目，这时期也有重要著作，如玄琬编《众经目录》，道宣编《大唐内典录》，智升编《续大唐内典录》和《开元释教录》等。其中《开元释教录》，内容和体例都很精审，到现在还是研究佛教典籍的重要参考书。

各宗派弘扬教理，大多是着重辨析名相，难免深奥而繁琐，一般人难于接受。为了普及，这时期兴起一种通俗化的宣传方式，名为俗讲，就是用讲唱故事的形式阐说教义。这种讲唱的本子名为变文，成为以后通俗小说的始祖（本章末还要谈到）。

唐朝皇帝，绝大多数是维护佛教的。士大夫和平民，接受传统的生活习惯，已经把佛教看作本土文化的组成部分，不只惯于信，而且惯于行。表现于外，或现在还能看到或推知的，是各种信奉活动的遗迹。上者是诗文，其次是大量的寺、塔、经幢、造像（包括石窟造像）、刻石经、写经（中期以后开始有刻板印刷的经典）等。

西行求法的人也不少，据义净《大唐求法高僧传》记载，仅唐朝初年就有六十人。最著名的当然是玄奘，于太宗贞观三年出发，经西域到印度，往返十七年，取回佛舍利一百五十粒，经论六百五十七部，金檀佛像七躯。此外，义净、慧超、玄照、道琳等也是西行求法人中很有名的。

这时期也曾出现反佛教的事。重要的有两次。一次是所谓会昌法难。武宗是信道教的，对佛教有恶感，从会昌二年（公元842年）起，用种种办法压制僧尼，直到下令拆毁寺院，勒令僧尼还俗。据记载，共拆毁大寺四千六百多所，小寺四万多所，僧尼还俗二十多万人，连铜铁铸的佛像也熔化殆尽。另一次是韩愈排佛，他写《原道》《论佛骨表》等文，主张对佛教要"人其人（强迫僧徒还俗作普通人），火其书（烧佛教典籍），庐其居（变寺院为民房）"。可是这位韩文公究竟是手无寸铁的文人，虽然力竭声嘶，影响却是难于通到习俗的底层的。

中土与东方高丽、日本等国之间，僧徒的来往更加频繁（主要是来唐朝留学）。于是佛教东传，并也发扬光大，建立了各种宗派。

4.4　后期佛教

这一期时间长，由唐末到清末，大约一千年。朝代包括很多。其中有统一的，是元、明、清；有分治的，是北宋和辽，南宋和金；有分裂的，是五代十国。佛教情况是大致保持旧的传统，虽然某时、某地、某宗派、某举动略呈兴盛之势，但总的看来，正如红日偏西，光和热都比较微弱了。

4.4.1　五代十国

五代是统治北方的后梁、后唐、后晋、后汉、后周；十国是南方的前蜀、吴、吴越、闽、南汉、荆南、楚、后蜀、南唐和北方的北汉。时间由后梁建国（公元907年）算起，到后周灭亡（公元960年）截止（十国中的南唐、北汉等，北宋建国十几年后才灭亡），不过五十多年。

政治情况复杂，因而佛教的兴衰情况也就随着复杂。大致说，北方的统治者，信佛的程度没有南方那样深。如对于僧徒出家，北方限制较多，而且推行一种所谓试经业的考试方法。南方如吴越、闽、南唐等国，君主都热心佛教事业，所以建寺、建塔、造像、写经等活动都规模宏大。

教理方面也趋向衰落。只有天台宗和律宗还保持相当的势力：天台宗的大师有义寂、义通、知礼等；律宗的大师有贞峻、澄楚、元表、守言、赞宁等。禅宗的情况特殊，因为唐朝中期以后渐渐有独霸之势，所以这时期仍在发扬光大（详见下章）。

出家人作诗，这时期人数更多，简直成为风气，如齐己著《白莲集》，贯休著《禅月集》，在文学史上也是很有名的。

这时期还出了个灭法的皇帝，后周世宗（公元954—959年在位）。他从显德二年（公元955年）起反佛，废除未经国家赐予寺额的寺院三千多所；严格限制出家资格，并不许私度。又因为缺少货币，于是没收铜铸佛像，熔化了铸钱。中国佛教史说的三武一宗的灭法，三武是北魏太武帝、北周武帝和唐武宗，一宗就是这位周世宗。

4.4.2 宋（附说辽金）

宋包括北宋和南宋，地域不很广，时间却长，超过三百年（公元960—1279年）。佛教的情况，大体说是兴盛的。

译经事业，于唐朝晚期停顿，这时期又恢复了。像唐朝一样，翻译有严密的组织和规程。译师大多是外来的僧人，有法天、法贤、法护、日称、智吉祥、金总持等。共译出经论二百多部，合七百多卷。成绩远远落后于唐朝，因为重要的经论大多早已有译本。

佛理的弘扬方面，势力最大的是禅宗（下一章谈）。此外有律宗，或说道宣的南山宗，重要大师为赞宁、允堪、元照等。有贤首宗，重要大师为子璇、净源、师会、希迪等。有慈恩宗，重要大师为秘公、通慧、傅章、继伦、守千等。有天台宗，重要大师为义寂、义通、知礼、晤恩、广智等。有净土宗，重要大师为省常、宗赜、志磐等。

宋朝皇帝大体说都是维护佛教的（只有徽宗崇奉道教，曾强制僧道合流，使出家人改服饰，改寺名为宫，称菩萨为大士，僧为德士，尼为女德士），佛教仍为各阶层的人所信奉，单说出家人，全国僧尼总数有三四十万。信奉的活动，除建寺、建塔、造像、写经、斋僧、举行各种法会等之外，还添了刻经（刻木板印刷全藏）一项。最早也最重要的是宋初开宝年间在四川刻的蜀版藏经，历时十二年，收经论六千六百多卷。此后中土多次刻大藏，以及高丽、日本等地刻大藏，几乎都是以这个版本为底本。蜀版之外，宋朝刻大藏还有四次：一是福州东禅寺版，二是福州开元寺版，三是湖州思溪版，四是平江碛砂版。

这时期，佛与儒相互影响，接近甚至糅合的程度更加深远。有明显表现为调和的，如契嵩著《辅教篇》，张商英著《护法论》《宗禅辩》，都宣扬佛、儒可以互助，不当偏废。有不明显表现的，如禅的明心见性，儒的天理人欲，都是把邻居的什物隔墙拿过来混在自己的什物里。

西行求法的人在这个时期还有不少，其中如道圆、继业（一行三百人）、行勤（一行百五十七人）等都是很有名的。

中土与东方高丽、日本诸国，僧徒来往仍不少。外国僧人来中国，绝大部分是学禅法的，如日本的奝然、寂昭、觉阿、荣西等，对日本禅学的发达都起了不小的作用。

附带说说占据北方的辽、金两朝。那是契丹和女真建立的国家，就文化说，低于中原的两宋，知解少就更需要宗教，所以对佛教就更加尊崇。如辽兴宗曾皈依受戒，金世宗的生母贞懿太后出家为尼。最高统治者如此信奉，佛教当然要受到特殊的照顾。建寺、建塔、造像、写经、斋僧、行香等等活动不算，还增加了大量的布施。如辽的兰陵郡夫人萧氏，施给中京静安寺土地三千顷，谷一万石，钱二千贯，民户五十家，牛五十头，马四十匹；金世宗生母贞懿太后出家后住清水禅寺，施给田二百顷，钱百万。这样一来，寺院成为特殊的富户，僧徒成为特殊的阶级，站在佛教的立场，有好的一面，是道场兴隆；但也有坏的一面，是出家后养尊处优，生活世俗化，不久就会把苦、集、灭、道的教义忘了。

佛理方面，势力比较大的是禅宗（下一章谈）。其他各宗也出了些有名的法师，如华严宗，辽有鲜演，金有宝严、义柔等；密宗，辽有觉苑、道硕等，金有法冲、知玲等；律宗，辽有守道、等伟等，金有悟铢、智深等；净土宗，辽有非浊、诠晓等，金有祖朗、广思等。

这两朝都重视刻经的事。辽刻的大藏，与宋刻蜀版藏经相比，内容增多，通称《契丹藏》。金刻的大藏过去不见记载，公元1934年在山西赵城广胜寺发现一部（有残缺），是比丘尼崔法珍发愿所刻，现在通称为《赵城藏》。

辽、金时代的佛教艺术品，留到现在的还有不少。主要是建筑，如天津市属蓟县的独乐寺山门和观音阁，山西的应县木塔，北京的天宁寺塔等，都是辽代建筑；山西大同普恩寺的大雄宝殿，山西五台延庆寺的大殿，河北正定隆兴寺的山门等，都是金代建筑。

4.4.3　元

元朝时间不很长，只是一百年多一点（公元1260—1368年）。皇帝都是信奉佛教的，尤其是属于密教的喇嘛教。元世祖忽必烈奉西藏喇嘛教名僧帕思巴为帝师；以后各朝皇帝即位前先要从帝师受戒。帝师是掌管佛教的僧官。元朝还出了不少有学问的喇嘛，如胆巴、沙罗巴、达益巴、迦鲁纳答思等。

对于一般佛教，帝室也是维护的，如建立寺院，举行法会，刻印藏经，费用都由国库负担。其结果是寺院增多，全国有两万几千所；僧尼增多，全国有二十几万。此外，朝廷还惯于以田地施给寺院，少则几十顷，多则几百顷。寺院成为富户，于是兼营工商业。财货增多，显然，戒定慧必致相应地减少，出家成为特殊的行业，也追求享乐，就佛教教义说，是爱之反而害之了。

在教理方面，有较大成就的仍然是禅宗（下一章谈）。此外，天台宗的名僧有性澄、允若等；华严宗的名僧有文才、了性等；法相宗的名僧有英辩、志德等；律宗的名僧有法闻。不过与前一时代相比，总是强弩之末了。

这时期新兴起两个教派：白云宗和白莲宗。两宗都着重念佛，提倡菜食。因为是新兴的，当时被人视为异端，受到阻止和打击。在教理方面没有什么大建树。

元代刻经事业不很发达。值得注意的有弘法寺大藏，是利用金代大藏的经版，校订刻印的；有普宁寺大藏，是杭州余杭县南山大普宁寺僧徒募化刻印的。

僧徒作诗的风气仍然很盛，如明本、行端、梅堂、清珙、圆至、本诚、大圭、善住等，诗文都有集行世。

佛教艺术，成就最高的是造像。有汉人刘元，得佛像工艺大师阿尼哥（尼泊尔人）的真传，精于塑像，元朝名刹的塑像有不少是他塑的，据说北京东岳庙的塑像也出于他之手。铜铸佛像，北京西山卧佛寺的卧佛，现在还是很有名的。

4.4.4　明

明朝时间比较长，由建国到灭亡，经历了二百七十多年（公元1368—1644年）。关于佛教，重要的变动是：一，由尊崇喇嘛教改为以中土的各宗为主体；喇嘛虽然仍有帝师、国师等称号，但那是出于对外族宗派的笼络。二，明太祖朱元璋在凤阳皇觉寺当过和尚，对寺院和僧徒的情况有较多的了解，于是针对他心目中的弊端，由过去的单纯扶持改为着重整顿。办法有多种，如设置各级僧官管理佛教事务，包括任免寺院的住持；分学佛的专业为禅（以禅定求悟）、讲（研习各种教义）、教（依各种仪法活动）三类，要求僧徒要各有所专；定期考试，经典不通者淘汰；严格度牒制度，男四十以下、女五十以下不得出家；减少寺院数目，出家者必须集中居住，过集体生活；等等。不过对于流传已久、深入人心的佛教，政治力量终归是有限的，又因为后来推行度牒收费办法，出家容易了，从而寺院的数目大量增加，僧尼的数目也大量增加。

在教理方面，仍然以禅宗最为兴盛（下一章谈）。其次是净土宗，

91

以念佛求解脱，几乎成为各宗派的共同法门，弘法的大师有道衍（姚广孝）、宗本、袾宏、成时等。其他各宗也还保留一些流风余韵。弘扬华严宗的有普泰、洪恩、慧浸、通润等。弘扬天台宗的有慧日、士璋、力金、无尽等。弘扬法相宗的有巢松、真可、明昱、广承等。弘扬律宗的有朴原、如馨、三昧、弘赞等。

明朝后期还出了一些著名的佛学大师，其中最重要的是：云栖大师袾宏，紫柏大师真可，憨山大师德清，蕅益大师智旭。他们都学识渊博，著述很多。其中德清著《中庸直指》《老子解》等书，智旭著《四书解》《周易禅解》等书，沟通儒、道、释三教，可以代表一时的风气。

明代刻经事业很盛，刻全藏计有五次：一是洪武年间在南京刻的，称为《南藏》；二是永乐年间在南京刻的，也称为《南藏》；三是永乐年间在北京刻的，称为《北藏》；（以上三种是官刻。）四是其后刻于杭州的，称为《武林藏》；五是明末在山西五台山开刻，完成于清初浙江径山的，称为《嘉兴藏》（由嘉兴楞严寺发行）或《径山藏》。

因佛教而有的中外交往也不少。主要是中国和西域，中国和尼泊尔，中国和日本。

文人学者，不出家而研究佛学的风气，这时期也很盛。如宋濂、李贽、袁宏道弟兄、瞿汝稷、焦竑、屠隆等，都是很有名的佛学家和护法者。

4.4.5　清

这个阶段比明朝略短一些，将近二百七十年（公元1644—1911年）。清朝是满族入主中华，宗教信仰带有边地民族的色彩，就是比较重视喇嘛教。但是在文化方面，由皇室到八旗子弟，都倾向汉化，所以中土各宗也受到维持旧传统的待遇。所谓旧传统，是采用明朝的制度，设置僧官，佛教事业如建寺、造像、度僧尼等都有限制。但限制总是越来越松懈，原因，除了历代共同的由励精图治必致渐变为得过且过之外，还有建国一开始就出了几位好佛的皇帝。顺治皇帝好参禅，尊通琇为玉林国师。康熙皇帝也视佛门为风雅之地，外出喜欢游名山，住名刹，并赋诗题字。雍正皇帝更进一步，不只喜欢禅学，并以通禅自负，因而自号为圆明居士，还编了《御选语录》。上层人物喜爱，一般人民循旧轨走，因而佛教就仍是繁荣昌盛，据统计，早年大小寺院有八万左右，僧尼有十几万；晚年，寺院几乎遍布全国各村镇，僧尼据说有八十万，不出家而拜佛菩萨的，就难以数计了。

这时期也有译经事业。但与过去不同：过去是由外面的西土文字译成内部的中土文字；这时期只是满、汉、蒙、藏文字互译，目的限于内部流通。

在教理方面，比较兴旺的仍然是禅宗（下一章谈）。其次是净土宗，因为方法简便而收获大，所以几乎成为各宗的共同信仰。专弘扬此宗的大师有行策、省庵、彻悟、瑞安、印光等。此外，弘扬天台宗的大师有受登、灵耀、观竺、广昱、妙空等。弘扬华严宗的大师有续法、印颗、圆亮、通理、显珠等。弘扬律宗的大师有海华、戒润、福聚、弘赞、长松等。弘扬法相宗的大师有大惠、大贤、智旭、果仁、道阶等。

居士研究佛学，弘扬佛法（包括流通经典），这时期成为风气。早年有宋文森、毕奇、周梦颜、彭绍升等。中年有钱伊庵、江沅、裕恩、张师诚等。晚年有杨文会、沈善登等。

清朝的刻经事业，官刻汉文的只有雍正、乾隆间的《龙藏》一种，是根据明刻《北藏》予以增补的。此外还刻有藏文、蒙文、满文的藏经。私人刻经，晚年成为风气，如郑学川（后出家，名妙空）成立江北、苏州、杭州等刻经处，杨文会成立金陵刻经处，所刻经典都在三千卷上下。清朝末年，金山和尚宗仰和罗迦陵、黎端甫等，根据日本弘教书院藏经，在上海校印成《频伽精舍藏经》，成为我国刻印大藏的殿军。

文学艺术方面，这时期出了不少诗僧，如苍雪、天然、借庵、笠云、寄禅（皆别号）等；其中寄禅又号八指头陀，在清末尤其有名。初年还出了几位有大名的画僧：朱耷（俗驴字），通称八大山人；道济，通称石涛；髡残，通称石溪；弘仁，通称渐江。

4.5 宗派

以上是泛说中土佛教。还可以分说，或应该分说，是介绍不同的宗派。这相当麻烦，原因主要有两种：一，传承的统系很繁杂，其中有些只是传说，甚至有意编造，未必靠得住。二，宗派之分，主要是由于对教理的认识有分歧，或修持方法有差异。教理的分歧，有不少是很细碎的，或者很玄奥的，讲，就要陷入名相的大海，这对于一般读者，以及这样一本常识性的书，都是不适宜的。不得已，只得以简要易解为原则，可以不说的不说，难于浅近易解的也尽量不说。

宗派，主要是宗，有广狭两种意义：广义是兼指学派和教派；狭义是只指教派。南北朝时期，教理的研究趋于深而专，于是有着重研究、弘扬某种经典的大师，如毗昙师、成实师、摄论师等。这样专精某种经典的学问，有人也称之为宗，这宗的意义是学派。隋唐以来，有些学派发扬光大，成为有祖师、有传承、有大量信徒、有教义教规的宗教团体，这样的佛教组织称为宗，这宗的意义是教派。

因为宗的意义不定，佛教史籍举宗的数目，有或多或少的差异。多的是十二宗，名目是：一，毗昙宗（小乘有宗，通于俱舍宗）；二，成实宗（小乘空宗）；三，律宗（通称南山宗）；四，三论宗（大乘空宗，也称性宗）；五，涅槃宗；六，地论宗；七，净土宗（也称莲宗）；八，禅宗（也称心宗）；九，摄论宗；十，天台宗（也称法华宗）；十一，华严宗（也称贤首宗）；十二，法相宗（大乘有宗，也称慈恩宗、唯识宗、相宗）；十三，真言宗（也称密宗）。（日本凝然《三国传通缘起》。）其次是十宗，名目是：一，律宗；二，俱舍宗；三，成实宗；四，三论宗；五，天台宗；六，贤首宗；七，慈恩宗；八，禅宗；九，密宗；十，净土宗。（杨文会《十宗略说》）汤用彤先生《隋唐佛教史稿》只介绍八宗，名目是：一，三论宗；二，天台宗；三，法相宗；四，华严宗；五，律宗（原标题为戒律）；六，禅宗；七，净土宗；八，真言宗。宗还有等级之别，如同是律宗，其下又有所谓相部宗和东塔宗；同是禅宗，其下又有所谓临济宗、曹洞宗等。以下依次介绍一下（禅宗下一章介绍）。

4.5.1　三论宗

佛教教义，佛灭度后在空、有方面就有了分歧：先是小乘成实说空，俱舍说有；后来是大乘三论说空，法相说有。三论是《中论》、《百论》和《十二门论》；向上推求还有《大品般若经》。中土自鸠摩罗什起宣扬三论义理，开创了三论宗。继承罗什的三论宗大师有道生、僧肇、昙影、昙济、僧朗、僧诠、法朗、吉藏、慧远（非东晋慧远）、慧因等。其中以吉藏（隋到唐初人）贡献最大，可以看作三论宗的代表人物。他著《大乘玄论》《三论玄义》等多种书，因为曾在会稽嘉祥寺弘法，人称嘉祥大师。

介绍三论宗的义理相当困难，原因，严格说不是太深，而是太模棱。比如他们的"八不中道"（否定八种边见而后得圆通的中道）是：不生亦不灭，不常亦不断，不一亦不异，不来亦不出。前两句是就时间说，后两句是就空间说，意思是只有破了这样的种种时空的计执，我们才能认识真如实相。可是，即以生灭而论，比如设想个张三，说他还活着，不对，说他已经死了，也不对，真相如何，我们就只能到逻辑的排中律之外去寻求了。三论宗的精神是破一切，一切破了才能体会万法皆空。但执着空也是边见，也是有所得；无所得才是中道。

理难于捉摸，但目的是明确的，是以为必须如此认识，才能变张目可见的诸多可欲为不可欲，才能灭因贪恋而生的种种苦。立意是可以谅解的，只是这样费力思辨，破现实的效力能有多大呢？也许就是因此，只是到唐朝初年，这一宗就逐渐衰微了。

4.5.2 法相宗

法相宗是大乘有宗，唐朝初年玄奘法师创立的。因为玄奘住长安大慈恩寺，所以又称慈恩宗；又因为教义的重点是万法唯识，所以又称唯识宗。玄奘是通一切宗派的佛教学者，可是到印度求法，主要是向那烂陀寺的戒贤大师学唯识，回国译经弘法也偏重唯识，所以被推为法相宗的祖师。法相宗信奉的经典主要是论，有一本十支之说：一本是《瑜伽师地论》；十支是《百法明门论》《五蕴论》《显扬圣教论》《摄大乘论》等。后来还有新编译的《成唯识论》，也是重要典籍。从玄奘受学的人很多，历代著名的传唯识学的大师有窥基、圆测（新罗人）、普光、慧沼、智周、如理、道氤等。

介绍法相宗的义理更加困难，因为在名相的辨析方面，它是最繁琐的。中心思想是万法唯识。识有多种：眼、耳、鼻、舌、身（触觉）是前五识；前五识所得是杂乱的感觉，要经过第六识的意（识）整理，才能成为知识；但第六识还是流动不定的，它后面还有个第七识末那识，这是常住的自我，第六识要依此而活动；第七识后面还有个第八识阿赖耶识，是前几种识所以能活动的根本。第八识中有变现一切的种子，万法皆由此而生，所以万法没有实性，只有能产生一切的才有实性。能变现一切的种子性质不同：污的是有漏（烦恼）种子，是一切世间法之因；净的是无漏种子，是一切出世间法之因。八识之外，还有三时、五种性等理论，离常识更远，只得从略。

玄奘法师从印度还带来因明学，弟子窥基等在这方面也钻研得很深。因明研讨的主要是逻辑方面的知识，学术价值比较高。

与其他宗派相比，法相宗学究气味特别重，总是尽全力于名相的辨析。不幸的是，穷理与笃行常常难于兼顾；而佛教，总当以行（求解脱）为主，理的研讨不过是辅助手段。这样，全力穷理就容易成为喧宾夺主，又，这理也太繁琐了，以致很难锲而不舍，所以唐朝中期以后，随着不立文字的禅宗的兴盛，它就渐渐消沉了。

4.5.3　律宗

持戒是四众（比丘，比丘尼，优婆塞，优婆夷）都应该重视的，照理说讲戒律就不会成为独立的一宗。可是独立了，这是因为：一，传戒的制度早年并不通行；二，戒有多种，有分歧就有理可讲；三，同其他名相一样，戒律方面的事也可以深钻，钻就难免人各有见，见不同就容易形成宗派。南北朝时期，译出的律部经典有四种：《十诵律》《四分律》《摩诃僧祇律》《五分律》。最流行的是《四分律》(小乘)，唐以前有法聪、慧光、道云、道洪、智首等，都是研究、弘扬《四分律》的大师。唐初道宣是智首的弟子。他学问渊博，著作很多，如《大唐内典录》《续高僧传》《广弘明集》等，都是佛教的重要典籍。他还大力钻研律部，用大乘的教义解释《四分律》，著作也不少，有的举三种，称为三大部，有的举五种，称为五大部。他在律学方面贡献大，弟子多，所以被公认为弘扬律学的大师。道宣住终南山白泉、崇文等寺，所以他这一派的律学称为南山宗。差不多同时，还有个法砺，住相州日光寺，也弘扬《四分律》，讲法与道宣不同，人称为相部宗。稍晚还有个怀素(不是中唐的草书名家怀素)，住西太原寺东塔院，也弘扬《四分律》，讲法与前两家都不同，人称为东塔宗。这律学三宗，一直到中唐都争论得很厉害。中唐以后，相部、东塔二宗渐渐衰微，通常说律宗就专指南山宗了。南山宗道宣以下，弘扬《四分律》的律师历代都有，如周秀、道恒、玄畅、元表、允堪、元照、如馨、读体、福聚等都是。

戒重在行，如杀、盗、淫、妄、酒是戒，要求的只是不杀、不盗、不淫、不妄(语)、不(饮)酒，讲道理而想入玄自然不容易。

不得已只好往心中追。依佛教教义，戒经过分析成为四种：一是戒法，为佛所制定的条文；二是戒体，为受戒、持戒的心理活动的本源（产生防非止恶之功能的本体）；三是戒行，为依戒律而行的行为；四是戒相，为合于戒律的可以作为规范的外貌。四者之中，第二种戒体上可以大做文章。律学三宗的分歧主要来自这方面的争执。有了戒体，自然要追求戒体的性质（等于问出身）：南山宗说是阿赖耶识的种子，属于心法（可领会为非在外）；东塔宗说是属于色法（可领会为表现于外）；相部宗说是属于非色非心。说法不同，反正都不能用实况来证明，我们也就不必根究孰是孰非了。

律宗传授的一件大事是，唐朝开元、天宝年间出了个鉴真，在扬州大明寺弘扬律学，应日本僧人荣睿、普照等的邀请，东渡日本，成为日本律宗的开创者。

与三论、法相等宗派相比，律宗在教理方面钻得不深，这是因为弘扬戒律不能文字般若，要坐而可言，起而能行。而行，则是真信受假信受的唯一试金石。专从这一点看，律宗在诸宗里也许是最重要的，或最根本的，因为没有它，或说它的宗旨不能畅通，佛教，连带各宗，也就虽有实无了。

4.5.4　净土宗

净土宗，和禅宗一样，特别重视传承统系。由宋朝起，有六祖说，是（东晋庐山）慧远和善导、法照、少康、省常、宗赜。有七祖说，是慧远和善导、承远、法照、少康、延寿、省常。七祖加袾宏成为八祖；再加智旭成为九祖；等等。其实修净土法门不始于慧远。在他之前，有竺法旷已经讲习净土。但大力弘扬则始于慧远，他联合一些信佛名士刘遗民、周续之、宗炳等组成白莲社，约定共同念佛，期望往生西方净土（因此净土宗又称莲宗）。慧远之后，弘扬净土法门的大师，有北朝末年的昙鸾，唐代的道绰、善导、迦才、慧日、承远、法照等。唐以后有延寿、灵照、慧询、明本、惟则、普度等。

净土宗的教义典据是三经一论。三经是《无量寿经》、《观无量寿佛经》和《阿弥陀经》；一论是《往生论》。修持方法是念佛，目的是往生净土。念佛，就理论说，或就历史传统说，本来有三种：一是称名念佛（主要靠口说），二是观想念佛（如闭目想象佛像之美好庄严），三是实相念佛（如思虑教义的空）。净土宗的念佛，后来专指称名一种，原因大概是，用现在的话说是容易掌握。净土在西方，推想是因为佛教来自西方。但就理论说，诸有情皆有佛性，净土也可以不限于西方。确是有东方净土（名净琉璃）之说，那是药师琉璃光如来掌管的。还有天上净土（兜率天）之说，那是弥勒菩萨掌管的。大概因为释迦牟尼生在西方，所以东方和天上吸引力不大，念佛祈求往生的都是西方净土，名为极乐世界。

净土的理论似乎不深。其中一种是打算盘式的，所谓难行和易行的二道之说。难行是在五浊（劫浊、烦恼浊等，意为每下愈况）之世，想通过断惑证理而得圣果，这是圣道门；易行是念佛往生净土，是净土门。这样易行为什么就能如愿？据说有两种力可作保证：一属于内，是努力念佛；一属于外，是阿弥陀佛有此心愿。外力大，可是非自己所能左右，所以像是靠得住的办法还是多念佛，据说有大成就的信士弟子都是每天宣（阿弥陀）佛号几万遍。

净土宗也传入日本。十二世纪的日本和尚源空，依据唐朝善导的《观无量寿佛经疏》，宣扬净土法门，开创了日本的净土宗。

与三论、法相等多辨析名相的宗派相比，净土宗有大优点，是：一，费力不多而收效很大。所谓费力不多，是只念"南无阿弥陀佛"，不必辨析空、有等。所谓收效很大，是极乐世界比真如实相之类既具体又可爱。二，往生，一般理解为阳寿终了之时，这样，证明其为真实（即已往生极乐世界）虽然不易，可是证明其为虚妄（即未往生极乐世界）是同样不易。道教就不成，他们求的不是往生，是长生（仙是长生的一种形式），这，举正面证据必办不到，而反面证据却触目皆是，说服力就微乎其微了。

4.5.5 密宗

比净土宗更进一步，不必费力在义理方面冥思苦虑，并可"即身"成佛，是密宗的教义。传说是印度龙树在南天竺铁塔中遇见普贤菩萨，听讲授《大日经》，并得《金刚顶经》，这样传授下来的，可见一开始就带有神秘的气味。唐玄宗时期，印度和尚善无畏来中国传授密教，得到玄宗和许多皇族的信仰，并被尊为国师。他的弟子有一行、智俨、义林等。其后不久，印度和尚金刚智也来中国传授密教，也被尊为国师。他的弟子不空是师子国（斯里兰卡）人，从金刚智学习，并一同来中国，后又到师子国学习，回中国后受到玄宗、肃宗、代宗三朝的信奉，生时得到肃国公的高爵，死后得到司空的荣位。他的弟子有含光、惠朗、慧超、慧果等。总之，在内地，由玄宗到唐末是密宗的兴盛时期。

密宗的修持方法是举行各种不习见的仪式，如灌顶（用水从头部下浇）之类，以及念咒。咒是无意义或含妙意而不可解说的声音。因为含有妙意，所以视为佛（大日如来）的真言，也因此而密宗又名真言宗。仪轨加咒语，合为法术，据说小则可以治病、驱鬼，大则可以祈雨、保佑战争胜利，而更重要的是使信受者立地成佛。不必断惑证理而可以轻易如愿，所以其性质近于巫术。

就教理说，密宗修持的法门有两种：一种是善无畏传授的胎藏界法门，主张众生本有胎藏之理，本此理可以成佛。另一种是金刚智传授的金刚界法门，主张大日如来的智德坚如金刚，能破一切烦恼，故依此智德可以成佛。

唐以后，密宗在内地逐渐衰微；在西藏则从宗喀巴以后，势力越来越强大，直到现在。

唐朝贞元年间，日本僧人空海来中国，从慧果学习，回国后弘扬密教，开创了日本的真言宗。

强调密宗密的性质，其他各宗称为显教。佛教传入中土，虽然带来不少神异说法，但与之并行且有相当大势力的是理的辨析。中土的文化传统重格物、致知，也就是喜欢平实、明显，不惯于密。大概就是因此，至少是士大夫阶层，对于密宗总是看作异端的。

4.5.6　天台宗

以上谈的五宗，都是照搬西来的教义，虽然经过发挥，难免小的变化，但数典没有忘祖。天台宗就不同了，而是利用原有材料另行组织，因而成为地道中土化的宗派。另行组织的原则是调和，并以名相配数目大做文章。传承统系有九祖之说，是龙树（西土，以下中土），慧文，慧思，智颢（智者大师），灌顶（章安大师），智威，慧威，玄朗，湛然（荆溪大师）。有的加上道邃或行满，成为十祖。慧文是北朝晚年人，和他的弟子慧思，弘扬佛法都兼重北方流行的禅法和南方流行的义学。慧思的弟子智颢继承慧思的思想并往深而大处发展，建立了教理的完整系统。因为他曾住天台山，所以举他的著作三种重要的，称为天台三大部，举五种次要的，称为天台五小部。他传授弟子多，影响大，于是就成为天台宗的开创人。他的理论，如后来湛然在《止观义例》中所说："以《法华》为宗旨，以《智论》为指南，以《大经》《涅槃》为扶疏，以《大品》《般若》为观法，引诸经以增信，引诸论以助成。"显然是想调和各家，吸取众长。换句话说，是定慧双修，圆顿同得。智颢之后，在教义方面贡献最大的是灌顶和湛然。天台宗由湛然下传，到北宋初年，因为争论智颢所撰《金光明玄义》广本的真伪，分裂为知礼一系的山家和晤恩一系的山外两派。后来山外一派衰微，山家一派成为正统，宋以后历代都有传人。

天台宗的教理，说法既繁又玄。特点是圆，即用容纳一切的办法取得调和。常说"圆融三谛"和"一念三千"。三谛是空谛（一切事物由因缘生，不实，故空）、假谛（一切事物虽不实而有幻相，故假）和中道谛（空、假皆不待造作而有）。这样，可见任何事物都既是空，又是假，又是中；也就可见，空、假、中是互相依存的，虽分而实不异，所以是圆融的。一念三千数目大，花样自然会更多。先说有所谓十法界，是天，人，阿修罗，地狱，饿鬼，畜生（以上为六凡），声闻，缘觉，菩萨，佛（以上为四圣），都可由一心统摄。十法界可以相互迁转，如人可以转为天、阿修罗、地狱等，这样一可转十，十法界就成为百法界（有异说）。还有所谓三种世间：五蕴世间，有情世间，器世间。十法界乘三种世间是三十种世间。百法界乘三十种世间是三千种世间。这都是心一念的产物，所以一念可以统摄三千。

圆融三谛、一念三千之外，还有五时八教、三法无差、性具善恶等多种繁琐的说法，从略。

天台宗接受北地重禅定的传统，还多讲修持，即定功，他们名为止观（即因定生慧）。修止观也有许多讲究，如观前的准备工作有具五缘、诃五欲、弃五盖、调五事、行五法共二十五种；到正式进行还有所谓观不思议境、真正发菩提心等十种，名十乘观法。观还有多种分法，如二观是对治观和正观；三观是从假入空观、从空入假观、中道第一义谛观；五观是真观、清净观、广大智慧观、悲观和慈观；等等。

天台宗也传到日本，那是唐朝贞元年间，日本僧人最澄携弟子义真到天台山，从道邃、行满学习，回国后开创的。

天台宗的教理和修持方法融合各家，用他们自己的话说是圆而不偏，所以比较适合多数人的口味，也就因而获得比较兴隆的善果。

4.5.7 华严宗

华严宗是弘扬《华严经》而形成的宗派。和天台宗一样，华严宗也是教理既繁又玄，地道中土化的宗派。传承统系，一般说有五祖：杜顺，智俨，法藏（贤首法师），澄观，宗密（圭峰大师）。杜顺是隋唐之际的人，法名法顺，因为俗姓杜，人称杜顺。他是修禅定兼讲《华严经》的。智俨幼年从杜顺出家，学华严于智正。法藏字贤首，是智俨的弟子，年轻时候就受到武后的敬仰，先在各寺讲《华严经》，后在宫中为武后讲六相、十玄等教理，武后不解，法藏指殿上金狮子为喻，这就成为著名的《华严金狮子章》。法藏著作很多，共有四十余部（现存二十余部），在弘扬华严教理方面贡献最大，被推为华严宗的开创人。他弟子很多，以慧苑为最有名。其后，慧苑的弟子法铣传弟子澄观，澄观传弟子宗密，都著作很多，可以算作华严宗的龙象。宗密死后，紧接着来了会昌法难，直到北宋初年才有子璿、净源等弘扬华严，使华严宗得以复兴。此后直到明清，历代都有讲习华严的僧人和居士，如明源、月霞、李贽、杨文会等是其中较著名的。

在教理方面，华严宗宣扬法界缘起，理事无碍。意思是：一切事物皆由因缘生，诸因缘相依相入，故圆融无碍；无碍即相通，理事无碍，故真如与万法不二。为了说明这玄奥的法界缘起论，他们还创了四法界（事法界、理法界、理事无碍法界、事事无碍法界）、六相（总相、别相、同相、异相、成相、坏相）、十玄门（同时具足相应门、因陀罗网境界门、秘密隐显俱成门、微细相容安立门、十世隔法异成门、诸藏纯杂具德门、一多相容不同门、诸法相即自在门、惟心回转善成门、托事显法生解门）等说法。这都来自冥想，成为远离常识的概念的随心所欲的排队，想明其确义很难，只好从略。

在修持方面，华严宗有三观（真空观、理事无碍观、周遍含容观）、次第行布（十信、十住、十行等）、圆融相摄等说法，比天台宗的止观多有玄理的意味。

在唐代，华严宗由新罗僧人义湘（智俨弟子）传入朝鲜，中国僧人道璿和新罗僧人审详（法藏弟子）传入日本。

与净土宗的直截了当相比，华严宗是钻了义理的牛角尖。但人心之不同各如其面，有些人（包括出家、在家的）读书多了，却偏偏喜欢文字般若的牛角尖，所以华严宗可以历多朝而不衰。至于一般不迷于文字的人，那就不管理的圆融不圆融，却宁可偷闲去念南无阿弥陀佛了。

4.6　影响

依常识，或依常识的科学，因果关系是常存不灭的：果之前必有因，因之后必有果。佛教也一样，传入中土，可以算作因，因不能不产生果。本章介绍佛教以及各宗的发展变化情况，都可以看作传入之果。这果是教"内"的。它还可以溢出，在教"外"开花结果。这果也许很多，但不像在内那样明显，所以比较难说。难的另一个原因是内外不好划界，比如说，男女居士的带佛教味的思想和活动，算内合适还是算外合适？似乎是两可。不得已，这里谈教外的果，只好遵守两个原则：一，舍小取大，化繁为简，只提要点；二，在难于划清界限的地方，暂用功利主义的原则，就是不管内外，只要还值得注意的就说一说。想分作三类：一是生活方面，二是学术方面，三是文学艺术方面。

4.6.1　生活方面

生活取其狭义，限于一般人的日常活动（包括思想活动）。这样，像有大量的比丘和比丘尼，寺院和造像，以及刻藏经，放焰口，等等，就可以不在话下。一般人的日常活动，有佛教影响，容易说；都有哪些是，不容易说。因为其中显而易见的，如上者，王维、苏轼、袁宗道之流的靠近佛，下者，不少老太太的供观世音菩萨，念观世音菩萨，甚至吃斋之类，究竟还是屈指可数。不显而易见的，那就可能是深入多数人之心，怎样从不受影响的部分清出来？一种办法在理论上可行，是假定没有佛教传入，看看哪些活动就不会有，这些活动就是影响的产物。但事实是已经传入，假定的办法无法证验。剩下的可行办法只有分析，自然也难免要推想。我的想法，最值得重视的是三种。一种是慈悲心。儒家讲仁，说人皆有不忍人之心，并主张能近取譬，己欲立而立人，己欲达而达人，也是慈悲一路。但没有佛家讲得那样深，要求那样严。南北朝以来，一千几百年，中土人民把心地善良、但行善事看作生活理想，与佛教教义的广泛传播是有密切关系的。另一种是依托感。现实难得尽如人意，于是而有想望，有遗憾，甚至有痛苦。宗教都是应允在这方面能够予以补偿的。不管事实上能不能补偿，尤其在科学知识贫乏的情况下，诚则灵，心理方面或主观上总可以得到补偿，如有不少人，虽然处在水深火热之中，却总以为得到佛、菩萨的保佑，心安理得地过了一生。还有一种是淡泊观。这本来是中土原有的，就是道家老庄的不贵可欲，宁曳尾于涂（途）中，可是佛家给火上加了油，进一步说一切都如梦幻泡影，没有实性。万法皆空，总喊，也会生些效果，这就导致了一贯的尊重隐逸，至少是在少数人心里，要推重视利禄如敝屣。慈悲，依托，淡泊，好不好？评价是另一种性质的问题，这里不谈。

4.6.2　学术方面

这是士大夫阶层的事，柴米油盐有别人管，自己乐得在义理的大海里遨游一下。佛教义理成为学问，或被人看作值得重视的知识，至晚从南北朝开始。重视，研究，于是历代都出了一些在家的佛学家，如南北朝的殷浩，唐的李通玄，宋的张商英，明的李贽，清的彭绍升之流。研究佛学的风气，到清朝晚年更加兴盛，不但出了郑学川、杨文会、欧阳渐等佛学名家，还建立了佛学研究会、支那内学院、观宗讲舍等研究佛学的组织。以上是在佛门之内研究佛理。佛门之外，受佛理影响而兴起的学术研究或学术争论就复杂多了。三教孰优孰劣之争，从魏、晋起，几乎历代都有。但争常常是在表面，骨子里却又在相互吸收而融合。这都是影响的总的表现。分的，也表现在争论和融合两个方面，如南朝的形神关系和神灭不灭的辩论是争论，宋朝理学和禅学的讲心性是融合。六朝以来，佛学成为中土文化的组成部分，读书人，即使自称为儒，废佛书不观的是极少数，读，自然会吸收其中的自认为可取的成分，因此，文人著论，如果仔细梳理，常常可以嗅到佛理的气味。

4.6.3　文学艺术方面

这方面内容比较多，遍举很难，追到琐细也很难。不得已，只好举一些显著的例。想分作两类：一类是直接性质的，指一见便知的，如佛画、佛塔之类；一类是间接性质的，指想后可知的，如弹词、话本之类。

先说直接性质的。其中最直接的是佛门之内的，可以举出很多。主要是下面这些。一种，有的人称之为佛典文学，就是译经中有些文字，故事性强，用各种方法形容，写得美，可以算作文学作品。一种，是隋唐时期的变文，大部分是用讲唱方式述说佛教故事，铺张粉饰，完全是写小说的手法，当然是文学作品。一种，是诗作，如王梵志、寒山等人的，写的是诗，内容却不离佛教教义。一种，是绘画，指以佛教为题材的，如吴道子的地狱变相图、敦煌壁画之类。一种，是建筑，最突出的典型是佛塔，是中土原来没有的。一种，是造像，种类很多，由石窟造像到铜铸小型的都是。佛门之外的也不少。诗歌方面，王维、裴迪之流是突出的代表，其后历代都有不少文人，写诗间或宣扬清净理，即带有佛教气味。文也不少，可以举为典型的是杨衒之《洛阳伽蓝记》，全书写寺院兴衰，景物、文字都很美，应该算上好的文学作品。小说，全部以佛教或佛理为题材的也很多，长篇的，如《西游记》《济公传》，短篇的，如《月明和尚度柳翠》《聊斋志异·画壁》之类，都是。此外，如戏剧的《归元镜》，宝卷的绝大多数，也可以归入此类。

再说间接性质的。琐细的，如谢灵运诗："虑淡物自轻，意惬理无违。"（《石壁精舍还湖中作》）苏轼文："逝者如斯，而未尝往也；盈虚者如彼，而卒莫消长也。"（《赤壁赋》）说也说不尽。只说两种重大的。一种是近体诗的格律（主要是调平仄），发端于沈约、谢朓、王融等人倡导的永明体。永明体注重声音和谐（主要是平上去入的声调变化），是受到转（吟诵）读佛经的启发，也就是由梵文经典那里学来的。永明体创四声八病说，经过后来诗人的摸索改进，到初唐以后就形成严格的作诗格律，影响一直到今日，作旧体诗还要遵守。这影响，由一方面看来是拘束，但它也确实创造了一种使人爱好的音律美。另一种是变文的讲唱体和铺叙手法，几乎可以说，唐宋以来的各种俗文学形式，如话本（如《京本通俗小说》所收，后发展为大量的章回体长篇小说），鼓子词（如《元微之崔莺莺商调蝶恋花词》），诸宫调（如《西厢记诸宫调》），宝卷（如《刘香女宝卷》），弹词（如《天雨花》），鼓词（如《平妖传》），都是它的直系子孙。此外，如戏剧有念白，有唱词，显然也是沿用变文既讲又唱的形式。

4.7　旁观语

以上谈了佛教在中土的大致情况，虽然力求简明，因为镜头零散，难免支离破碎。为了不熟悉佛教的人能够有个总的认识，应该谈谈近于评论，或说近于论赞的意见。论赞是史家的看法，而说到看法，自然是人各有见。还不只是不能尽同，门内和门外又必致大异。这里是立在门外看，所见是形相的一种，有所偏是难免的，所以只能供参考而已。

由"起家"方面谈起。佛教是异国的，对世间的看法，以及设想的处理人生问题的办法，说严重些是与中土格格不入。中土是《吕氏春秋》式的，要贵生，用儒家的话说是"率性之谓道"。什么是性？告子说得简明、干脆而确实，是"食色，性也"（《孟子·告子上》）。本此，率性就要尽力生产粮食，养鸡鸭，就要尽力找伴侣，生儿育女。总之，中土认为这就是人生之道。佛教不然，说这都错了，应该反其道而行（事实上自然不能大反，下面谈）。佛教总的精神是以逆性为顺道。这在中土怎么能够推行？我想，是因为有以下一些情况作为推力，佛教这辆车（小乘、大乘即小车、大车）才能够走上阳关大道。

情况之一是，佛教填补了中土没有宗教的缺欠。这要先说说什么是宗教。宗教有些重要特点。一种是对付并自信能够解决超家常的问题，如死后归宿，灵魂性质，神力保佑，以至天地本源、人生目的等都是。一种是有种种自信为能够获得超家常希求的办法，如修炼、戒定之类。一种是有组织，有仪节，作为具体的路，通向超家常的境界，如各种祠祀、法会之类。一种，更重要，是内心的依托感，甚至陶醉感，如得福，相信是神灵所赐，受苦，相信是上帝有意使受锻炼，总之，是相信背后有全能并可靠的支柱之类。在现代有些人的眼里，这都是迷信。不过说到迷信，问题就更加复杂。迷信有程度之差。譬如英国休姆、罗素等就认为，因果律，归纳法，以及其推论，如明天太阳还从东方出来之类，同样是迷信，因为不能找到保证。等而下之，想到宇宙，想到人生，不了解，又不安于视而不见，也只好拉来个什么理论，以求得到精神的满足，至少是安慰，这也是迷信。再下，相信天意向善，行善可以得福，甚至升天堂，往生净土，死生有命，富贵在天，以及烧香可以治病，筑坛可以降雨，也都是迷信。迷信可笑，不好；但应该谅解，因为不是自愿，是被动，就是说，在科学知识还不能解答数目不少的超家常问题，而要求解答心切的时候，也只好饥不择食。打个比喻说，掉在深水中，有溺死的危险，当然最好是能够抓个救生圈，可是碰到的只是一个小木棍，有什么办法？也只好紧紧握在手里。明乎此，也就可以知道，时至今日，也还不能取消信教自由。人，至少是一部分（常常是大部分）人，在某些时候，需要有宗教信仰，以便精神方面不至孤苦伶仃。可是佛教传入以前，中土没有可以解救精神孤苦伶仃的宗教。最能代表中土思想的儒家，是"未知生，焉知死""未能事人，焉能事鬼"（《论语·先进》），"子不语怪力乱神"（《论语·述而》）。不语不是否认其为有，而是即使有，也要敬而远之。一般人不管什么微言大义，与鬼神关系近，可是对鬼神的态度是利而用之。京剧有两出戏可以代表这种心理，那是《打灶王》和《打城隍》，许愿，不灵，就先礼后兵，打。许愿，打，都是手段，目的是求得自己之利。这样的活动（包括心理活动）属于巫术一类，不是把鬼神看作主宰，无条件地归依信赖，所以不是宗教。自然，宗教之外也未尝不可以找到精神依靠，如道家设想的逍遥，宋儒设想的孔颜乐处之类。可是老庄加程朱，究竟是极少数。至于一般人民大众，却要个睁眼似可见，闭眼似可得，力大到绝对可靠，兼管三世（过去、现在、未来）的什么，以便即使受苦，也可以心平气和地活下去。这样的什么只能来自宗教。就中土说，佛教虽是外来的，正如进口电视机不妨映本国的画面，佛、菩萨就真给无数人供应了精神要求，活着自己念佛，像是真正减了苦，死了请和尚念佛，像是真正往生净土了。

情况之二是，生活理想无限，佛教提供了重要的一种，出世以灭苦，并且有不少人顺着这条路走，如几种《高僧传》所记述，确是值得人深思，甚至效法。

情况之三是，佛法无边，能够适应不同阶层的不同需要。这中间，主要的（不是人数最多的）当然是僧伽制度。出家有各种原因，可以总分为两大类。一类是心理的，有"朝闻道，夕死可矣"的决心，皓首穷（佛）经，甚至往西天求法，属于此类；因各种情况而失意，不得不离开红尘，也属于此类。另一类是生理的，世路艰难，出家可以填满肚皮，甚至获得富厚，这是选择职业，时代越靠后，人数的比例越大。寺院之外，不同的人也可以到佛门去各取所需。格物致知迷，可以取佛理，往里深钻；正心诚意迷可以取止观，静坐冥想；隐逸之士已经购置庄周式的内衣，无妨再添置个万法皆空的外套。以上都是通文墨的。数目更多的是不通文墨的，那就近可以取佛、菩萨的形相，焚香叩拜，远可以希求看不见的极乐世界，朝思暮想。总之是要什么有什么。

情况之四是，佛门广大，能够包容一切，或说为了弘法，不惜从俗。佛教思想，隋以前多与道家融合，如也尚玄谈；隋以后兼与儒家融合，如也讲忠孝。这是偏于理的。偏于事的更多，上由刻诗集、做僧官之类起，下到买田园、吃素干烧鲤鱼之类止，都属于此类。

从俗，有客观原因，是，佛法如胳臂，天命（或说自然规律）如大腿，胳臂总扭不过大腿去。以逆为顺，逆不能不有个限度，比如把世间看作苦海，说，容易，可是总不能把寺院搬到世间之外去。不能，于是就不能不穿衣吃饭。衣和饭来于俗，因而一迁就就难免再迁就，三迁就，这样顺流而下，就必致越来越与俗接近。纵观佛教历史，至少由行的方面看，无妨说是渐渐向俗靠近的历史，广泛的，如重视解脱变为重视福报，零碎的，如观世音菩萨也能保佑恋爱如愿，等等，都是这种情况的表现。

这样变，好不好？很难说，因为要看从什么角度看。一个角度是为了生存，那就不能不从俗，甚至从到时代化。化，更有程度之差。如果化得太大，比如否定了世间是苦海，因而解脱也就成为不必要，甚至必不要，那就即使还剃发，着袈裟，击木鱼，念南无本师释迦牟尼佛，还能够算佛教吗？

这里难抗的力量还不止一个天命，另一个也许力量更大，是科学知识。只举其大者，地理学和天文学中大概找不到西方净土，生物学和心理学中大概找不到自性清净，玄学和知识论中大概找不到真如实相，其他种种神通当然更不用说。怎么办？放弃这些？如果教义的核心都割了爱，那还能够算佛教吗？

　　科学知识是一切宗教的对抗力量。宗教说自己万能，自己永远正确，科学知识却说这万能和正确都靠不住。科学知识之外，佛教还有个对抗力量，是天命之谓性。这样，佛教就终于要被挤到难于选择的歧路：向这边，严守教义，会此路不通；向那边，大幅度地迁就，有名存实亡的危险。怎么样才好？这是佛门之内的事，只好不越俎代庖了。

第五章 禅宗史略

5.1.1　禅的泛义

禅是梵语 Dhyāna 的音译化简，全译是禅那；意译，早期是思惟修，后来是静虑，也可既音又义，称为禅定。这是一种修持方法，用现在的话说，是用深入思索的办法改造思想。与现在不同的是强调静，强调定（不是通过劳动），就是要安安静静地坐着思索。思索什么？具体说花样很多，如有色欲，就要修不净观，静坐思索，确认所爱是骷髅，遍身血污。概括说是思索，原有的感知都错了，只有教义所讲（外界的实质，人生的真谛）才是尽真尽善尽美。在这方面，宗教有个特点，是改造前后的思想距离特别大，因而由旧变新就特别难。唯其特别难，而又期望成功，所以必须在修持方法上用大力量。佛教之所以重视禅定，原因就是如此。

其实，凡是要求改变生活态度的，都不能不强调改造思想，因为思想是生活态度的指针。改造思想不能离开心理活动，即所谓虑，不管是动虑还是静虑。变的前后距离大，少虑不能生效，所以要多投资，即静虑。明乎此就可以知道，禅定不是禅宗独占的法宝；其他宗派同样要用，只是强调的程度不同（如法相宗更重视名相辨析），或名称不同（如天台宗名止观）而已。还不只是教内各宗派如此；如印度的许多教派，也是把坐禅（或名瑜伽）看作重要的修持法门。还可以更放大一些，如中土的儒家和道家，严格说不能算宗教，可是儒家讲正心、诚意，养浩然之气，道家讲忘仁义，忘礼乐，以至坐忘（《庄子·大宗师》），都是心中去此就彼，用静虑改造思想的一路。佛家的独特之处只是路太远（要出世间），变动太大（以逆为顺），从而如愿太难，所以由禅定而生出的花样就特别多。

5.1.2　早期禅法

佛教，最初是作为一种道术传入中土的。道术是求得某种生活妙境的一种手段，这手段主要是修持方法（包括祠祀），或者说，主要是禅法。这种情况，最明显地表现在两个方面：一是禅法典籍的介绍，另一是禅法的流行。

中土最早的译经大师安世高，于东汉桓帝建和二年（公元148年）来洛阳，二十多年，译出经论三十几部，其中如《佛说大安般守意经》《禅行法想经》《佛说禅行三十七品经》《道地经》，都是讲禅法的。比安世高稍晚，有支娄迦谶也来洛阳译经，所译《般若道行经》《般舟三昧经》《首楞严经》，讲大乘般若性空的道理，也是有关禅法的。其后支谦在三国吴地译经，所译《禅秘要经》《修行方便经》，也是着重讲禅法的。再后还有康僧会，为《安般守意经》作注，于序文中详细解释禅法六妙门（数、随、止、观、还、净）的做法和妙用。

大力介绍禅法的结果自然是禅法的流行。康僧会《安般守意经序》说：

> 余生末踪……宿祚未没，会见南阳韩林，颖川皮业，会稽陈慧，此三贤者，信道笃密，执德弘正，烝烝进进，志道不倦。余从之请问，规同矩合，义无乖异。陈慧注义，余助斟酌，非师不传，不敢自由也。

汤用彤先生《汉魏两晋南北朝佛教史》第五章并推论：

> 而安侯（安世高）弟子有南阳韩林，颖川皮业。陈慧则南方会稽人。康僧会在吴。而据道安《大十二门经序》，此经系嘉禾七年在建业周司隶舍写。则汉末魏初，河北、江南及中州一带固均有禅学也，而《太平经》中"守一"之法，固得之于佛家禅法，则山东禅法之流行，亦可知也。

此外，慧皎《高僧传》习禅门提到三十多位修习禅法的高僧，如竺僧显、帛僧光、竺昙猷、释慧嵬等，都是很有名的。

5.1.3　北地禅法

南北朝时期，中土弘扬佛教，南北风气不同：南方重义学，即佛理的辨析；北地重修持，即禅法的讲求。北地重禅法，也可以从译经和修持两方面看出来。

可以举两位译经大师为证。一位是鸠摩罗什，所译虽然以般若学（也可视为禅的理论基础）为主，但也译了《坐禅三昧经》《禅法要解》《禅秘要经》等弘扬禅法的典籍。他的弟子僧睿在所作《关中出禅经序》中说："鸠摩罗什法师以辛丑之年十二月二十日自姑臧至长安，余即于其月二十六日从受禅法。"可见鸠摩罗什这位般若学大师也同样是兼弘扬禅法的。另一位是佛陀跋陀罗（也称觉贤），曾译出《达摩多罗禅经》等弘扬禅法的典籍，并聚徒传授禅法。

这时期，北地修习禅法的僧徒很多，有成就的名僧也不少。如佛陀斯那，是佛陀跋陀罗的老师。佛陀跋陀罗的弟子，著名的有玄高、宝云、慧观等。其中玄高尤其有名。慧皎《高僧传》说他"妙通禅法"，有"徒众三百"。鸠摩罗什的弟子，道生、僧肇、道融、僧睿，人称什门四圣，加道恒、僧影、慧观、慧严，人称什门八俊，想来都是通禅法的。其中尤其僧睿，慧皎《高僧传》说他慨叹"经法虽少，足识因果，禅法未传，厝心无地"，"日夜修习，遂精炼五门，善入六净"。此外，外国僧人来中土弘扬禅法的，有昙无毗、勒那摩提、佛陀扇多（也称佛陀）等；中国僧人修习禅法的，有僧稠（佛陀扇多称赞他为禅学之最，道宣称赞他可比菩提达摩）、僧实、慧初、僧周、慧通、道恒、僧达、法常、僧玮、昙准、恩光、慧命、昙崇等。

这时期，北地禅法还分为不同的家数。一种是念安般，即数、随、止、观、还、净的六妙门，也可分为四等级，称四禅定。一种是不净观，着重破淫欲。一种是念佛，即静坐想念佛及佛土之庄严。一种是首楞严三昧，意思是用至刚的行事以完成解脱的大业。

5.2　立宗因缘

以上三节所谈禅法的情况，也可算作隋以后演变为禅宗的因缘。其中佛陀跋陀罗并且有传法谱系（富若蜜罗→富若罗→昙摩多罗→婆陀罗→佛陀斯那→佛陀跋陀罗）的说法，可以看作后来传说的衣钵授受的先声。不过这里说的"宗"是指六祖慧能以后的顿教南宗，立宗因缘应该还有更直接的。这主要是下面几种。

（一）一种是不配称为原因的原因，是资本大了（徒众多，法成体系），自然会随波逐流。因为创立宗派已经成为风气（可以早到西土时期），如三论、净土、天台等，这有如看见东家买马，西家就禁不住要买车，于是就也定祖师，编谱系，内部宣扬，外部承认，宗派就形成了。

（二）另一种，事实上最有力量，是禅定为通往解脱的最稳妥最有效的路。佛教教义玄远，由于深究，人各有见，形成不同的学派，甚至宗派；但以戒定慧为手段，以求达到解脱的目的，则是各学派和各宗派的共同信条。这是说，为了解脱，就必须重视禅法；重视的结果是发扬光大，于是就容易小邦成为大国，也就是成为宗派。

（三）六朝时期，佛教义学中最兴盛的是般若性空的理论。早期弘扬这种理论的是道安，解释性空，创本无说。本无的意义是"一切诸法，本性空寂"（《中观论疏》）。因为这是用抽象概念在概念世界中排列队形，不同的人最容易排成不同的样式，于是而有同名和异名的许多异说。到鸠摩罗什，综合各家，趋向更彻底，创立毕竟空的说法。什么是毕竟空？是"一切法毕竟空寂，同泥洹相，非有非无，无生无灭，断言语道，灭诸心行"（《大乘义章》）。这很难懂，我们无妨取其精神，说那是想破除一切常识的执着，用通俗的话说，是开口有所肯定便错。这同禅宗的破一切执，甚至破到佛祖和涅槃，正是走的同一条路。

（四）认识方面，甚至实行方面，已经有不少先驱者。只举一些最显赫的。

一个是鸠摩罗什的大弟子竺道生。他是中土人，生当晋宋之际，从僧伽提婆、鸠摩罗什等大师学佛法，能融合般若性空和涅槃佛性的理论，宣扬顿悟成佛说。慧皎《高僧传》卷七说：

常以入道之要，慧解为本。……生既潜思日久，彻悟言外，乃喟然叹言："夫象以尽意，得意则象忘；言以诠

理，入理则言息。自经典东流，译人重阻，多守滞文，鲜
见圆义。若忘筌取鱼，始可与言道矣。"于是校阅真俗，研
思因果，乃言善不受报（至道无为，故果报不及），顿悟成
佛。……又六卷《泥洹》先至京都，生剖析经理，洞入幽微，
乃说一阐提（不能成佛）人皆得成佛。……后《涅槃大本》
至于南京，果称阐提悉有佛性，与前所说，合若符契。

竺道生才智过人，人尊称为生公，是中国佛教史上著名的大法师，以
至传说的生公说法，顽石点头，到现在还是苏州虎丘一景。他的顿悟
成佛说，后来的禅宗当然会当作法宝接过去。这顿悟，汤用彤先生
《汉魏两晋南北朝佛教史》说有二义：

（一）宗极妙一，理超象外。符理证体，自不容阶级。
支道林等谓悟理在七住（修行悟道的七个步骤），自是支离
之谈。（二）佛性本有，见性成佛，即反本之谓。众生禀此
本以生，故阐提有性。反本者真性之自发自显，故悟者自
悟。因悟者乃自悟，故与闻教而有信修者不同。

入理则言息，顿悟成佛，一阐提有佛性，自性清净，解脱在于明心见
性，与后来禅宗大师的主张简直是毫无分别。

一个是颇像后代济颠和尚的保志（或作宝志），是南朝东晋末到

梁时期的人，出家住建康道林寺，修习禅法。慧皎《高僧传》卷十说他：

> 至宋太始初，忽如僻异，居止无定，饮食无时，发长数寸。常跣行街巷，执一锡杖，杖头挂剪刀及镜，或挂一两匹帛。齐建元中，稍见异迹，数日不食，亦无饥容；与人言语，始若难晓，后皆效验；时或赋诗，言如谶记。京土士庶，皆敬事之。齐武帝谓其惑众，收驻建康，明旦人见其入市，还检狱中，志犹在焉。

齐灭入梁，梁武帝很敬重他，不只下诏褒奖他的神异事迹，还特许他有"随意出入"的自由。《五灯会元》卷二还记载：

> 天监二年梁武帝诏问："弟子烦惑未除，何以治之？"答曰："十二。"帝问"其旨如何？"答曰："在书字时节刻漏中。"帝益不晓。……师问一梵僧："承闻尊者唤我作屠儿，曾见我杀生么？"曰："见。"师曰："有见见，无见见，不有不无见？若有见见，是凡夫见；无见见，是声闻见；不有不无见，是外道见。未审尊者如何见？"梵僧曰："你有此等见邪？"师垂语曰："终日拈香择火，不知身是道场。"又曰："大道只在目前，要且目前难睹；欲识大道真体，不离声色言语。"

又曰："京都邺都浩浩，还是菩提大道。"

答梁武帝的话，同于后来禅宗惯用的机锋；"身是道场""大道只在目前"，也只是"即心是佛"的另一种说法而已。

一个是傅大士，名翕，也有人说名弘，自号善慧大士，南朝后期人。他没出家，可是怪异事更多。他自己说是"弥勒菩萨分身"，来"济度群生"，后来又"感七佛相随，释迦引前，维摩接后，惟释尊数顾共语"。到山上修禅，绝粒长斋，地方官不信，把他囚禁起来，果然"迄至兼旬，绝粒不食"。于是"州县愧伏，远迩归依"。又为了设无遮大会，舍了田宅，卖了妻刘氏妙光，儿子普建、普成。信徒因而很多，虔诚的程度也罕见，有一次，因预知世将大乱，拟自焚为众生除罪，不少信徒愿以身代，有的烧身，有的烧指，有的割耳割鼻，其中并有比丘尼和优婆夷。

大士行事中与禅关系密切的有这样几件。一件是在山上躬耕时作一偈，是："空手把锄头，步行骑水牛。人从桥上过，桥流水不流。"一件是为梁武帝讲《金刚经》，"士才升座，以尺挥按一下，便下座"。一件是答梁武帝问从何处来，说："从无所从，来无所来。"一件是答梁武帝驳难："若息而不灭，此则有色，有色故钝。若如是者，居士不免流俗。"说："临财无苟得，临难无苟免。"还有一件是传说作了《心王铭》，其中说"了本识心""心即是佛""自观自心，知佛在内，不向外寻"。这类思想、言论和行动，与后来禅师的强调自性，言离奇，行怪诞，正是一家人了。

（五）以上说的先驱者可以说是内应。还有外援，是以道家思想为主体的六朝学风，如玄学、清谈、放任之类。在中土，佛家和道家的关系，密切到什么程度，谁影响谁，谁主谁宾，尤其说到某一个人，如慧远、谢灵运之流，是对半还是四六开或三七开，问题非常复杂。有人说禅宗实际是披着袈裟的六朝玄学。这话说得太过，因为马祖、赵州之流是没有娶妻的，与孙绰、王羲之等有儿女的不同。我们平心静气地想想，娶妻和不娶妻，应该有超过外表的分歧，这分歧不能不有思想成分，就是说，究竟有别。当然，我们也要承认，两者有关系，或进一步，说有相当密切的关系。有关系表示接近或相通。这相通之外，为了方便，可以分作三个方面说。

一是人的交往。魏晋以来，名僧和名士交好，频繁往来，相互推重，记载几乎到处都是。这里只举两个人。一个是支遁，字道林，人称林公。他生在西晋末年，东晋早年在江南活动，《世说新语》常提到他，同他有交往的，如王濛、王修、王洽、刘恢、何充、殷融、殷浩、谢安、谢朗、郗超、王羲之、许询、孙绰、李充、袁弘等，都是大名士或大名人。另一个是慧远，比支遁时代稍后。他名声更大，同名士或名人的交往更多，如范宣、刘遗民、桓豁、陶范、桓伊、谢灵运、宗炳、周续之、雷次宗、毕颖之、张野、张诠、范宁等都是。交往，大多数是气味相投，思想上相互有取有与不用说；就是气味不完全相投，古语说近朱者赤，受些感染也是不可免的。

二是思想的相通。先由道家说起。谈中国思想，通常总是说：主流是儒家；道家是消极的。消极，有原因，有的来自社会情况，即现实让人灰心；有的来自思索人生问题，越想越热不起来。因为有原因，非闭门发奇想，所以道家思想，同儒家思想一样，也有存在的理由。大致可以这样说：几乎是人人，心热就儒，心冷就道；或者说，有如两件衣服，一儒一道，通常是把儒穿在外边，道呢？穿在里边，但没有扔掉。这样，有时这种情况就会变化，如六朝时期，尚玄谈，是道大打出手，人人都看见了。就个人说也是这样：陶渊明多冷少热，可是做彭泽令时还是热了一阵；王安石，不想冷，可是老了，仕途不畅，热不起来，也就只好骑驴在钟山路上作诗了。冷的办法也是本土的财富，至少是遗传病，想扔也扔不掉。而碰巧，外来的佛教思想，其中有些（甚至是相当重要的）与本土的有相近之点或相通之处，于是好汉识好汉，很快就合了拍。合拍，还常常是合在一个人身上，如支遁曾为《庄子·逍遥游》作注，殷浩曾为《小品般若波罗蜜经》作笺，就属于此类。合的内容，主要是以下两个方面：一是玄理方面，道家讲无，佛家讲空。空和无，不管在文字上讲得如何复杂微妙，甚至相似而非一，但与儒家的热总是格格不入。两者的精神同是离柴米油盐，超柴米油盐，或者说，身虽穿衣吃饭，心却常在缥缈之境。这就会很容易地过渡到第二个方面，生活态度方面，以脱略世事为得道。在这方面，名士、名僧的各种论议，简直多到数不清。这里只举两件浅近可以算作轶事的。性质都是显示官轻道重。一件是稽康写了《与山巨源绝交书》，这虽然近于游戏文章（实际两个人交情并不坏），但举不堪至于七项，未免锋芒太露。一件是慧远写了《沙门不敬王者论》，道理是得道者"悟彻"了，王者仍在"惑理"，道高，所以看不起。嵇康是名士，慧远是名僧，在"道"上合为一家了。

三是行动的合流。这包括身的行和口的行。身，方面太广，由乐山林到念净土，等等，都是。这里着重说口，即大家熟知的清谈。坐蒲团，持麈尾，言简淡而意玄远，是名士和名僧都推崇向往的。这方面的实例，《世说新语》里到处可见。也只举两件。一件出自名士，见《简傲》篇：

> 王子猷（名徽之）作桓车骑（名冲）参军。桓谓王曰："卿在府久，比当相料理（意思是将照顾提升）。"初不答，直高视，以手版拄颊云："西山朝来致有爽气。"

与西山爽气相比，官职是太俗了。一件出自名僧，见《言语》篇：

> 高坐道人（帛尸梨蜜多罗）不作汉语。或问此意，简文（东晋简文帝司马昱）曰："以简应对之烦。"

这位更进一步，干脆不说。六朝清谈，且不说骨髓，单说皮肉，简而不着边际，留有参的余地，说是"庭前柏树子""德山棒"的前身，总不是牵强附会吧？

（六）辨析繁琐名相，尤其日子长了，难免怕，于是趋向另一端。我有时想，佛教以逆为顺，是由出生便带来艰苦的命运，因为不管你怎么呼喊万法皆空，总不能阻止如戏台上所扮演，有人"下山"了，有人"思凡"了。不得已，只好多说，如各种名数；深说，如追到阿赖耶识。这就引来另一种难，如果必须高明到玄奘法师、窥基大师那样，才能得解脱，那，就一般人说，只好安于不解脱了。可是放弃解脱（假定同意佛教对人生的看法）也难。两难之间挤出一条路，是用简便的办法求解脱，这就是禅宗的不立文字，直指人心，见性成佛。

（七）简便办法还带来一种了不得的优越性，是易于普及。比如有两种考试制度，一种，必须彻底通晓《瑜伽师地论》和《成唯识论》等，才能及格；一种，参个话头，继而听到驴叫，觉得像是有所知，也就及了格，投考的人很多，绝大多数会报考后一种吧？唐宋以来，寺院几乎都成为禅寺，禅寺里住的当然是禅僧，人数占了压倒优势（这是立宗的最重要的条件），我想原因主要就是这个。

5.3　渊源传说

严格说，文字记下来的事都难免有传说成分。"纣之不善，不如是之甚也。"（《论语·子张》）两千多年前，这位外交家子贡已经有此怀疑。同理，我们似乎也可以说："西施之美，不如是之甚也。"记事失实，有时是记忆不确，有时是道听途说，越辗转越变；但有不少却是有意弄得走了样，古之某某帝本纪（多为颂扬），今之大字报（多为辱骂），可作为典型的例。宗教，多多少少要离开常识，甚至指鹿为马，为了争取信徒，而且要多多益善，就不得不乞援于神异。就是说，为了自己的地位和前途，常常是乐得有传说；没有或有而不够，只好自己下手，使之无中生有，或变小为大，变缺为全。佛教，其中一部分的禅宗，当然有时也未能免俗。其间如何如何，难于确知，可以不说；结果总是，有了完整、美好但难于证实的谱系。难于证实，是传说。传说也是史，是传说的史。这史的质量，大致说是：西天部分，传说多而事实少；中土部分，基本是事实，但有因渲染而夸大的成分，尤以早期为多。

5.3.1 灵山一会

禅宗的修持方法，强调以心传心。这个妙法最好。据传说，是来自始祖。《五灯会元》卷一：

> 世尊在灵山（案即灵鹫山，又名鹫峰，在王舍城东北四五里）会上，拈花示众。是时众皆默然，惟迦叶尊者破颜微笑。世尊曰："吾有正法眼藏，涅槃妙心，实相无相，微妙法门，不立文字，教外别传，付嘱摩诃（义为大）迦叶。"

《景德传灯录》卷一只说：

释迦牟尼佛……说法住世四十九年后，告弟子摩诃迦叶："吾以清净法眼，涅槃妙心，实相无相，微妙正法，将付于汝，汝当护持。"并敕阿难，副贰传化，无令断绝。而说偈言："法本法无法，无法法亦法。今付无法时，法法何曾法？"尔时世尊说此偈已，复告迦叶："吾将金缕僧伽梨衣传付于汝，转授补处，至慈氏佛出世，勿令朽坏。"

灵山会上，拈花微笑，不只带有神秘性，还带有艺术性。可是出处却渺茫，因为不见于佛教经典。只有《宗门杂录》记载：

王荆公（安石）问佛慧泉禅师云："禅宗所谓世尊拈花，出在何典？"泉云："藏经亦不载。"公云："余顷在翰苑，偶见《大梵天王问佛决疑经》三卷，因阅之，所载甚详。梵王至灵山，以金色波罗花献佛，舍身为床座，请佛为众生说法。世尊登座，拈花示众，人天百万，悉皆罔措，独有金色头陀破颜微笑。世尊云：'吾有正法眼藏，涅槃妙心，实相无相，分付摩诃大迦叶。'此经多谈帝王事佛请问，所以秘藏，世无闻者。"

这个传说同样带有神秘性，王荆公往矣，因而考实就难了。退一步说，即使能够考实，也只能证明曾见于文字，不能证明曾见于事实。这且不管，只说禅宗，获得这样一个起源确是不坏，因为：一、简便而微妙，确可以表明先后相承；二、道理上也不是决不可通，因为，《楚辞·少司命》中可以"目成"，以目传目，灵山会上，以及会后，为什么就不能以心传心呢？

5.3.2 西天二十八祖

佛教典籍有不少提到七佛，名字是：毗婆尸佛，尸弃佛，毗舍浮佛，拘留孙佛，拘那含牟尼佛，迦叶佛，释迦牟尼佛。《景德传灯录》由七佛叙起，目的当然是表明禅宗的源远流长。可是神异传说总是少顾事实，如毗舍浮佛是庄严劫（过去存在的一长阶段）的最后一尊（第一千尊），人寿六万岁，拘留孙佛是贤劫（现在存在的一长阶段）第一尊，人寿四万岁，迦叶佛是贤劫第三尊，人寿还有二万岁，可是第四尊的释迦牟尼佛，就人寿不及一百了。这年岁的陡降可以从反面做证，是前六位，比第七位的神异更不可信。

七佛的传说还带来一种不合理的后果，是剥夺了释迦牟尼佛充任西天第一祖的权利。这后果的另一后果，是见花微笑的摩诃迦叶成为西天的第一代祖师。其下还有二十七位，合为二十八祖，名字是：一祖摩诃迦叶尊者，二祖阿难尊者，三祖商那和修尊者，四祖优波毱多尊者，五祖提多迦尊者，六祖弥遮迦尊者，七祖婆须蜜尊者，八祖佛陀难提尊者，九祖伏驮蜜多尊者，十祖胁尊者，十一祖富那夜奢尊者，十二祖马鸣大士，十三祖迦毗摩罗尊者，十四祖龙树大士，十五祖迦那提婆尊者，十六祖罗睺罗多尊者，十七祖僧伽难提尊者，十八祖伽耶舍多尊者，十九祖鸠摩罗多尊者，二十祖阇夜多尊者，二十一祖婆修盘头尊者，二十二祖摩拿罗尊者，二十三祖鹤勒那尊者，二十四祖师子尊者，二十五祖婆舍斯多尊者，二十六祖不如密多尊者，二十七祖般若多罗尊者，二十八祖菩提达摩。

有了传法谱系，当然要有传法因缘，这在《景德传灯录》一类书里也有不少传奇性的记载。但因为时地都远，总是可靠性不大。还有，神异事太多且不说，如马鸣和龙树是大乘教理的弘扬者，也拉来编入不立文字、以心传心的队伍，总嫌太勉强。又如十七祖僧伽难提和弟子伽耶舍多闻风吹殿铜铃声后的问答，师问："铃鸣邪？风鸣邪？"弟子答："非风非铃，我心鸣耳。"这同中土六祖慧能的"不是风动，不是幡动，仁者心动"像是一个版印出来的，未免使人生疑。但禅宗西天的谱系，二十八祖究竟与传说的七佛不同，是人真（有的还有法嗣，见《景德传灯录》卷二）而事不必真，这里正名从严，也称之为传说。

5.4　中土统系

讲史，要由远而近。依通例，总是远模糊而近清晰。其结果是远必略而近可详，远少可信而近多可信。介绍禅宗，由西天到中土，近了。但中土时间也不短，还有远近之分。这也可以纳入那个通例，就是早期（六祖慧能以前）可靠性差些。总的说是，由菩提达摩起，所传有关禅宗的大师和大师的行事（包括语录），主干（其人以及主要经历）不假，枝叶难免增减，或用现在流行的话说，经过艺术加工。怎么甄别？情况很复杂，大致是这样：一是早期的要多疑少信，后来的可以多信少疑；二是不离开常识的，可以接受；三是稀奇但也可能，而利于说明情况的，也可以接受；四是稀奇到离开常识的，不信。

5.4.1 初祖菩提达摩

中土讲禅宗，至少是名义上（实际就未必然，因为六祖慧能家业更大），当然要推菩提达摩为第一位（楞伽宗是不同的系统，下节谈）。因为位居第一，所以有独占"祖师"名号的特权（如说"祖师禅"）。他还有个特权，是身兼二祖：西天第二十八祖和中土初祖；别人，连释迦牟尼佛在内，都没有得到这样的优遇。可是他的事迹，如道宣《续高僧传》以及《景德传灯录》中所记，不只神异性的靠不住，就是不神异的，如嵩山面壁九年，像是也出于误传，因为他提倡的壁观禅法是心观，与面无关。

他是南天竺人。《洛阳伽蓝记》说他是波斯人，显然靠不住，因为：一，南天竺说还有具体下文，是"香至王第三子""姓刹帝利"云云；二，他传禅法，崇奉《楞伽经》，说是依"南天竺一乘宗"，波斯人无此方便。他的时代，先说何时死（死因有善终和中毒二说），有公元528年和公元536年二说（约在北魏末、东魏初）。何时生不知道，因为享年多少不清楚，《洛阳伽蓝记》说他"自云一百五十岁"，显然是来于道听途说。他由海路经广州来中土，时间有早晚二说：早的是南朝宋末，晚的是南朝梁武帝普通七年（公元526年）。依后一说，次年至金陵，曾与梁武帝论佛法：

> 帝问曰："朕即位以来，造寺写经，度僧不可胜纪，有何功德？"师曰："并无功德。"帝曰："何以无功德？"师曰："此但人天小果，有漏之因，如影随形，虽有非实。"帝曰："如何是真功德？"答曰："净智妙圆，体自空寂，如是功德，不以世求。"帝又问："如何是圣谛第一义？"师曰："廓然无圣。"帝曰："对朕者谁？"师曰："不识。"帝不领悟。

（《景德传灯录》卷三）

梁武帝的所求是世间的福报，达摩的所与是出世间的解脱，所以不契。于是达摩再北行，到洛阳。以后有在嵩山少林寺面壁九年的传说。这靠不住，因为他在南天竺已经是"化被南天，声驰五印"，用不着再面壁冥思；还有，如果真见过梁武帝，那就在北地的时间不太长，也没有这么多余闲。在北地传法，有两件传说值得说一说。一件是与大弟子慧可（原名神光）的问答：

> 光曰："诸佛法印，可得闻乎？"师曰："诸佛法印，匪从

人得。"光曰："我心未宁，乞师与安。"师曰："将心来，与汝安。"曰："觅心了不可得。"师曰："我与汝安心竟。"

（同上）

这是阐明无相之理。又一件是问四位有成就弟子的所得：

时门人道副对曰："如我所见，不执文字，不离文字，而为道用。"师曰："汝得吾皮。"尼总持曰："我今所解，如庆喜见阿閦佛国，一见更不再见。"师曰："汝得吾肉。"道育曰："四大本空，五阴非有，而我见处，无一法可得。"师曰："汝得吾骨。"最后，慧可礼拜后，依位而立。师曰："汝得吾髓。"

（同上）

这是无到言语道断，可以表现禅的彻底破的精神。因为慧可得髓，所以付法和袈裟于慧可，说："内传法印，以契证心；外付袈裟，以定宗旨。"付法后不久他就死去。

达摩禅法，所依经典是《楞伽经》四卷，主旨在阐明无相，以无相破妄念，以无相显实相（也称真如、涅槃、法身等）。说浅易些，是要证悟一切常识的觉知都不真实，只有破除这一节之后的空寂才是真实。怎样才能得这样的真实？要"壁观"。壁观的意义，是要心如墙壁，推想是心定于一，不容妄念侵入的意思。壁观是观心性，或说观自性清净，就是从理上了悟自心的清净本性，证涅槃，得解脱。壁观是由理悟入，所以又称"理入"，还有"行入"，合称"二入"。行入的行包括四种，称为"四行"，是：一，报怨行（修道苦而不怨）；二，随缘行（不计得失）；三，无所求行（断贪欲）；四，称法行（一切行动与法相应）。总之是要破一切执，求得般若性空的空。

5.4.2　楞伽宗

上一节是顺着禅宗南统的路，人云亦云。这也是无可奈何的事，因为本书所谓禅，指的就是南宗禅。谈南宗，数典不能忘祖，把族谱当作废纸扔掉难免舍不得，纵使必要的时候也不得不加个小注，说这里面有传说甚至编造的成分。这一节要岔开一笔，叙述一个来争家业的（按时间顺序说，是南宗争家业，详下），说达摩创立的是楞伽宗，也没有像南宗所说，一二三四五六地传给慧能。这个争家业的来头不小，不只有文契为证（如《楞伽师资记》和道宣《续高僧传》等所记）；还聘有律师，主要是胡适博士，写了《楞伽宗考》《菩提达摩考》《荷泽大师神会传》等文章。

所有材料似乎都承认菩提达摩地位的重要。问题来自他究竟传了什么法，传与什么人。据早期史料，他教人修习的只是《楞伽经》四卷，并且强调这就够了，所以说他们的宗派是"南天竺一乘宗"（意思是用不着分大乘、小乘），这一乘宗是"楞伽宗"。修持方法的二入，既要苦修，又须渐进，可见还是传统禅法的一路。这与南宗的直指人心，立地成佛，分别还比较隐蔽（因为顿悟之前也要参）。至于传承谱系，那就白纸黑字，明显到难于可此可彼了。根据《续高僧传》的道副传、菩提达摩传和僧可（一名慧可）传，达摩的传法弟子有僧副、道育、慧可、向居士、化公、廖公、和禅师、林法师；慧可传那禅师，再传慧满。这里值得注意的是，慧可的传法弟子是那禅师，不是僧璨（也作"僧粲"）。到同书的法冲传，说"达摩禅师后有惠可、惠育……可禅师后，粲禅师、惠禅师……"，才出现"粲禅师"。

民国初年，敦煌发现了写本《楞伽师资记》，是唐朝开元年间净觉和尚根据他老师玄赜的《楞伽人法志》所作。两书都是谈楞伽宗传法谱系的著作；后者名"师资"，记法统的意思更加明显。《楞伽师资记》用列传式的写法，传首加序码，以表示代次。共叙述八代，是：

第一，宋朝求那跋陀罗三藏［因为他是译《楞伽阿跋多罗宝经》（简称《楞伽经》）的］。

第二，魏朝三藏法师菩提达摩，承求那跋陀罗三藏后。

第三，齐朝邺中沙门惠可，承达摩禅师后。

第四，隋朝舒州思空山粲禅师，承可禅师后。

第五，唐朝蕲州双峰山道信禅师，承粲禅师后。

第六，唐朝蕲州双峰山幽居寺大师，讳弘忍，承信禅师后。

第七，唐朝荆州玉泉寺大师，讳秀；安州寿山寺大师，讳赜；洛州嵩山会善寺大师，讳安。

第八，唐朝洛州嵩高山普寂禅师，嵩山敬贤禅师，长安兰山义福禅师，蓝田玉山惠福禅师，并同一师学法侣应行，俱承大通和上（神秀）后。

这个传法谱系，与南宗的传法谱系相比，有三点值得注意：一是初祖不是菩提达摩；二是弘忍的传法弟子不是慧能，而是神秀等人；三是第七、八两代都不止一个人，可见还没有付法传衣的说法。

这个谱系与张说作的《大通禅师（神秀）碑铭》所说大致相同，那是：达摩，慧可，僧粲，道信，弘忍，神秀。第六代是神秀，不是慧能。

慧能的名字，第六代弘忍传（全抄玄赜《楞伽人法志》）里曾提到：

（弘忍）又曰："如吾一生，教人无数，好者并亡，后传吾道者，只可十耳。我与神秀论《楞伽经》，玄理通快，必多利益。资州智诜，白松山刘主簿，兼有文性。莘州惠藏，随州玄约，忆不见之。嵩山老安，深有道行。潞州法如，韶州惠能，扬州高丽僧智德，此并堪为人师。但一方人物，越州义方，仍便讲说。"又语玄赜曰："汝之兼行，善自保爱，

140

吾涅槃后，汝与神秀，当以佛日再晖，心灯重照。"

慧（惠）能在十人之中，可证楞伽宗中有他一席地。可是地位远远低于神秀。还有更重要的，是在弘忍（东山法）门下，学的是"楞伽义""此经惟心证了知，非文疏能解"，而不是《金刚经》的"应无所住，而生其心"。至于社会地位，慧能就更要甘拜下风，因为神秀是"两京（洛阳、长安）法主，三帝（武后、中宗、睿宗）国师"（张说《大通禅师碑铭》），是"九江道俗恋之如父母，三河士女仰之犹山岳"（宋之问《为洛下诸僧请法事迎秀禅师表》）。这时期，慧能在边远地区的岭南韶州传法，声势当然差多了。

可是神秀死（公元706年）后不过三十年，慧能的大弟子神会于开元二十二年（公元734年）在滑台大云寺设无遮大会，声称南宗的传法谱系是：菩提达摩传慧可，慧可传僧璨，僧璨传道信，道信传弘忍，弘忍传慧能，慧能成为第六祖。不久之后，由神会或其门徒作的《六祖坛经》流行，五祖弘忍以《金刚经》教六祖慧能，以传法信物袈裟付六祖慧能，就成为定论了。这是禅宗南统取代楞伽宗的过程。其所以能顺利完成，胡适博士认为应归功于神会的才学和胆量。其实，个人的才力终归是助因，主因应该是，顿悟的设想简便易行，适合更多人的口味。这有如飞机与火车相比，如果飞机票比火车票还便宜，为了早到目的地，人人都会坐飞机，火车站的售票处自然就冷落了。

5.4.3 二祖慧可

上一节岔开一笔，谈楞伽宗，是想说明，禅法在中土，南宗建立霸业之前，曾经有这样一个相当长的阶段。专就这一阶段说，以神秀为代表的一系所说多真，以慧能为代表的一系所说多假。假，需要推翻吗？也不尽然，因为：一，《楞伽师资记》承认慧能是弘忍的弟子；二，《楞伽经》与《金刚经》，作为修持方法的依据，恐怕实际的差别没有名相的差别那样大；三，南宗崇顿悟，反对繁琐名相的辨析，是革新，为了托古改制，编造一些历史也情有可原。因为情有可原，由这一节起采取宽容的态度：基本上顺着旧传的谱系，依次介绍。

初祖菩提达摩传与慧可，慧可成为中土二祖。他俗姓姬，虎牢（在今河南）人。出家后法名神光，据说是向达摩求法，断臂以表示决心，老师为易名慧可，有的书也称僧可。他出家前读儒道书不少，是个知识分子，感到"庄、易之书，未尽妙理"。改读佛书，觉得气味相投，于是出家，探究大小乘经典。四十岁从达摩学禅法，除了断臂的传说（一说是被贼砍掉）之外，还有"天大雨雪，（神）光坚立不动，迟明积雪过膝"的传说。总之是非常用功。以后经过"安心"的问答，大概真得了达摩禅法的"髓"。于是达摩告诉慧可说：

> 昔如来以正法眼付迦叶大士，展转嘱累，而至于我。我
> 今付汝，汝当护持。并授汝袈裟，以为法信。……内传法印，

以契证心，外付袈裟，以定宗旨。后代浇薄，疑虑竞生，云吾西土之人，言汝此方之子，凭何得法？以何证之？汝今受此衣法，却后难生，但出此衣并吾法偈，用以表明其化无碍。至吾灭后二百年，衣止不传，法周沙界。

（《景德传灯录》卷三）

这段话里不但有了付法传衣的祖传规定，而且有了二百年后衣不再传（案为六祖慧能时）的悬记。这显然都是后来编造的，因为楞伽宗的史料中没有这些。但慧可有较深的造诣并不假，道宣《续高僧传》记他答向居士来书（内有"迷悟一途，愚智非别""得无所得，失无所失"等语）的偈是：

> 说此真法皆如实，与真幽理竟不殊。
>
> 本迷摩尼谓瓦砾，豁然自觉是真珠。
>
> 无明智慧等无异，当知万法即皆如。
>
> 愍此二见之徒辈，申词措笔作斯书。
>
> 观身与佛不差别，何须更觅彼无余。

末尾两句表示即心是佛，不必另求无余依涅槃，破得干净，算作南宗的二祖也不能说是强拉作亲戚了。

慧可生在南北朝晚期，活动区域在北朝。有的书说他受诬告，被官府杀死。可是《续高僧传》没有这样说，还说他赶上北周武帝灭法，如果是此事之后死的，他的年寿在九十岁以上了。

5.4.4 三祖僧璨

僧璨，在禅宗几祖中是个神秘人物，史料最少，《景德传灯录》说是"不知何许人也"。但在慧可传中说"有一居士，年逾四十，不言名氏，聿来设礼而问师（慧可）"，推测也是个知识分子。与师慧可的问答仍是老一套：

> "弟子（僧璨）身缠风恙，请和尚忏罪。"师曰："将罪来，与汝忏。"居士良久云："觅罪不可得。"师曰："我与汝忏罪竟，宜依佛法僧住。"曰："今见和尚，已知是僧，未审何名佛法？"师曰："是心是佛，是心是法。法佛无二，僧宝亦然。"曰："今日始知罪性不在内，不在外，不在中间，如其心然，佛法无二也。"大师深器之，即为剃发，云："是吾宝也，宜名僧璨。"

其后当然是依例付法传衣，僧璨取得三祖的资格。后来，到了北周武帝灭法时期，他在安徽太湖县司空山一带活动。可记的事有这样三项。一是再向下付法传衣。二是写了"至道无难，惟嫌拣择"的《信心铭》。二是死法稀奇，《楞伽师资记》记载：

大师曰:"余人皆贵坐终,叹为奇异。余今立化,生死自由。"言讫,遂以手攀树枝,奄然气尽。

这类生时死时的花样,当然都是好事者编造的。

5.4.5　四祖道信

与僧璨相比,道信的地位重要多了,因为不只事迹明确,而且住蕲州黄梅双峰山,开创了东山法门,为弘忍传法、慧能立宗准备了条件。他俗姓司马,原籍河内,后徙于蕲州广济县(在今湖北)。传说在隋文帝开皇年间,他向僧璨求法:

有沙弥道信,年始十四,来礼师曰:"愿和尚慈悲,乞与解脱法门。"师曰:"谁缚汝?"曰:"无人缚。"师曰:"何更求解脱乎?"信于言下大悟。服劳九载。后于吉州受戒,侍奉尤谨。师屡试以玄微,知其缘熟,乃付衣法。

(《景德传灯录》卷三)

其后,隋末唐初,他曾住吉州、蕲春等地,最后住黄梅双峰山三十多年,远近道俗(包括名僧)来求法的很多。这表示,在弘忍以前,黄梅双峰山已经成为有名的道场。

关于道信的禅法,《楞伽师资记》说了很多,反而不得要领,不如道宣《续高僧传》的玄爽传所说，玄爽从道信学得的禅法是"惟存摄念，长坐不卧，系念在前"。看来他的修持方法是静坐、观心、摄心，还是因定发慧的一路。

还有个传说，可以算作轶事，无妨提一提。那是唐太宗，听到道信的大名，想看看他，下诏让他进京，他谢绝。再来，三来，他说病了。第四次来，说人不去就要人头去，他伸长脖子，安然地等砍头。来人回去说明情况，唐太宗也服了，反而送了礼品。

照南宗的历史记载，当然还要做付法传衣的大事。到唐高宗永徽年间，他死了，活了七十多岁。

5.4.6 五祖弘忍

五祖弘忍，俗姓周，祖籍寻阳，后徙黄梅（在今湖北）。因为与四祖道信同在一地，所以有相识的机缘：

> 一日，（道信）往黄梅县，路逢一小儿，骨相奇秀，异乎常童。师问曰："子何姓？"答曰："姓即有，不是常姓。"师曰："是何姓？"答曰："是佛性。"师曰："汝无性邪？"答曰："性空故。"师默识其法器，即俾侍者至其家，于父母所乞令出家。父母以宿缘故，殊无难色，遂舍为弟子，名曰弘忍。以至付法传衣。

（《景德传灯录》卷三）

《楞伽师资记》说他"七岁奉事道信禅师,自出家处幽居寺"(案后略东移至东山寺或东禅寺),所以标题称他为"唐朝蕲州双峰山幽居寺大师"。七岁小儿知佛性,显然是后来著禅史者的故意神化。

《景德传灯录》的弘忍传几乎都是记传法与慧能的事,这是因为有关弘忍的材料不多,只好抄《六祖坛经》。《楞伽师资记》的作者净觉记了弘忍与人问答的一段话:

> 又问:"学道何故不向城邑聚落,要在山居?"答曰:"大厦之材,本出幽谷,不向人间有也。以远离人故,不被刀斧损斫,——长成大物后,乃堪为栋梁之用。故知栖神幽谷,远避嚣尘,养性山中,长辞俗事,目前无物,心自安宁,从此道树花开,禅树果出也。"其忍大师萧然净坐,不出文记,口说玄理,默授与人。

可见他的禅法还是静坐、观心、摄心的一路,与后来强调顿悟是有别的。还有一说,是从他开始弘扬《金刚经》义,想来也是后来编造的。

弘忍的嗣法弟子,《楞伽师资记》举十个人,《景德传灯录》举十三个人,都有嵩岳慧安和资州智诜(或作侁)。慧安的禅法,人称老安禅,是六祖慧能前禅法重要的一支。智诜传资州处寂,处寂传益州无相,无相传(成都)保唐(寺)无住,倡无念禅,成为保唐派的大师，虽然子孙不振，就禅法说却是很重要的。

弘忍死于唐高宗咸亨末年，也活了七十多岁。

5.4.7 旁出法嗣

这个标题表明，到这里，我们已经随着南宗走，承认六祖慧能是正统；他坐了宝座，以前几祖的高足当然成为旁出。这实际上一定很多，可总称为楞伽宗的门徒。可是留到文字记载上的必是少数。少，是比较地说，实际是相当多。不只多，而且乱，因为资料不止由一个源头来。总的情况是，越是靠后，添枝加叶，人数就越多。如道宣《续高僧传》（主要是其中的《法冲传》）和《楞伽师资记》时代早，记录菩提达摩到弘忍，五代的传人不过几十个；到北宋的《景德传灯录》所记，菩提达摩传一世四人，慧可传七世十七人，僧璨无传人，道信传九世七十六人，弘忍传五世一百零七人，总数超过二百。这样多而杂，怎么办？只好用擒贼擒王的办法。所谓王，是党羽多的，或说对后来影响大的。依此原则，如得达摩之肉的尼总持，虽然由性别方面看独树一帜，因为后继无人，也就不得不割爱了。这样简之又简，想只说两个人：一是牛头禅或牛头宗的祖师法融，二是北宗的祖师神秀。

（一）法融

法融，俗姓韦，润州延陵人（在今江苏）。十九岁出家，先学三论，后又学华严、般若、法华等，在佛理方面造诣很深。他又长期在山中过禅定生活，所以成为理行兼擅的高僧。后来在金陵以南牛头山幽栖寺定居，仍继续深入研究佛法。因为道重名高，传说就随之而来。重要的有两种。一种是他在石室坐禅，百鸟衔花，后来成为南宗常说的话头。一种是四祖道信曾去访问他：

　　唐贞观中，四祖遥观气象，知彼山有奇异之人，乃躬自寻访。……祖遂入山，见师端坐自若，曾无所顾。……师未晓，乃稽首请说真要。祖曰："夫百千法门，同归方寸；河沙妙德，总在心源。一切戒门定门慧门，神通变化，悉自具足，不离汝心。一切烦恼业障，本来空寂。一切因果，皆如梦幻。无三界可出；无菩提可求。人与非人，性相平等。大道虚旷，绝思绝虑。如是之法，汝今已得，更无阙少，与佛何殊？更无别法，汝但任心自在，莫作观行，亦莫澄心。……"

（《景德传灯录》卷四）

话说完就付法（不传衣，因为传与弘忍），还预言将有五人"绍汝玄化"。这都未必靠得住；至少是禅法的内容，道信还是旧传的观心、摄心，法融则变为无作和忘情，更近于道家了。

　　讲经之外，法融还有不少著作。文集和多种经注都没有传下来；传世的只有《心铭》和残本《绝观论》。

影响最大的是他的禅法，因为学的人多，传得久远，所以后来有立宗派、建法统的说法。宗派是由道信旁出的一支：牛头宗；法统有不同的说法，最通行的是法融传智岩，智岩传慧方，慧方传法持，法持传智威，智威传慧忠，共六代。《五灯会元》还收有七世惟则、道钦，八世智禅师、道林，也都是有名的禅师。

法融死于唐高宗显庆二年（公元657年），活了六十四岁。

（二）神秀

神秀的传记很难写，不是事迹不明朗，而是帽子难选。依早期史料，他是弘忍的传法弟子（张说《大通禅师碑铭》说弘忍曾说"东山之法尽在秀矣"），楞伽宗的第七代祖师（《楞伽师资记》），或（禅宗）第六代祖师（他的大弟子普寂曾自命为第七代，这是由菩提达摩算起）。依后来的南宗说法，他未得弘忍的真传，北去传渐教，成为北宗的开山祖师。哪一顶帽子合适，要看我们视点在远在近：远，承袭楞伽不错；近，目为北宗首座也不错。两可，难定，我们只好不管帽子，专说事实。

他俗姓李，陈留尉氏（在今河南）人。早年读书很多，是个知识分子。在洛阳出家，五十岁才到黄梅双峰山弘忍那里去求法。弘忍器重他，在寺里居上座的地位。弘忍死后，他往荆州玉泉寺传禅法，从学的人很多。武则天听说他的大名，请他到洛阳，住内道场，受到优越的礼遇。中宗即位，更加尊重他，所以张说《大通禅师碑铭》说他"屈万乘而稽首，洒九重而宴居""推为两京法主，三帝国师"。

《楞伽师资记》说神秀"禅灯默照，言语道断，心行处灭，不出文记"，像是没有著作；可是传世有《北宗五方便门》和《观心论》残本。所谓五方便门是：一，总彰佛体门；二，开智慧门；三，显不思议解脱门；四，明诸法正性门；五，见不异门。总的精神还是用心观照，以求认知心性（即佛性）；也就是张说碑文所说："慧念以息想，极力以摄心。"息想，摄心，是慢功，没有浪漫性，所以是仍旧贯的一路，与南宗常说的"言下大悟"是有别的。

神秀的传法弟子，最有名的是普寂。此外还有敬贤、义福和惠福（《楞伽师资记》）。《景德传灯录》记得详细，是：神秀法嗣十九人；再传，辞朗法嗣三人，普寂法嗣四十六人；三传，惟政法嗣二人，无相法嗣五人；四传，志真法嗣一人。推想后来南宗的简便解脱道，既可避免繁琐，又具有可喜的浪漫性，由迅速兴旺而成霸，神秀一门就不能不先则冷落继而沉寂了。

神秀死于唐中宗神龙二年（公元706年），据说年寿超过一百。谥大通禅师。

5.5　南宗顿教

说禅，直到现在，我们由远而近，才说到家门之内。因为，禅法虽然时代久远，内容多样，我们想深入探讨的却是南宗禅，即强调顿悟成佛的一路。这样做也不无理由。一是在中土，它是超级大户，就是只用势利眼看，也不能放过它。二是以禅定求解脱是微妙的事，用顿悟法就更加微妙，值得钻研。三是留下的财富多，禅师，随便数数就上千，语录，其中藏有大量的机锋、公案，只是看看也会感兴趣。因为感兴趣的人多，所以一千多年来，凡是说到禅，几乎都是指这种禅，我们也只好从众。众望所归，有原因。我常想，以逆为顺的佛教，在中土，沿着减逆增顺的路子走，这是主流。还有辅助的二流：一是由繁难趋于简易，二是逐渐中土化。三股水向下流，到唐宋时期汇聚为一股强大的，这就是南宗禅。饥来吃饭，困来睡眠，同样是解脱，顺了；见桃花，听驴叫，也能大悟，简易了；坐蒲团，举拂子，无妨吟吟"净洗浓妆为阿谁，子规声里劝人归"（洞山良价颂）的诗，中土化了。顺，简易，中土化，又因为时间相当长，所以花盛果多，头绪纷繁，想用较少的篇幅说清楚就大不易。不得已，还得用擒贼擒王的办法，只叙述一些最显赫的，也就是在禅宗史上地位特别高的。

5.5.1　六祖慧能

这是照抄南宗的旧说；论实际，他应该算初祖，因为从菩提达摩到弘忍是另一个系统，主渐悟的楞伽宗。但这样编造谱系也是古已有之，殷周时期的诸侯列国，是常常追到黄帝、颛顼的，那就更远了。因此，我们在这里也只好容忍，从俗。可是这样一随和，问题就来了，因为慧能的详细经历见《六祖坛经》，而这部南宗的重要经典，显然是慧能的大弟子神会及其后继者陆续添枝加叶编撰出来的（如后来的通行本比敦煌写本繁复得多），其中当然有不可信的成分。考证，分辨真伪，相当难。这还是小事；重要的是，如果割舍一部分（几乎都是后来一再传述的），与后来的禅师话头有时就难于接上茬；而且，割舍的部分常常带有传奇色彩，去花留蒂，也有些舍不得。不得已，只好接受旧说，先总括加个小注，是旧传如此，未可尽信。

慧能，也写惠能，俗姓卢，因为剃度晚，也称卢行者。他父亲卢行瑶是范阳（今河北涿州）人，做官，被贬到广东新州（今广东新兴县），在那里落了户。慧能生于唐太宗贞观十二年（公元638年），三岁丧父，随母亲迁到南海（今广东南海区），过苦日子。长大些，卖柴为生。有一天，他送柴到客店，出来，听见人念经，心里像是有所悟。他问念的是什么经，答是《金刚经》。问从哪里得来，告诉他是在蕲州黄梅东禅寺弘忍大师那里所受的，于是他决心去求法。有个好心人送他十两银子，安顿了母亲，于是北行，路过韶州曹溪（在广东韶关市曲江区马坝镇），碰到个读书人刘志略，交为朋友（一说为由黄梅返回时事）。刘的姑母是比丘尼，法名无尽藏，学《涅槃经》，有疑问，来请教。先问字，慧能说："字即不识，义即请问。"无尽藏说："字尚不识，曷能会义？"慧能说："诸佛妙理，非关文字。"无尽藏和乡里人都钦佩他，想让他住当地的宝林寺（今南华寺）。他辞谢了，仍北行，过乐昌县，在西山石室遇见智远禅师，从学禅法。智远也劝他到黄梅去，于是又北行，于唐高宗咸亨二年（公元671年）到黄梅东禅寺弘忍那里。

初见五祖弘忍，弘忍问他是哪里人，来求什么。他说是岭南新州百姓，来求作佛。弘忍说："汝是岭南人，又是獦獠，若为（如何）堪作佛！"他说："人虽有南北，佛性本无南北。獦獠身与和尚不同，佛性有何差别？"五祖心惊而不便表示，就让他去劳动（住寺照例要劳动，不是处罚），到碓房舂米。劳动八个多月，赶上五祖考察弟子的成就以便付法传衣的重要关头。办法是作一偈给老师看。大家私下议论，神秀的地位是教授师，造诣高，必得衣法，所以都不敢作。神秀主意不定：作，人会疑为想当六祖；不作，当然就不能得衣法。作了，犹疑四天，不敢送呈。急中生智，写在堂前廊壁上，如果五祖说好，就承认是自己作的；说不好，那就只得自认枉费了精力。半夜，自己偷偷去写，偈词是：

身是菩提树

心如明镜台

时时勤拂拭

勿使惹尘埃

第二天，五祖见到，虽然也褒奖几句，让大家诵持，夜里却把神秀叫来，跟他说：

汝作此偈未见本性，只到门外，未入门内。如此见解，觅无上菩提了不可得。无上菩提须得言下识自本心，见自本性……

让他再作偈。几天没有作成。这时期，有个童子在碓房前念神秀的偈，慧能听到作偈的因缘，求童子带他到廊壁前看看。到那里，他说他不识字，请别人为他读一遍。正好有个江州别驾张日用在那里，就为他读一遍。他听了，说自己也有一偈，求张日用代写在廊壁上。偈词是：

> 菩提本无树
>
> 明镜亦非台
>
> 本来无一物
>
> 何处惹尘埃

看到的人都很惊讶。五祖看见，怕惹起风波，说"亦未见性"。

第二天，五祖偷偷到碓房去看慧能，问他："米熟也未?"慧能说："米熟（暗示已学成）久矣，犹欠筛（谐音师）在。"五祖用锡杖打碓三下，走了。夜里三更，慧能到五祖居室，五祖为他讲《金刚经》。讲到"应无所住，而生其心"，慧能大悟，说：

> 何期自性本自清净，何期自性本不生灭，何期自性本自

具足，何期自性本无动摇，何期自性能生万法。

五祖知道他已悟本性，于是付法传衣，定他为六代祖，并且说：

> 昔达摩大师初来此土，人未之信，故传此衣以为信体，
> 代代相承。法则以心传心，皆令自悟自解。自古佛佛惟传本
> 体，师师密付本心，衣为争端，止汝勿传。若传此衣，命如
> 悬丝。

嘱咐完，催他赶紧走。慧能不识山路，五祖送他。送到九江驿，上船渡江。五祖摇橹。慧能说应该弟子摇，五祖说："合是吾渡（谐音度）汝。"慧能说："迷时师度，悟了自度。"五祖又嘱咐他"努力向南，不宜速说"，作别，慧能就带着衣法南行。

回到曹溪，照五祖的嘱咐，在四会、怀集一带过十几年隐遁生活。后来到广州法性寺（今光孝寺），赶上印宗法师讲《涅槃经》。讲经中，风吹幡动，为风动抑幡动引起辩论，慧能走向前说："不是风动，不是幡动，仁者心动。"全场大惊。印宗把他请到上座，同他谈论佛法精义，推测他是得五祖衣法的六祖。慧能承认，于是印宗为他剃度，并请智光律师为他授具足戒，他从此才正式成为出家人。受戒之后，曾短期在法性寺讲禅法。

不久回曹溪宝林寺长住。其间曾应韶州刺史韦据（一作璩）之请，

到城内大梵寺讲禅法。唐中宗神龙元年（公元705年），皇帝曾派薛简请他入京，他辞谢了。中宗很推重他，为他重修宝林寺，改名中兴寺，并在他的新州故宅修建国恩寺。死前回新州国恩寺，死在那里。

慧能的经历有不少传奇成分。可注意的是这些成分并不都假，如不识字有前因（穷困卖柴）为证，立宗弘法有后果为证，我们都不能不信。推想他确是天赋与摩诃般若的人；还借了不识字的光，不能走如法相宗辨析繁琐名相的路，而宁愿不立文字，顿悟成佛。这样的法门当然会受到绝大多数人的欢迎，因为人皆有过，上智不多，既然凡圣不二，智愚不二，那就人人都有成佛的希望甚至保证，费力不多而收获很大，又何乐而不为呢？

顿悟也不能无法。这在《六祖坛经》里讲了不少。最重要的是要认识本性，即自性。自性清净，不识是迷，能识即悟。悟了即解脱，就是佛。如何能认识自性？用般若。"去来自由，心体无滞，即是般若。"但也要知道："一切般若智皆从自性而生，不从外入。"总之，自性清净的心是根本，它能生万法，能化迷为悟，是成佛的基本力量。关键在能识。

怎么就能识？《六祖坛经》里也讲定慧，但说定慧一体不是二；也讲忏悔，但说要"心无所攀缘，不思善不思恶"。总的精神是要破执着，把知见的系缚都解开，自然就会认识自己的清净自性。

可是解知见的系缚又谈何容易！用我们现在的眼光看，有时，甚至常常，就不得不乞援于文字变幻的花样。如说"烦恼即菩提""本自无生，今亦不灭""此乐无有受者，亦无不受者"，似乎都只是说得动听；如果遇见喜刨根的人，一定要用事实来对证，那也许就会陷入困境吧？

慧能的智慧，还表现在教弟子传法之道，以金针度人一事上。

《六祖坛经·付嘱》篇记载，他告诉法海、志诚等大弟子，将来到各方说法，要"举三科法门，动用三十六对""共人言语，外于相离相，内于空离空""若有人问汝义，问有将无对，问无将有对，问凡以圣对，问圣以凡对，二道相因，生中道义"。这虽然目的在于破执，但由动机方面看，总难免有厚内薄外之嫌。而幸或不幸，这个法宝就真流传下去，一变而成为说得更玄，再变而成为机锋，就雾锁峰峦，使人难见庐山真面了。

我有时想，禅法到慧能，作为一种对付人生的所谓道，是向道家，尤其庄子，更靠近了。我们读慧能的言论，看那自由自在、一切无所谓的风度，简直像是与《逍遥游》《齐物论》一个鼻孔出气。这种合拍，更生动地表现在《六祖坛经·机缘》篇的一则故事上：

有僧举卧轮禅师偈曰：

"卧轮有伎俩，能断百思想，对境心不起，菩提日日长。"

师闻之曰：此偈未明心地，若依而行之，是加系缚。因示一偈曰：

"惠能没伎俩，不断百思想，对境心数起，菩提作么长。"

后一偈确是少系缚。但问题是，对境数起之心会都是清净的吗？不清净，道家可以，佛家不可以。这类问题，后面还要谈到，这里从略。

慧能徒众很多。能传法的高足，《六祖坛经·付嘱》篇提到十个，是：法海、志诚、法达、神会、智常、智通、志彻、志道、法珍、法如；《景德传灯录》增到四十三人，其中并有外国人：西印度堀多三藏。对后代有大影响的是五个人：青原行思、南岳怀让、荷泽神会、南阳慧忠、永嘉玄觉。

慧能死于唐玄宗先天二年（公元713年底改开元）八月，年七十六。唐宪宗追谥为大鉴禅师。

5.5.2 六祖坛经

《六祖坛经》，全名是《六祖大师法宝坛经》，也可简称《坛经》。流传来由，《景德传灯录》说是"韶州刺史韦据请（慧能）于大梵寺转妙法轮，并受无相心地戒，门人纪录，目为《坛经》"。可是书中记的有后来的事。《六祖坛经·付嘱》篇说：

知大师不久住世，法海上座再拜问曰："和尚入灭之后，衣法当付何人？"师曰："吾于大梵寺说法，以至于今，抄录

> 流行，目曰《法宝坛经》，汝等守护，递相传授，度诸群生，
> 但依此说，是名正法。"

这是说，来于多年的言行记录，性质同于《论语》。因为是法海发问，有人说是法海记的。门人尊重老师，称为"经"，依分别三藏旧规，这是僭越的。

1929年，胡适博士作《荷泽大师神会传》，提出新的看法，说《坛经》是神会作的。他说：

> 至少《坛经》的重要部分是神会作的。如果不是神会作的，便是神会的弟子采取他的语录里的材料作成的。但后一说不如前一说的近情理……我信《坛经》的主要部分是神会所作，我的根据完全是考据学所谓"内证"。《坛经》中有许多部分和新发见的《神会语录》完全相同，这是最重要的证据。

胡适博士这里用的又是大胆假设法，因为"内证"的力量终归是有限的。例如张三所讲与李四所讲相似，可能的原因应是三种：一是有相同的想法；二是张三学李四；三是李四学张三，而不是一种。也许就是因此，胡适博士承认，其中有些"也许真是慧能在时的记载"。这样一让步，我们就无妨采用折中的办法，说《六祖坛经》虽然不免有

后代人陆续修改增补的成分，但大体上还可以代表慧能的思想。

说陆续修改增补，是因为今传的本子不止一种，前者略而后者详。据胡适博士统计：唐敦煌写本只有一万二千字；北宋初年的惠昕本增到一万四千字；明藏本再增，成为两万一千字。

今通行繁本，如《频伽藏》本，分作十篇：行由第一，般若第二，疑问第三，定慧第四，坐禅第五，忏悔第六，机缘第七，顿渐第八，宣诏第九，付嘱第十。多数是通篇讲禅法，少数是部分讲禅法。禅法，扩大到佛法，因为绝大部分是运转名相，而名相总是离眼所见的事物太远，所以常常使人有摸不着头脑之感。如《机缘》篇，弟子法海问"即心即佛"是什么意思，慧能答："前念不生即心，后念不灭即佛；成一切相即心，离一切相即佛。"照我们常人理解，老师的意思是心佛有别；可是，"即心即佛"（也说"即心是佛"）的说法，能理解为心佛有别吗？

可是，无论如何，《六祖坛经》总是南宗的经，它的思想，虽不免小异而有大同。这大同是自性清净，不假外求。自性地位高了，从而冥思遐想（甚至胡思乱想）的地位也高了。这顺势下流就成为禅的放，以至放到远离常态，都留到后面再谈。这里只说明一点，就是：讲南宗禅，我们不能不重视《六祖坛经》。

5.5.3　高足举要

慧能一传法嗣，《景德传灯录》举四十三人，有事迹的十九人。

本节所谓"要",是指有家业下传的,共五人:行思、怀让、神会、慧忠、玄觉。

(一)青原行思

六祖以后,受付法传衣说的影响,和尚更标榜占山头,主寺院,所以法名前常常加山名(多)、地名或寺名(少),如百丈(山)怀海禅师,黄州齐安禅师,归宗(寺)智常禅师;或干脆用地望,如南岳(指怀让),赵州(指从谂),荷泽(指神会)。行思住吉州青原山静居寺,所以称青原行思。他在《坛经》里地位似不高,《付嘱》篇所举十人里没有他。《机缘》篇里有,他的事迹只是与慧能问答"不落阶级"的几句话。可是他前程远大,不只法嗣多(《五灯会元》举了十六世),而且由高明法嗣先后创立了曹洞宗、云门宗和法眼宗。他俗姓刘,吉州安城人(在今江西)。幼年出家,后到曹溪慧能处求法,受到慧能的器重。《景德传灯录》说:

> 一日,(六)祖谓师(行思)曰:"从上衣法双行,师资递受,衣以表信,法乃印心。吾今得人,何患不信?吾受衣以来,遭此多难;况乎后代,争竞必多。衣即留镇山门,汝当分化一方,无令断绝。"

照这个传说,如果衣仍下传,行思就成为南宗第七祖了。《景德传灯录》还记一件事,颇带传奇味,是石头希迁在慧能处求法,问老师死后"当依附何人"，慧能说："寻思去。"用双关语，有《推背图》意味，俗陋可笑。但借此因缘，希迁就成为行思的嗣法弟子。《景德传灯录》记行思的言论，有一点值得注意，如僧问"如何是佛法大意"，行思答："庐陵米作么价?"如果这不是后来人编造的，那就是六祖死后不久，禅宗和尚传法就由常态（明白讲）走向变态（用谜语讲）了。行思死于开元二十八年（公元740年），后来唐僖宗谥他为弘济禅师。

（二）南岳怀让

在六祖慧能的高足中，只有怀让的地位可与行思比。他也是法嗣多（《五灯会元》举了十七世），而且由高明的法嗣创立了宗派：沩仰宗和临济宗；临济宗下传又分为黄龙派和杨岐派。《六祖坛经》里也只有《机缘》篇提到他，慧能对他没有大夸奖，却预言他将有个好弟子，说："西天般若多罗（第二十七祖，传法与菩提达摩）谶，汝足下出一马驹，踏杀天下人。"这是指马祖道一。怀让俗姓杜，金州安康（在今陕西）人。生于唐高宗仪凤二年（公元677年）。十五岁出家，先学律宗，不久到曹溪慧能处求法，住了十几年。学成后往南岳般若寺传禅法。弟子很多，受到印可的有六人。怀让说："汝等六人同证吾身，各契其一。一人得吾眉，善威仪（指常浩）。一人得吾眼，善顾盼（指智达）。一人得吾耳，善听理（指坦然）。一人得吾鼻，善知气（指神照）。一人得吾舌，善谭说（指严峻）。一人得吾心，善古今（指道一）。"马祖道一得心传，也经过一些曲折，《景德传灯录》记载：

> 开元中有沙门道一，在衡岳山常习坐禅。师知是法器，往问曰："大德坐禅图甚么？"一曰："图作佛。"师乃取一砖，于彼庵前石上磨。一曰："磨作甚么？"师曰："磨作镜。"一曰："磨砖岂得成镜邪？"师曰："磨砖既不成镜，坐禅岂得作佛？"

这是有名的公案，可表明南宗重顿悟的精神。怀让死于唐玄宗天宝三载（公元744年），年六十八，谥大慧禅师。

（三）荷泽神会

讲南宗的历史，说到神会，使我们不禁想到王勃《滕王阁序》中"冯唐易老，李广难封"的慨叹。李广劳苦功高，竟一生未得封侯。神会也是这样，他是南宗得以创立并发展的关键人物，可是子孙却不能繁衍。幸而有司马迁，写了《李将军列传》，有胡适博士，写了《荷泽大师神会传》，我们借此才可以知道，一两千年前曾有这样的"善不受报"的人物。神会，俗姓高，襄阳（在今湖北）人。年轻时候读儒书、道书，是个不小的知识分子。据说是读《后汉书》(也许是《襄楷传》吧)，才知道有所谓佛，于是到本府国昌寺出了家。出家后曾在荆州玉泉寺从北宗的创始人神秀学习禅法三年，然后到曹溪从慧能学。

神会到曹溪依慧能，旧说多认为年才十四。还有提前一年的，

《六祖坛经·顿渐》篇说:"有一童子名神会,襄阳高氏子,年十三,自玉泉来参礼。"又《付嘱》篇记载,慧能死前跟弟子们说:"吾至八月欲离世间,汝等有疑早须相问,为汝破疑,令汝迷尽。吾若去后,无人教汝。"弟子们"悉皆涕泣,惟有神会神情不动,亦无涕泣"。慧能说:"神会小师,却得善不善等(等同),毁誉不动,哀乐不生;余者不得。"好像在诸弟子中,神会确是最年轻的。可是胡适考证,慧能死时,神会四十六岁,王维作慧能碑文,说"神会遇师于晚景,闻道于中年",到曹溪时间应该在慧能死前不很久。幸而这关系不大,可以不深究。

慧能死后,神会曾在中原各地云游,较长时期住在南阳龙兴寺。这个时期禅宗的情况是:

> 能大师灭后二十年中,曹溪顿旨沉废于荆吴,嵩岳渐门炽盛于秦洛。普寂禅师,秀弟子也,谬称七祖,二京法主,三帝门师,朝臣归崇,敕使监卫,雄雄若是,谁敢当冲?岭南宗旨,甘从毁灭。
>
> (宗密《慧能神会略传》)

这说得虽然过分一些,不过当时神秀一系声势炬赫却是事实。神会坚决站在慧能一边,于唐玄宗开元二十二年(公元734年)正月在河南滑台大云寺设无遮大会,大举为南宗争地位。他在大会上宣称:一,他设无遮大会，目的是为天下学道者定宗旨，辨是非。二，菩提达摩付法传衣，到第六代是慧能，不是神秀，因为传法袈裟在慧能那里。三，因此，神秀的弟子普寂称自己为第七代是错误的。四，他还举个旁证，说当年神秀说过，东山忍大师曾付嘱，佛法在韶州；神秀也并未说自己是第六代。五，也许最重要，是说神秀一系的法门，是渐而非顿，所以不是正宗。打了这第一炮之后，到唐玄宗天宝初，他到洛阳，住荷泽寺，继续弘扬南宗顿教，也因为时代的风气厌渐而喜顿，于是渐渐，神秀一系的禅法冷落了，慧能一系的顿教取得独占法统的胜利。

天宝晚期，因为北宗人的诬陷，神会曾离开洛阳，到长江一带寺院流转。安禄山叛乱时又回到洛阳，因为开坛场度僧收费补充了唐朝的军费，所以受到朝廷的尊敬。他地位更高了，所弘禅法的地位也高了，有人甚至称为荷泽宗。

神会或荷泽宗的禅法，可以总括为知、行两个方面。知的方面，他认为法性本来空寂，以灵知认知此本来空寂的法性，就是解脱。所以说"知之一字，众妙之门"（宗密语）。能知即顿悟，所以不同于北宗的由定发慧，而是以慧摄定。此后南宗禅强调顿悟，走的都是这一条路。行的方面，是强调"无念"，无念就是不作意，这大概是指心离一切相，以保持空寂的法性的意思。神会著作传世的，有《显宗记》、《荷泽神会语录》和敦煌发现的《大乘开心显性顿悟真宗论》等。

神会的传法弟子，各书所载共有三十多人。据宗密所记，主要是：神会传法如，法如传惟忠，惟忠传道圆，道圆传宗密。宗密住终南山圭峰草堂寺，著作很多，有《华严心要法门注》《圆觉经大疏》《禅源诸诠集》《中华传心地禅门师资承袭图》等，人称圭峰大师。不过宗密通晓多种经论，尤其华严，造诣更深（华严宗推为五祖），所以依九流分应该算杂家，他不只主张教、禅合一，而且认为儒、佛也可以相通。

神会死于唐肃宗上元元年（公元760年）五月，年九十三（一说年七十五），谥真宗大师。

（四）南阳慧忠

《六祖坛经》说慧能的嗣法弟子有四十三人，提到名字的有十几个，其中没有慧忠。但他事迹多，而且有法嗣，所以在后人眼里，地位反而比《六祖坛经》中位居第一的法海高了。他俗姓冉，越州诸暨（在今浙江）人。在慧能处学成后，住南阳白崖山党子谷，据说在那里传法，四十多年没下山。名声大了，唐肃宗派人请他到京城，在那里传法十几年，受到皇帝的礼遇，尊为国师。

《景德传灯录》记慧忠事迹，都是答人问。问者包括中外、僧俗和贵贱，计有西天大耳三藏、南泉、麻谷、张濆行者、唐肃宗、鱼军容、紫璘供奉等。主旨仍是破一切执着，办法是用巧辩证明有所肯定便错。如：

一日，师问紫璘供奉："佛是甚么义？"曰："是觉义。"

师曰:"佛曾迷否?"曰:"不曾迷。"师曰:"用觉作么?"奉无对。奉问:"如何是实相?"师曰:"把将虚底来。"曰:"虚底不可得。"师曰:"虚底尚不可得,问实相作么?"

这是正面说。有时不正面说,如:

帝(肃宗)又问:"如何是十身调御?"师乃起立曰:"会么?"帝曰:"不会。"师曰:"与老僧过净瓶来。"帝又曰:"如何是无诤三昧?"师曰:"檀越蹋毗卢顶上行。"帝曰:"此意如何?"师曰:"莫认自己清净法身。"

正面说自性空寂之类是玄,跑野马,随口乱说,恐怕目的就在于加码,使之成为玄之又玄。据现存材料,慧能的言行还没有越出玄的范围,由他的高足起,大胆往外迈了一步,越境了,言行就成为更难懂。不幸而此风越刮越大,不久之后,出言不奇,举止不怪,似乎就不成其为禅僧了。

慧忠的嗣法弟子,《五灯会元》收吉州耽源山应真禅师一人,可见不久就门庭式微了。

慧忠死于唐代宗大历十年(公元775年),谥大证禅师。

(五)永嘉玄觉

玄觉,《六祖坛经·机缘》篇提到他,说他俗姓戴,温州(在今

168

浙江）人。儿童时期出家，读经论不少，深通天台止观法门。经慧能的弟子玄策介绍，到曹溪见慧能。与慧能的一段谈话稀有，像是弟子占了上风：

> 觉遂同策来参，绕师三匝，振锡而立。师（慧能）曰："夫沙门者具三千威仪，八万细行，大德自何方而来，生大我慢？"觉曰："生死事大，无常迅速。"师曰："何不体取无生了无速乎？"曰："体即无生，了本无速。"师曰："如是如是。"玄觉方具威仪礼拜。须臾告辞，师曰："返太速乎？"曰："本自非动，岂有速耶？"师曰："谁知非动？"曰："仁者自生分别。"师曰："汝甚得无生之意。"曰："无生岂有意耶？"师曰："无意谁当分别？"曰："分别亦非意。"师曰："善哉！"少留一宿，时谓"一宿觉"。

玄觉有大名，还因为他有讲禅法的著作，是《永嘉集》和《证道歌》。他死于唐玄宗先天二年（即开元元年，公元713年）十月，比慧能晚死两个多月。谥无相大师。禅宗典籍没有提他的嗣法弟子；只是传说他有个女弟子，温州净居寺比丘尼玄机，就是与雪峰义存对话，说"寸丝不挂"的那一位（《五灯会元》说她是慧能的弟子，《景德传灯录》未收）。

5.5.4　下传弟子举要

这里所谓下传，是由再传起，到建立宗派为止。时间长，世代多，人数更多，介绍，以人为纲，不能不挂一漏万。想只举十八位，分作两组。前一组十二位，是宗派的直系祖先。其中少数事迹并不显赫，如龙潭崇信，但既然有了腾达的子孙，也就可以父因子贵了。后一组六位，是子孙没有建立宗派的，但造诣深，事迹显赫，讲禅宗历史就不能不提一提。这后一组，选拔比较难，因为够格的人太多，为篇幅所限，只能举一点点，算作举例。又为了表明传承关系，以慧能为一世，标明每个人的世次。

第一组

（一）马祖道一（三世）

他是慧能弟子南岳怀让的嗣法弟子，俗姓马，汉州什邡县（在今四川）人。在南宗的禅师里，也许他天分最高，成就最大，所以《六祖坛经·机缘》篇有个悬记，说："西天般若多罗谶，汝（指怀让）足下出一马驹，踏杀天下人。"后来他在江西洪州弘法，果然门徒很多，《景德传灯录》说"入室弟子一百三十九人，各为一方宗主，转化无穷"。因为门徒多，声势大，为了表示特别尊崇，称他为"祖"（慧能以后，没有另外的人得这个尊号），前加姓，称为马祖（习惯也加姓的还有邓隐峰和陈蒲鞋）。他的禅法仍然是慧能一路，能认识本来清净的自性就是佛。可是常识的杂念会污染，妨碍顿悟，所以要用各种方法破。他说"即心是佛"，又说"非心非佛"，并用打、喝、竖拂、画地等办法启示，目的都是去污染而显自性。他的教法由平实而趋向奇峭，有特点，对后来有大影响，人称为洪州宗。著名的嗣法弟子有百丈怀海、南泉普愿、西堂智藏等。他死于唐德宗贞元四年（公元788年），年八十，后追谥为大寂禅师。

（二）百丈怀海（四世）

怀海，俗姓王，福州长乐（在今福建）人。从小出家，看了不少经论。后到洪州马祖处参学，得到马祖的印可。马祖死后，他在洪州百丈山（亦名大雄山）弘法，门徒很多。他的禅法，自己说是"心性无染，本自圆成，但离妄缘，即如如佛"，所以要"一切诸法并皆放却，莫记，莫忆，莫缘，莫念"。他的事迹，有两件最出名。一件是卷席（坐具）的公案："马祖升堂（为徒众讲禅法），众才集，师（怀海）出，卷却席。祖便下座。"这是表示，妙法应该离开语言文字。另一件是他创立了共劳共食、清静修持的禅林制度，就是后来流传的《百丈清规》（非原本）。著名的嗣法弟子有沩山灵祐（沩仰宗的创立者）、黄檗希运和长庆大安等。他死于唐宪宗元和九年（公元814年），年九十五，谥大智禅师。

（三）黄檗希运（五世）

希运，不知道俗姓什么，福州（在今福建）人。幼年在本州黄檗山出家。云游，曾到长安。后到江西，时马祖已死，参百丈怀海。怀海很器重他，《景德传灯录》记载：

（百）丈一日问师（希运）："甚么处去来？"曰："大雄山下采菌子来。"丈曰："还见大虫么？"师便作虎声。丈拈斧作斫势，师即打丈一掴。丈吟吟而笑，便归。（丈）上堂曰："大雄山下有一大虫，汝等诸人也须好看。百丈老汉今日亲遭一口。"

这是称许他为"大雄"。以后他到洪州、钟陵、宛陵等地弘法，受到大官（官至同中书门下平章事）裴休的尊重，裴休并集他的言论为《传心法要》。他的禅法仍是"即心是佛"一路，只是教法更趋奇峭，如一日上堂，对大众只说了一句"汝等诸人欲何所求"，就"以拄杖趁（驱逐）之"，又如有人问"如何是西来意"，他便打，都开了后来的多用棒喝之风。他的传世著作还有《宛陵录》，其中甚至说"达摩西来无风起浪，世尊拈花一场败缺"，发挥"心"外皆不要的意思更加突出。著名的嗣法弟子有临济义玄（临济宗的创立者）、睦州道明（多称为陈蒲鞋或陈尊宿）、千顷楚南等。他死于唐宣宗大中年间（公元847—公元859年），谥断际禅师。

（四）石头希迁（三世）

希迁是青原行思的弟子，俗姓陈，端州高要（在今广东）人。曾在六祖慧能处求法，慧能死后参行思。后住衡山南寺，在寺东一平阔石头上结庵，所以人称石头和尚。禅法的主旨仍然是清净的本心至上。如何能识此湛然圆满的本心？他的教法是破知见，如僧问："如何是解脱?"他答:"谁缚汝?"问:"如何是净土?"他答:"谁垢汝?"问:"如何是涅槃?"他答:"谁将生死与汝?"门徒不少,著名的嗣法弟子有药山惟俨(下传为曹洞宗)、天皇道悟(下传为云门宗、法眼宗)、丹霞天然(即烧木佛的那一位)、大颠宝通(传说韩愈曾向他请教)等。希迁死于唐德宗贞元六年(公元790年),年九十一,谥无际大师。

（五）药山惟俨（四世）

惟俨俗姓韩,绛州(在今山西)人。十七岁出家,读经论不少。据说他先参石头希迁,不契,到马祖处才悟道。又回到希迁处。有一次,他在石上坐,希迁问他在做什么,他说:"一物不为。"希迁说:"恁么即闲坐也。"他说:"若闲坐即为也。"又一次,希迁说"言语动用没交涉",他说:"非言语动用亦没交涉。"可谓后来居上,所以希迁印可他。其后他到澧州药山传法,门徒很多。教旨还是自性具足,不假外求。教法也是用各种奇峭法破,如给大众讲禅法,说:"我有一句子,待特牛(雄牛)生儿,即向你说。"还有一次他看经,有僧问:"和尚寻常不许人看经,为甚么却自看?"他说:"我只图遮眼。"传说李翱曾问他如何是道,他以手指上下,李翱不懂,他说:"云在青天水在瓶。"又问他如何是戒定慧,他答:"贫道这里无此闲家具。"著名的嗣法弟子有云岩昙晟(下传为曹洞宗)、道吾宗智、船子德诚(终年住船上)等。他死于唐文宗太和八年(公元834年),年八十四,谥弘道大师。

（六）云岩昙晟（五世）

昙晟俗姓王,钟陵建昌(在今江西)人。年少出家,在百丈怀海处二十年，不能悟道，改到药山惟俨处参学。惟俨问他怀海说什么法，他说："有时上堂，大众立定，以拄杖一时趁散。复召大众，众回首，丈曰：'是甚么？'"惟俨说："何不早恁么道？今日因子得见海兄。"于是昙晟顿悟。这是南宗禅中常见的离奇，想当是故神其说。其后在潭州云岩弘法，事迹不很多，门下却出了个大名人：洞山良价（读jiè），良价传曹山本寂，共同创立了曹洞宗。昙晟死于唐武宗会昌元年（公元841年），年六十，谥无住大师。

（七）天皇道悟（四世）

道悟是石头希迁的弟子，俗姓张，婺州东阳（在今浙江）人。十四岁坚决出家，在杭州竹林寺受戒。曾参马祖，后参希迁。学成后到紫陵山，其后住荆州城东天皇寺弘法。嗣法弟子为龙潭崇信（下传为云门宗、法眼宗）。他死于唐宪宗元和二年（公元807年），年六十。

据考证，这个传法谱系是错的。下传龙潭崇信的是荆州城西天王寺的道悟。他俗姓崔，渚宫（在今湖北）人，是马祖的弟子。他死于元和三年，年八十二，比天皇寺的道悟约大二十岁。如果是这样，那禅宗的五宗二派，除了曹洞宗出于青原行思以外，就都出于南岳怀让（或说出于马祖）了。可是积非成是，云门宗、法眼宗由天皇道悟下传的说法流传太久了，连他们的儿孙也这样说，改变相当难，所以这里仍是从旧说。

（八）龙潭崇信（五世）

崇信，不知俗姓什么，渚宫（在今湖北）人。生在贫家，卖饼。

依天皇（王）道悟出家。曾求老师指示心要，老师告诉他："见则直下便见，拟思即差。"又问如何保任，老师告诉他："任性逍遥，随缘放旷，但尽凡心，别无圣解。"似乎都说得过于轻易。后在澧州龙潭弘法，嗣法弟子出个著名禅师，德山宣鉴（下传为云门宗、法眼宗）。

（九）德山宣鉴（六世）

宣鉴俗姓周，简州（在今四川）人。幼年出家，熟悉经论。能讲《金刚经》，人称周金刚。先是重知见，听说南宗禅主张直指人心，见性成佛，很气愤，想驳倒他们。由四川到澧州，遇见个卖饼婆子。他想买饼点（动词）心，婆子引《金刚经》中"过去心不可得，现在心不可得，未来心不可得"的话，问他点哪个心。他吃了当头一棒，于是到龙潭崇信那里求法。有一次，天黑了，他从崇信那里出去又回来，说外面黑，崇信点个烛给他，他刚去接，崇信把烛吹灭，他悟了，便礼拜。推想是领悟明不在外、即心是佛的道理。崇信印可他，并且称赞说："可中有个汉，牙如剑树，口似血盆，一棒打不回头，他时向孤峰顶上，立吾道去在。"他住澧阳三十年，唐武宗灭法时期逃到独浮山，后来武陵太守请他主持德山精舍。他的教法很特别，是"道得也三十棒，道不得也三十棒"，就是"打"，所以有"临济喝，德山棒"的说法。打，目的是用更直截了当的方法破执。这种精神也表现在他的言论上，最有名的是："达摩是老臊胡，释迦老子是干屎橛，文殊普贤是担屎汉，等觉妙觉是破执凡夫，菩提涅槃是系驴橛，十二分教是鬼神簿、拭疮疣纸，四果三贤、初心十地是守古冢鬼，自救不了。"否定心外的一切，自然就成为自性清净的心至上。他门徒很多，著名的嗣法弟子有雪峰义存（下传为曹洞宗、法眼宗）、岩头全等。他死于唐懿宗咸通六年（公元865年），年八十六，谥见性禅师。

（十）雪峰义存（七世）

义存俗姓曾，泉州南安（在今福建）人。从幼喜欢佛，十七岁出家。在德山宣鉴处学成后，到闽中象骨山雪峰弘法。教法除打之外，还用辊木球等离奇的言行。如有人问："古人道，觌面相呈时如何？"他答："是。"又问："如何是觌面相呈？"他说："苍天！苍天！"又如他南游时遇见黄涅槃，黄向他说"曾郎万福"，他下轿作丈夫拜，黄作女人拜。他问："莫是女人么？"黄又作两拜，然后用竹策画地，向右绕轿三周，他说："某甲三界内人，你三界外人，你前去，某甲后来。"这样离奇也有所谓，他自己说："我若东道西道，汝则寻言逐句；我若羚羊挂角，汝向甚么处扪摸？"这就是以不明白求明白。他门徒很多，著名的嗣法弟子有云门文偃（云门宗的创立者）、玄沙师备（下传为法眼宗）、长庆慧棱、保福从展、鼓山神晏等。他死于后梁太祖开平二年（公元908年），年八十七。

（十一）玄沙师备（八世）

师备俗姓谢，福州闽县（在今福建）人。大概是个阔公子，年轻时候划船钓鱼。三十岁忽然发奇想，出了家。在雪峰义存处参学。后来住梅溪场普应院，迁玄沙山，受到当地大官的尊重。门徒很多，据说超过八百。教法虽然也是以离奇言行破执一路，但有时近于常情，出语在可解不可解之间。如人问:"如何是亲切底事?"他答:"我是谢三郎。"又如他同韦监军一起吃果子,韦问:"如何是日用而不知?"他拿起果子说"吃"。都吃完了,韦又问,他说:"只这是日用而不知。"这都比较容易参。著名的嗣法弟子有罗汉桂琛(下传为法眼宗)、安国慧球、天龙重机等。他也死于后梁开平二年,年七十四。

(十二)罗汉桂琛(九世)

桂琛俗姓李,常山(在今河北)人。成年后出家,先持戒律,不满足,说"持戒但律身而已,非真解脱"。于是南游,先谒雪峰义存,后到玄沙,受到师备的印可,甚至慨叹"尽大地觅一个会佛法底人不可得"。后来住罗汉院弘法。教法的特点是以驳斥破常见。如有僧问:"如何是罗汉一句?"他答:"我若向汝道,便成两句也。"又如有僧从保福来,他问那里佛法如何,那僧说:"塞却你眼,教你觑不见;塞却你耳,教你听不闻;坐却你意,教你分别不得。"他说:"吾问你,不塞你眼,见个甚么?不塞你耳,闻个甚么?不坐你意,作么生分别?"这是用"不断百思想"驳斥断思想。著名的嗣法弟子有清凉文益(法眼宗的创立者)、清溪洪进等。他死于后唐明宗天成三年(公元928年),年六十二,谥真应禅师。

第二组

(一)南泉普愿(四世)

普愿是马祖的弟子,俗姓王,郑州新郑(在今河南)人。出家后研习各种经论,后从马祖学禅法。可能住了很长时期,然后到池州南泉山弘法，受到大官陆亘的供养。教法比他老师更趋奇峭。如有一次，他和归宗智常、麻谷宝彻（皆马祖弟子）一同去参谒南阳慧忠国师，路上，他在地上画一圆相（圆形），说："道得（能解释明白）即去。"智常走到圆相里坐下，宝彻作女人拜。他说："恁么则不去也。"现在看，都像是疯疯癫癫。他的事迹，一是与水牯牛有关，他一次说："王老师（自称）自小养一头水牯牛，拟向溪东牧，不免食他国王水草；拟向溪西牧，亦不免食他国王水草。"又死前人问："和尚百年后向甚么处去？"他答："山下作一头水牯牛去。"更显赫的事迹是斩猫："师（普愿）因东西两堂争猫儿，师遇之，白众曰：'道得即救取猫儿，道不得即斩却也。'众无对，师便斩之。"这比呵佛骂祖厉害多了，因为犯了第一大戒的杀戒。禅僧自马祖以后，经常是这样奇奇怪怪。普愿弟子不少，其中著名的有赵州从谂、长沙景岑、鄂州茱萸（山）和尚等。他死于唐文宗太和八年（公元834年），年八十七。

（二）赵州从谂（五世）

从谂的子孙没有立宗，可是他名气大，提起赵州和尚，几乎是无人不知，无人不晓。他俗姓郝，曹州郝乡（在今山东）人。幼年在本州出家，不久就南去，参谒南泉普愿。学到南宗禅的奇峭，凭借自己的聪明，更往前发展。如在普愿处，普愿教他："今时人，须向异类中行（指作一头水牯牛去）始得。"他说："异即不问，如何是类？"普愿以两手拓地，他把普愿踏倒。以后大部分时间住赵州观音院，弘扬禅法。言行几乎都是超常的，如说："佛是烦恼，烦恼是佛。"有一次，他与人游园，一个兔子起来逃了，人问："和尚是大善知识，兔见为甚么走？"他说："老僧好杀。"又一次，有人问他："承闻和尚亲见南泉，是否？"他说："镇州出大萝卜头。"还有人问他："万法归一，一归何所？"他说："老僧在青州作得一领布衫，重七斤。"还有一次，人问他姓什么，他答"常州"；问多大岁数，他答"苏州"。这些是言的花样。还有行的，最突出的一次是有尼问："如何是密密意（佛法最深意）？"他用手掐尼一下。尼说："和尚犹有这个在。"他说："却是你有这个在。""这个"指什么？似指俗意，那就太那个了。他的机锋，最著名的是答人问："如何是祖师西来意？"他说："庭前柏树子。"也许就因为他有这句话，所以有人问他："柏树子还有佛性也无？"他说："有。"可是另一次，有人问："狗子还有佛性也无？"他说："无。"总之，禅自马祖以后，言行越来越远离常识，赵州和尚可为北地的突出的代表。嗣法弟子有严阳善信、光孝慧觉等。从谂死于唐昭宗乾宁四年（公元897年），传说活了一百二十岁，后谥真际大师。

（三）丹霞天然（四世）

天然是石头希迁的弟子，姓名生地都不明。原是个读书人，到长安去投考，听一个学佛的人说，求官不如求佛，于是到江西去谒马祖，马祖指点他去找希迁。学了三年，又见马祖，因为骑在圣僧（禅堂中的尊者像）脖子上，受到马祖的印可。后到洛阳，住慧林寺。冬天冷，烧木佛取暖，院主斥责他，他说："吾烧取舍利。"院主说："木佛何有舍利？"他说："既无舍利，更取两尊烧。"这就是著名的丹霞烧木佛的公案，其意义是除己心之外皆摒弃。以后在南阳丹霞山弘法，据说门徒有三百多。嗣法弟子有翠微无学、孝义性空等。他死于唐穆宗长庆四年（公元824年），年八十六，谥智通禅师。

（四）石霜庆诸（六世）

庆诸是道吾宗智的弟子，药山惟俨的徒孙。他俗姓陈，庐陵新淦（在今江西）人。出家后曾到洛阳学律，不满足，回南方，先参沩山灵祐，后参道吾宗智。宗智死前说："我心中有一物，久而为患，谁能为我除之？"他说："心物俱非，除之益患。"得到宗智的印可。还有一次，听人转述洞山良价的话："秋初夏末，兄弟或东去西去，直须向万里无寸草处去。"并问这样的地方怎么去，没有人答话，他说："何不道出门便是草？"良价听说，称赞"此是一千五百人善知识语"。他的机锋有时用诗句，如人问"如何是佛法大意"，他说："落花随水去。"又问这是什么意思，他说："脩竹引风来。"他住潭州石霜山，受到大官裴休的崇敬。他的禅法大概还重视静坐，据说他的弟子有长坐不卧、形如枯木的。嗣法弟子有大光居诲、九峰道虔、覆船洪荐等。他死于唐僖宗光启四年（公元888年），年八十二，谥普会大师。

（五）夹山善会（六世）

善会是船子德诚的弟子，也是药山惟俨的徒孙。他俗姓廖，广州岘亭（在今广东）人。幼年出家，熟悉经论。在润州讲经，用常语，受到道吾宗智的耻笑。由宗智指点，到秀州华亭去参船子和尚。被船子和尚打下水两次，悟了"竿头丝线从君弄，不犯清波意自殊"的道理。后住澧州夹山弘法。教法是正面叙说和机锋兼用。总的精神仍是南宗禅的破，如说："有祖以来，时人错会，相承至今，以佛祖言句为人师范。若或如此，却成狂人。""大藏教是老僧坐具，祖师玄旨是破草鞋，宁可赤脚不着最好。"都是此类。嗣法弟子有洛浦元安、逍遥怀忠、黄山月轮等。他死于唐僖宗中和元年（公元881年），年七十七，谥传明大师。

（六）投子大同（六世）

大同是翠微无学的弟子，丹霞天然的徒孙。他俗姓刘，舒州怀宁（在今安徽）人。幼年出家，先学其他经论。后参无学，问："二祖初见达摩有何所得？"无学说："汝今见吾，复何所得？"他"顿悟玄旨"，这玄旨大概就是，无得（空）才是真得。其后在本州投子山弘法，《景德传灯录》说他"居投子山三十余载，往来激发，请益者常盈于室。师纵之以无畏辩，随问遽答，啐啄同时，微言颇多。"可注意的是，他的答语有时在直说与机锋之间，如人问："牛头未见四祖时如何？"他答："与人为师。"又问："见后如何？"他答："不与人为师。"人问："和尚出世当为何事？"他说："尹司空请老僧开堂。"人问："师子是兽中之王，为甚么被六尘吞？"他答："不作大，无人我。"像这样离常识不很远的话，赵州和尚就很少说。据说门徒有三百多，嗣法弟子有投子感温、观音岩俊等。他死于后梁太祖乾化四年（公元914年），年九十六，谥慈济大师。

5.6　立宗分派

六祖慧能生于唐太宗贞观十二年（公元638年），死于唐玄宗先天二年，即开元元年（公元713年），是唐朝早期的人物。神会生于唐高宗总章元年（公元668年），死于唐肃宗上元元年（公元760年），是唐朝前期的人物。这二位创立南宗，很像李渊和李世民的建立唐朝：起兵是前一位，打平天下却靠后一位。滑台无遮大会，神会一举击败北宗渐教，从此南宗顿教成为正统，并迅速占领了全国的名山大寺。出家人多，披剃之后几乎都成为禅僧。人多势众，于是同政场的情况一样，占地大，子民多，兵强粮足，就不能不想到开国，称王称帝。就禅宗说，这种形势是唐朝晚期形成的，而且很奇怪，是在会昌法难之后，可见时代风气的积重难返。总之，为了标榜师徒的传承关系，为了宣扬禅法正，信徒多，声势大，独树一帜，或自封，或道听途说，宗和派就陆续出现了。

不同的宗派，其间没有教义的分歧，因为都是求顿悟，求解脱。区别，可以说有名有实。名是教法，如临济宗有三玄三要、四料简之类，云门宗有函盖乾坤、截断众流、随波逐浪三句和一字关之类，黄龙派有黄龙三关之类。称为"名"，因为特点的重要性并不像说的那样大。实是禅林传承关系：如石霜楚圆出于汾阳善昭，善昭出于首山省念，省念出于风穴延沼，延沼出于南院慧颙，慧颙出于兴化存奖，

182

存奖出于临济义玄（临济宗的创立者），都是有案可查的。这名和实的分别，各宗派中人都很重视，甚至都很自炫，称为"家风"。

讲禅宗内宗派的情况，我们只好从旧说，承认各有各的家风。这旧说，范围可以广，连神会（荷泽宗）、马祖（洪州宗）也算。不过一般是不计早期的荷泽和洪州，而从沩仰宗算起。一共是五宗加两派（沩仰宗，临济宗，曹洞宗，云门宗，法眼宗，杨岐派，黄龙派），时间由唐朝晚期到北宋中朝（指创立，不包括流传）。传授和创立的情况，见下面的图表：

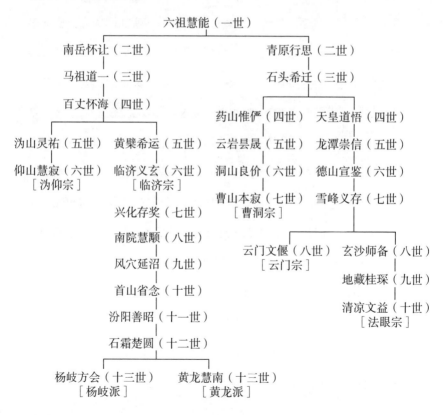

5.6.1　沩仰宗

由灵祐和慧寂师徒二人创立，因为灵祐住潭州沩山，慧寂住袁州仰山，所以称沩仰宗。

灵祐俗姓赵，福州长溪（在今福建）人。十五岁出家，读各种经论。后到江西参百丈怀海。有一次，怀海让他拨炉灰，看有火没有，他拨后说没有，怀海往深处拨，找到火星，责备他说没有，于是大悟。后到沩山，在艰苦的条件下修持弘法，中间还经过会昌法难，始终不变宿愿，受到大官裴休等的崇敬。所住同庆寺，僧众多到一千五百人。教法直说少，大多是用机锋破，因为他主张"无心是道""但情不附物即得"。机锋，少数是不很离奇的，如弟子慧寂问"如何是祖师西来意"，他指着灯笼说："大好灯笼。"取意大概是照明。但多数是迷离恍惚，如他在室内坐，慧寂进来，他交叉两手给慧寂看，慧寂作女人拜，他说："如是，如是。"这就费解了。嗣法弟子，除仰山慧寂以外，还有香岩智闲（就是说"今年贫，锥也无"那一位）、径山洪諲、灵云志勤（见桃花悟道的那一位）等。他死于唐宣宗大中七年（公元853年），年八十三，谥大圆禅师。

慧寂俗姓叶，韶州怀化（在今广东）人。笃信佛法，刚成年时想出家，父母不许，断两个手指表示决心，才出了家。先谒耽源应真（南阳慧忠的弟子），应真给他九十七圆相的图本，说是六代祖师所传，他看一遍就烧了。应真责问他，他说："但用得，不可执本也。"

后参沩山灵祐，灵祐问他是有主沙弥还是无主沙弥，他说："有主。"问主在哪里，他从西边走到东边（想是表示自己是主），得到灵祐的印可。他很长时候在灵祐处，师徒间以机锋明体用，今天看来好像有意斗法。其后离开沩山，先后住王莽山、仰山、观音山弘法，门徒很多。他接引后学的方法仍是明自性，所以说："汝等诸人，各自回光返照，莫记吾言。""所以假设方便，夺汝粗识，如将黄叶止啼，有甚么是处？"这是连自己的开示语也破了。因为不信语言，所以要借助于机锋（无言内意），奇怪举止（打、喝、作女人拜等）以及画圆相（有时圆相内还写佛、卍等）之类。看来他是聪明过人的人，所以传世的言行显得奇峭流利。嗣法弟子有西塔光穆、南塔光涌等。他死于唐僖宗中和三年（公元883年），年七十七，谥智通禅师。

沩仰宗的家风，宋智昭《人天眼目》说是"父慈子孝，上令下从"，大概是细密亲切之意。这比较抽象，想是时代靠前，还缺少制礼作乐的经验。但也因此而造作气较少。

沩仰宗立宗早，衰亡也早，只传了三四代，一百多年，就无声无息了。

5.6.2 临济宗

由镇州临济院义玄创立。义玄俗姓邢，曹州南华（在今山东）人。出家后先学律及各种经论。后到黄檗希运处参学，问佛法大意三次，挨三次打。得希运指点，去问高安大愚（马祖的徒孙），大愚告诉他这是"老婆心切"（极爱抚），他言下大悟。大概是在希运处学来直截痛快的作风、打喝之类的办法，到镇州临济院以后，总是以这种作风和办法接引后学。如见僧来，他举起拂子，僧礼拜，他便打；又有僧来，他举起拂子，僧不看，他也打；又有僧来参，他举起拂子，僧说"谢和尚指示"，他还是打。又如他应机多用喝，门徒也学着用喝，他说："汝等总学我喝，我今问汝，有一人从东堂出，一人从西堂出，两个齐喝一声，这里分得宾主么？汝且作么生分？若分不得，已后不得学老僧喝。"打喝之外，出言也常常过于离奇古怪，如说："诸方火葬，我这里活埋。""有一人论劫在途中，不离家舍；有一人离家舍，不在途中。"这是想用反常的话破常识的知见。嗣法弟子有兴化存奖（下传为杨岐派和黄龙派）、宝寿沼禅师、三圣慧然、魏府大觉等。他死于唐懿宗咸通八年（公元867年），谥慧照禅师。

临济宗的家风比较容易说，因为教法有具体措施。这是三玄三要、四料简、四宾主和四照用等。三玄（妙意）是玄中玄、体中玄和句中玄，他自己说："大凡演唱宗乘，一句中须具三玄门，一玄门须具三要（要点），有权有实，有照有用。"四料简是：有时夺（不存）人不夺境，有时夺境不夺人，有时人境两俱夺，有时人境俱不夺。四宾主是：主中主，宾中主，主中宾，宾中宾。四照用是：先照（属于知见）后用（属于行），先用后照，照用同时，照用不同时。此外，喝也有讲究，他说："有时一喝如金刚王宝剑，有时一喝如踞地金毛师子，有时一喝如探竿影草，有时一喝不作一喝用。"除喝以外，似乎都是按性质和作用的不同给机锋分的类。由具体言行方面看，临济宗的风格是当机立断，雷厉风行，所以禅门有"临济将军，曹洞土民"的说法。

这将军的家风在流行繁衍方面真就占了上风。禅门五宗，宋以后只剩下它和曹洞，可是形势是"临天下，曹一角"，寺院几乎都成为禅林，禅林几乎都成为临济。因为子孙多，占地广，时间长，传承的情况很复杂。大致说，到北宋中年，石霜楚圆之后分为杨岐派和黄龙派；以后杨岐派兴盛，恢复临济旧名，下传，历代都出了不少著名的禅僧，如五祖（山）法演、佛果克勤、大慧宗杲（倡看话禅，反对默照禅）、高峰原妙、天目明本、天童圆悟、磬山圆修、玉林通琇（顺治皇帝的老师）、法忍本心等。

5.6.3 曹洞宗

由良价和本寂师徒二人创立，因为良价住瑞州洞山，本寂住抚州曹山，所以称曹洞宗。不称洞曹而称曹洞，大概是图说着顺口，听着顺耳。（一说曹是曹溪之意。）

良价俗姓俞，会稽诸暨（在今浙江）人。据说小时候从师念《心经》，念到"无眼耳鼻舌身意"，他问老师，他有眼耳鼻舌等，为什么经说没有，老师觉得没本事教他，让他去参谒别人。曾参南泉普愿、沩山灵祐，灵祐指点他去见云岩昙晟。听昙晟引经语说，"水鸟树林，悉皆念佛念法"，有所得，后因见水中己影，才顿悟"只这是"的妙理。其后到洞山弘法，创五位君臣等说法，接引徒众。他着重启发，但也强调自力，如人问他为什么为先师设斋，他说："我不重先师道德佛法，只重他不为我说破。"人问他对先师的话是否都信，他说："半肯半不肯。"问："为甚么不全肯？"他说："若全肯，即孤负先师也。"这可以代表南宗禅的重内证轻外缘的精神。看来他是知识分子出身，所以喜欢用世俗的诗体作偈颂，如："净洗浓妆为阿谁，子规声里劝人归。百花落尽啼无尽，更向乱峰深处啼。""枯木花开劫外春，倒骑玉象趁麒麟。而今高隐千峰外，月皎风清好日辰。"如果不看作表禅境的隐语，说是李商隐式的抒情诗也会有人信。著有《玄中铭》《五位君臣颂》等。嗣法弟子，除本寂外，还有云居道膺、疏山匡仁、青林师虔等。他死于唐懿宗咸通十年（公元869年），年六十三。死前还有个离奇故事：他预知死期，作剃发、澡身等准备后，"声钟辞众，俨然坐化"。大众恸哭不止，他睁开眼说："出家人心不附物，是真修行。劳生惜死，哀悲何益？"于是让主事僧办愚痴斋，又教化七天，才"端坐长往"。如果他"心不附物"的说教是真，那他就可说是真破了生死关，不愧为宗派的创立者了。谥悟本禅师。

本寂俗姓黄，泉州莆田（在今福建）人。先读儒书，后出家，参良价。几年后辞去，良价问他到哪里去，他说："不变异处去。"良价说："不变异处岂有去邪？"他说："去亦不变异。"可见已经学会了禅门惯用的思辨方术。离开洞山以后，他先到曹溪拜六祖塔。然后到吉水弘法，改所住山名为曹山。教法，除了用离奇的机锋破知见，守师说，讲五位君臣等之外，还发展了画圆相的花样。计有五种，是：◗，◖，⊙，○，●。每一种用五言绝句的偈颂来解释，如最后一种是："浑然藏理事，朕兆卒难明。威音王未晓，弥勒岂惺惺。"这就不只离奇，而是有些神秘了。本寂聪慧，有学问，所以能弘扬良价立宗的大业（其后下传，主要靠云居道膺一系）。他还注过寒山的诗。嗣法弟子有洞山道延、金峰从志、鹿门处真等。他死于后唐庄宗天复元年（公元901年），年六十二，谥元证禅师。

曹洞宗的家风，重要的是五位说。五位有四种：正偏五位，功勋五位，君臣五位，王子五位。以正偏五位为例，它包括：正中偏，偏中正，正中来，兼中至，兼中到，共五种。本寂解释正偏的意义是：正是体，是空，是理；偏是用，是色，是事。正中偏是背理就事，从体起用；偏中正是舍事入理，摄用归体；兼是正偏兼带，理事混融。总之是又乞援于繁琐名相的辨析了。但教法总的精神是因事显理，由相见真，办法是耳提面命，还是走细密亲切这条路的。

曹洞宗下传，虽然声势不大，时间却很长。这主要是良价弟子道膺的功劳。道膺俗姓王，幽州玉田（在今河北）人。参良价，得道后在洪州云居山弘法，门徒很多。他这一系下传，一直绵延到清末，其间著名的禅师有太阳警玄、天童正觉（提倡默照禅）、长芦清了、天童如净、万松行秀、廪山常忠、少室常润等。

5.6.4 云门宗

由文偃创立，因为文偃住韶州云门山，所以称云门宗。文偃俗姓张，苏州嘉兴（在今浙江）人。幼年出家，曾参谒睦州陈蒲鞋，陈让他去参雪峰义存，得到义存的印可。后游疏山、曹山、天童等处，受到灵树如敏（百丈怀海的徒孙）的敬重。最后到云门山光泰禅院弘法，门徒很多。教法重在以简捷明快的语句破知见。如人问："如何是佛？"他说："佛是干屎橛。"他还说："（世尊初生下，一手指天，一手指地云云）我当时若见，一棒打杀与狗子吃，却贵图天下太平。"对于参禅修持，他说："除却着衣吃饭，屙屎送尿，更有甚么事？无端起得如许多般妄想作甚么！"答人问，更常用的办法是简而不着边际，如人问："如何是云门剑？"他说："祖。"问："如何是正法眼？"他说："普。"问："杀佛杀祖向甚么处忏悔？"他说："露。"有时还答得更离奇，如人问："如何是佛法大意？"他说："面南看北斗。"这都可以表现，禅宗到立宗分派以后，接引方法几乎都是用力破，这也难怪，因为立的方面是"不可说"。嗣法弟子有白云子祥、德山缘密、香林澄远等。文偃死于五代南汉中宗（刘晟）乾和七年（公元949年），年八十六，谥弘明禅师。

云门宗的家风，总的精神是简捷明快，以快刀斩葛藤，明本心。办法有所谓三句和一字关。一字关，上面已经提到。三句是：函盖乾坤句，意思是以一句包括一切妙理；截断众流句，意思是以一句破尽知见；随波逐浪句，推想是以一句相机接引。

云门宗下传，一直到北宋都声势很大，南宋时趋于衰微，后来就湮没无闻，大约绵延了二百年。其间出了不少有名的禅师，如智门光祚、雪窦重显（有《雪窦颂古》一百首，很有名）、延庆子荣、育王怀琏、天衣义怀、慧林宗本（宋神宗曾向他问道）、法云法秀、灵隐契嵩（著《传法正宗记》《镡津文集》等，都是禅宗的重要著作）。

5.6.5 法眼宗

由文益创立，因为死后南唐中主李璟谥他为大法眼禅师，所以称法眼宗。他俗姓鲁，余杭（在今浙江）人。七岁出家，学律，兼读儒书。后参谒雪峰义存的弟子长庆慧棱。以后云游，到漳州，见到地藏桂琛。与桂琛论道，自知有欠缺，决心留下学禅法。听桂琛说"若论佛法，一切现成"，领悟了即心是佛的道理。以后到临川崇寿院弘法，进一步发挥心是一切、不假外求的理论。既然不假外求，当然更要破心外的执着。破，常用看似无理的办法，如有僧问："如何是指？"他说："月。"僧说："学人问指，和尚为甚么对月？"他说："为汝问指。"又如他问人怎么理解"毫厘有差，天地悬隔"，那个人用禅门的路子答："毫厘有差，天地悬隔。"他表示理解得不对，人家问他怎么理解，他说："毫厘有差，天地悬隔。"只有一次，是对南唐君主，受君命咏牡丹，他作了一首五律："拥毳对芳丛，由来趣不同。发从今日白，花是去年红。艳冶随朝露，馨香逐晚风。何须待零落，然后始知空?"算是用常语否定了心外物。因为受到南唐国主的尊重,他先住金陵报恩院,后住清凉院,相机弘化,门徒很多。嗣法弟子有天台德韶、清凉泰钦、灵隐清耸、归宗义柔等。他死于后周世宗显德五年(公元958年),年七十四。

法眼宗的家风,特点不很明显。它有时简捷,近于云门宗;有时细密,近于曹洞宗。这或者是因为,明心见性是南宗禅的祖传法门,说来说去,总难出那些常用的路数甚至话头之外吧?

法眼宗下传。德韶在天台山弘法,受到吴越钱氏的供养,尊为国师。德韶的弟子永明延寿是佛教史上的大名人,著《宗镜录》《心赋注》等书,继续弘扬法眼宗的一切由心造的旨趣,门徒多到一千几百人。可是此后就逐渐衰微,终于消亡了。

5.6.6 杨岐派

临济义玄下传六代,到石霜楚圆。楚圆,字慈明,同北宋初的大文人杨亿交好,人誉为西河师子。他弟子不少,最著名的是杨岐方会和黄龙慧南。方会住袁州杨岐山,创立杨岐派;慧南住隆兴府黄龙山,创立黄龙派。

方会俗姓冷,袁州宜春(在今江西)人。先做小官,不称职,出家,从楚圆学禅法。后在杨岐山和云盖山弘法,言行常常更加离奇。如上堂说:"举古人一转公案,布施大众。"过一会说:"口只堪吃饭。"又如:"慈明忌辰设斋,众才集,师于真(画像)前以两手捏拳安头上，以坐具画一画，打一圆相，便烧香，退身三步，作女人拜。"可见教法还是临济宗和云门宗的奇警一路。嗣法弟子有白云守端、保宁仁勇等。他死于宋仁宗皇祐元年（公元1049年），年五十八。

杨岐派下传，出了不少有名的禅师，如五祖（山）法演、佛果克勤（与无尽居士张商英有交往，著有《碧岩集》等）、大慧宗杲（也称径山宗杲，创径山派）、虎丘绍隆（创虎丘派）等。黄龙派断绝之后，杨岐派恢复临济宗的旧称，此后临济宗的历史和杨岐派的历史就合而为一了。

5.6.7 黄龙派

慧南俗姓章，信州玉山（在今江西）人。出家，先从泐潭怀澄学云门禅，听临济宗雪峰文悦"不甘死语下"的劝告，辗转投石霜楚圆门下。因楚圆"诟骂不已"而大悟。先后在同安崇胜禅院、庐山归宗寺、黄龙山等地弘法。接引的办法有时更加离奇，如说："拂子踔跳上三十三天，扭脱帝释鼻孔，驴唇先生抚掌大笑道：'尽十方世界觅个识好恶的人，万中无一。'""半夜捉乌鸡，惊起梵王睡。毗岚风忽起，吹倒须弥山。官路无人行，私酒多人吃。当此之时，临济、德山开得口，张得眼，有棒有喝用不得。汝等诸人各自寻取祖业契书，莫认驴鞍桥作阿爷下颔。"都有胡扯的意味。更常用的话头是所谓"黄龙三关"，就是先问参学的人，"人人尽有生缘，上座（尊称对方）生缘在何处？"其后伸手说："我手何似佛手？"最后垂脚说："我脚何似驴脚?"他自己解释这三关的玄义是:"我手佛手兼举,禅人直下荐取,不动干戈道出,当处超佛越祖。我脚驴脚并行,步步踏着无生,会得云收日卷,方知此道纵横。"这是难猜的谜语,据说三十多年"莫有契其旨"。嗣法弟子很多,最著名的是黄龙祖心(黄庭坚尊为老师)、东林常总(与苏轼有交往)和宝峰克文。慧南死于宋神宗熙宁二年(公元1069年),年六十八,谥普觉禅师。

黄龙派下传,主要靠同年龄的三位大弟子祖心、常总和克文。三个人法席都很盛,成为黄龙派的三支。但都不久就衰微,临济宗的法脉只得由杨岐派延续了。

5.7 后期情况

后期指元明清三朝。禅宗到宋朝,临济宗有杨岐派和黄龙派支撑,杨岐派下传,到径山宗杲提倡看话禅,曹洞宗下传到天童正觉,提倡默照禅,都有不小的影响。云门宗下传到北宋晚期,出了个大作家灵隐契嵩(作《传法正宗记》《辅教篇》等),以后就衰微了。宋以后,禅宗更成为强弩之末。这并不是因为徒众少,而是因为生活越来越世俗化。佛教的本旨是出世法,生活离世俗近,当然就离教义远了。一种宗教,因信受奉行难而降低要求,甚至改变旨趣,不管怎样用巧妙的言辞回护,衰微以至消亡的危险总是难免的。

（一）元代

开国以前，曹洞宗出了个著名的禅师万松行秀，嗣法弟子有雪庭福裕、耶律楚材等。耶律楚材，号湛然居士，曾辅助成吉思汗出征，是个著名的政治家。临济宗的势力最大，尤其在江南。著名的禅僧有：海云印简，曾为忽必烈讲佛法，著名的政治家刘秉忠是他的弟子。云峰妙高，曾参与禅教之争，与仙林论辩得到胜利。雪岩祖钦，力主儒释的思想相通。高峰原妙，人称为高峰古佛。中峰明本，大书法家赵孟頫曾向他问道。元叟行端，弘扬大慧宗杲的看话禅。一山一宁，曾出使日本。

（二）明代

仍然是临济宗势力最大，著名禅僧有：季潭宗泐，明太祖器重他，让他主持全国僧政。恕中无愠，曾到日本传法。见心来复，兼擅长诗文书法。斯道道衍，即姚广孝，曾辅佐明成祖夺得皇位。楚山绍琦，提倡念佛禅。空谷景隆，曾著书驳朱熹。笑岩德宝，著名佛学大师袾宏、真可、德清都曾向他问道。密云圆悟，在宁波天童寺传法，门弟子有汉月法藏、破山海明、木陈道忞等。天隐圆修，闻驴鸣顿悟，传法，开磬山一派。曹洞宗也还有些势力。无明慧经在江西提倡农禅，嗣法弟子有博山元来、鼓山元贤、湛然圆澄等。元来传宗宝道独、栖壑道丘等；元贤传为霖道霈、惟静道安等；圆澄传麦浪明怀、石雨明方等。

（三）清代

清代禅宗兴盛，与早年皇帝喜欢谈禅有些关系。世祖顺治好佛，曾召憨璞性聪、玉林通琇、木陈道忞等讲禅法，并尊通琇为国师。世宗雍正好参禅，以禅门宗匠自居，自号圆明居士，编有《御选语录》，还插手禅法的争执，用政治力量摧毁汉月法藏的三峰一系。仍是临济宗势力最大，有天童、磬山两系。天童一系由密云圆悟下传，著名禅僧有汉月法藏、费隐通容、木陈道忞、破山海明等。再下传，法藏一支有灵岩弘礼、灵岩弘储、晦山戒显、硕揆原志、金赋原直、楚奕原豫等；通容一支有憨璞性聪、隐元隆琦、亘信行弥、如幻超洪等；道忞一支有旅庵本月、山晓本皙等；海明一支有丈雪通醉等。磬山一系由天隐圆修下传，著名禅僧有箬庵通问、玉林通琇、茆溪行森等。清朝晚期，禅宗有金山、高旻、天童、天宁四大丛林。著名禅僧有月溪显谛、观心显慧、大定密源、常静密传、道源真仁、楚泉全振、青光清宗、冶开清镕等。曹洞宗有寿昌、云门二系。著名禅僧，寿昌一系有剩人函可、天然函昰、在掺弘赞、迹删成鹫、觉浪道盛等；云门一系有石雨明方、三宜明盂、瑞白明雪、远门净柱、位中净符、恨亭净挺、百愚净斯等。

清末民初，社会经历一次翻天覆地的变化。政体改变，西学输入越来越多，都使出世思想和僧伽制度受到冲击，禅的思想和生活，就是想保持强弩之末，似乎也不容易了。

第六章 禅悟的所求

6.1 难言也

这是借用孟子的一句话。孟子说自己善养浩然之气，弟子公孙丑问："何谓浩然之气?"孟子说："难言也。其为气也，至大至刚，以直养而无害，则塞于天地之间。"这里难言的是气，因为它是"体之充也"(《孟子·公孙丑上》)，不是体;非体，无形可见，无质可触，只存于主观，所以可意会而难于言传。但这种难，与禅悟相比，究竟是次一等的，因为浩然之气是世间的，禅悟之所得，至少主观愿望是出世间的。

我们读佛教典籍，知道教义的中心，或说修持的所求，是灭苦。"灭"是由"道"取得的一种情况，其性质，用佛家的名相容易说，是"实相"，或"真如""法身""自性"，以及"涅槃""无位真人"等等。但名者，实之宾也，喜欢刨根的人会追问，即如"实相"吧，究竟是一种什么事物? 是兼存于主客观呢，还是只存于主观? 如果只存于主观，这种心理状态，能不能用常语描述一下? 如果不能描述，则使用名相，轻就难免使人疑为偷懒，重就难免使人疑为逃避。我的想法，至少是有时，是偷懒和逃避兼而有之，因为确是太恍惚而难于指实。到南宗禅，这难的程度又加了一些，因为更带有神秘性。如青原惟信禅师有一则语录：

　　老僧三十年前未参禅时，见山是山，见水是水。及至后来亲见知识（善知识、有道行的人），有个入处，见山不是山，见水不是水。而今得个休歇处，依前见山只是山，见水只是水。大众，这三般见解是同是别？

（《五灯会元》卷十七）

三般见解，前一种是常见，我们可以用自己的经验来印证，纵使两个人的经验只是类似而非同一。中间一种，用佛家的理论体会，是扫除空幻，见到真实。那么，后一种呢？显然不是回到三十年前，而是证得一种更高的真实，即禅悟所得之境。这境是一种什么（心理）状态？难言也。

　　南宗禅说的顿悟所得之境，都是这样难于体会，因而也就难于说明。随便举一些例。

　　（1）五台智通禅师——初在归宗（智常）会下，忽一夜连叫曰："我大悟也。"众骇之。明日上堂，众集，宗曰："昨夜大悟底僧出来。"师出曰:"某甲。"宗曰:"汝见甚么道理便言大悟?试说看。"师曰:"师姑元是女人作。"宗异之。

(《五灯会元》卷四)

(2)沩山灵祐禅师——师在法堂坐,库头击木鱼,火头掷却火抄,拊掌大笑。师曰:"众中也有恁么人(意为有悟道的人)。"遂唤来问:"你作么生?"火头曰:"某甲不吃粥肚饥,所以欢喜。"师乃点头。

(同上书卷九)

(3)开先善暹禅师——临江军人也,操行清苦,遍游师席,以明悟为志。参德山(慧远),见山上堂顾视大众曰:"师子嚬呻,象王回顾。"师忽有省。入室陈所解,山曰:"子作么生会?"师回顾曰:"后园驴吃草。"山然之。

(同上书卷十五)

"师姑元是女人作""不吃粥肚饥""后园驴吃草",显然都是表示所悟之境的隐语;老师也是透过隐语体察到学人所悟之境,所以予以印可。可是这境(学人的和老师的不可能相同)究竟是什么(心理)状态呢?因为难于捉摸,所以也是难言也。

更麻烦的是,我们几乎不能到佛家名相的辨析里去求得什么帮助。许多名相难于核实是一个原因。还有另外的原因,是到那里求援,会陷入名相的大海,难得逃出来。举例说,禅悟的所求,或广泛一些说，禅定的所求，还有等级之别。这有多种说法。如《俱舍论》有四禅八定。四禅是有色界的四种禅定：初禅，二禅，三禅，四禅，每一种都有复杂的内容，包括所得之境。八定是有色界的四禅定加无色界的四空定：空无边处定，识无边处定，无所有处定，非想非非想处定，也是每一种都有复杂的内容，包括所得之境。又如隋智𫖮《妙法莲华经玄义》等书先分禅为三种：世间禅、出世间禅、出世间上上禅。每一种都包括复杂的内容。以世间禅为例，先分为根本味禅、根本净禅两种；然后根本味禅再分为四禅、四无量、四空，共三品十二门，根本净禅再分为六妙门、十六特胜、通明，共三品二十三门。出世间禅和出世间上上禅当然也不会简单些。

　　等级之外，禅定还有种类之别。这也有多种说法。只举宗密《禅源诸诠集都序》为例：

　　　　禅则有浅有深，阶级殊等。谓带异计，欣上厌下而修者是外道禅。正信因果，亦以欣厌而修者是凡夫禅。悟我空偏真之理而修者是小乘禅。悟我法二空所显真理而修者是大乘禅。若顿悟自心本来清净，元无烦恼，无漏智性本自具足，此心即佛，毕竟无异，依此而修者是最上乘禅，亦名如来清净禅，亦名一行三昧，亦名真如三昧。

　　后来最上乘禅又让位给祖师禅，《五灯会元》卷九记载：

200

（香严智闲禅）师又成颂曰："去年贫，未是贫；今年贫，始是贫。去年贫，犹有卓锥之地；今年贫，锥也无。"仰（山慧寂）曰："如来禅许师弟会，祖师禅未梦见在。"师复有颂曰："我有一机，瞬目视伊。若人不会，别唤沙弥。"仰乃报沩山曰："且喜闲师弟会祖师禅也。"

前一境是经年得，后一境是瞬目得，有渐顿之别。但推想都是悟之所得，应该没有本质的差异。可是这不异之境是一种什么（心理）状态？我们仍只能说是难言也。

其实，这种难于言传的情况，远在六祖慧能时候，有禅悟经验的大师们早已感到。《景德传灯录》卷四记载：

袁州蒙山道明（《六祖坛经》作惠明）禅师……闻五祖密付衣法与卢行者，即率同意数十人蹑迹追逐。至大庾岭，师最先见，余辈未及。卢行者见师奔至，即掷衣钵于磐石，曰："此衣表信，可力争邪？任君将去。"师遂举之，如山不动。踟蹰悚栗，乃曰："我来求法，非为衣也，愿行者开示于我。"（六）祖曰："不思善，不思恶，正恁么时，阿那个是明上座本来面目？"师当下大悟……曰："某甲虽在黄梅随众，实未省自己面目。今蒙指授入处，如人饮水，冷暖自知。"

禅悟所得之境，实事求是地说，只能是"冷暖自知"；或者借用云门文偃的一句名言来述说："佛法也太煞有，只是舌头短。"

这里要附带说明一下，禅悟之境难言，是在科学常识的范围之内说的。有人也许认为这根本错了，因为禅是反科学的，用科学方法既不能把捉，又不能解释。唐宋以来的禅师们大概都是这样看的，可以不在话下。现代也有人这样看，代表人物是日本的铃木大拙。他参过禅，也许有不同于一般人的心理感受。但他是常人群里的一员，也娶妻，也考博士，也著书，推断适用于常人的科学规律应该同样适用于他。可是他讲到禅，有不少话就超常了。他明白表示，他甘愿接受奇迹，所以相信有所谓他心通（用第六识）；禅师一笑能声闻十里，并能震撼乾坤。据他的体会，禅是趋近法，直接进入物体本身。这是"天地与我并生，万物与我为一"（《庄子·齐物论》）的更进一步的说法，听听好玩，甚至值得深思；问题在于，由文字走入实际，我们能够与物体合一吗？他在《禅与心理分析》一书里说了不少比这更离奇的话，如："每个人佛性存于永恒的实体。""当他是自己而又不是自己时，他才是自由的。""方是圆，圆是方。""自我从零移向无限，从无限移向零。""参公案时，吃或喝，不是自己吃喝，是公案在吃喝。"像这些，由我们常人看，如果有来由，是神秘主义；如果竟至没有来由，那就是概念游戏。即使不严重到只是概念游戏，反正常人无法了解，也就只好弃而不取了。

6.2.1　门外寻源

禅悟之境难言，但终于不得不言（包括无声的形相），除非不想与己身之外的人通。这，南宗的禅师们有惯用的办法，多用机锋、棒喝之类。可是我们不能用，因为我们的要求是"常人"能够了解。禅悟，在禅林的门内看，是超常的；在门外谈禅悟，是以常对付超常。这有困难，有人也许认为不可能。对待这样的困难，显然只有两条路可走：一条是道不同不相为谋，不知为不知；另一条是勉为其难，虽然站在门外，还是要张目细看。当然，我们只能走后一条路，因为谈就是想了解。这里的问题是，在门外能否看见门内。说能，近于大话，不好；那就无妨说，可以试试看。这样做也不无理由。其一，可以请《庄子》来帮忙，《秋水》篇末尾说：

　　庄子与惠子游于濠梁之上。庄子曰："鲦鱼出游从容，是鱼之乐也。"惠子曰："子非鱼，安知鱼之乐？"庄子曰："子非我，安知我不知鱼之乐？"惠子曰："我非子，固不知子矣；子固非鱼也，子之不知鱼之乐，全矣。"庄子曰："请循其本，子曰'汝安知鱼乐'云者，既已知吾知之而问我，我知之濠上也。"

郭象注、成玄英疏都认为，这场辩论，庄子得胜，是因为惠子反驳庄子时候，早已承认此可以知彼，据自己的此可以知彼而驳他人的此可以知彼，当然站不住脚。这再放大或加深一些说，就是知识论所显示的：不管你怎样富于怀疑精神，总要承认"能知"。其二，缩小到本题，禅悟带有神秘性，被繁琐名相（包括现代式的）包裹的时候更带有神秘性。科学常识的精神是破译神秘性，如果这种努力是常常有成效的，则站在门外看禅悟也许不无好处，那是旁观者清。其三，彼亦一是非，此亦一是非，这在禅林里也未能免俗，因为见桃花而悟的所得与听驴叫而悟的所得，虽然都是冷暖自知的事，我们总可以推断，那是二，绝不能是一。禅林内不得不容许不同，我们当然也可以利用这种容忍精神，说说我们的所见，对，即使不容易，算作聊备一说也好。这说来话长，先说为什么要这样求。

这来源，前面已经说过，是佛家觉得人生有问题，而且想解决。专就这一点说，圣哲与凡夫没有什么区别；至多只是量的，圣哲钻得深，凡夫只是星星点点。区别来于把什么看成问题，用什么方法解决。在佛家的眼里，人生是苦，而且灵魂不灭，死后要轮回，所以是无尽的苦。这种看法，常人不会同意；或者虚其心，实其腹，根本不在这方面费心思。常人感到人生有乐，并且尽力去营求。但只是这一点还不能驳倒佛家，因为对于人生，人人有提出并坚持某种看法的权利，何况人生过程中也确是有苦。这苦，来于想什么不能有什么，如富厚、恋情之类；更难忍的是不想有什么而偏偏有什么，如饥寒、刑罚、病死之类。这是就常人说；佛家就更严重，因为还相信有六道轮回。对付苦，不同的人，更明显的是不同的学派，有不同的态度和办法。积极的是改，消极的是忍。见诸实际，绝大多数人是改和忍兼用：能改就改，改不了就忍（包括被动的）。这样处理，不管效果如何，总不能与苦一刀两断。佛家怀有最高的奢望，并决心以"大雄"之力，与苦一刀两断。怎么办？苦，来于物、我不能协调。山珍海味好吃，要去买，买要有钱；红颜翠袖可爱，想得，要征得人家同意；更难办的是，花花世界复杂，不管你怎样修身谨慎，也不能绝对避免天外飞来的横祸；最后，即使如秦皇汉武那样，力大如天，长生不老还是可望而不可即。不能不死。协调，中道，难；理论上，免苦还有两端的路。一端是屈物伸我，就是把"想什么不能有什么"和"不想什么而偏偏有什么"变为"想什么有什么"和"不想什么就没有什么"。这要强制外界如何如何，可是外界不会这样听话，何况所谓外界还包括千千万万与自己类同的人，会冲突。屈物伸我是外功，路难通；只好试试另一端，内功，屈我伸物。这是不管外界怎样可欲而不听话，我只是不求；不求，自然就不会患得患失。可是不求，说似乎容易，做就太难，因为"人生而有欲"，"率性"是顺流而下，不率性是逆水行舟。佛家，就算戴着有色眼镜吧，睁眼看见的是苦，闭眼想到的是灭苦；为了彻底灭苦，是一切在所不计。或者说，他们打过算盘，计的结果是，灭苦，外功必不通，内功可通，甚至必通。这内功是灭欲（解脱并度人的大欲除外）。而说起欲，质实，活跃，很难对付。可是因为它与苦有不解之缘，为了灭苦，一切在所不计，也就不能不树立对欲，连带的对外界、对人生、对一切的一反常情的看法。这看法的树立显然不容易，一方面要能知，确认一切常识的所谓可欲并不可欲，所谓真实并不真实；一方面要能行，真就成为无欲。这内心的变革，佛家最重视，所以称未能变革者为迷，已变革者为悟，或禅悟。

6.2.2 出世间

怕苦，求灭，意味偏于消极；至少为了好听，佛家喜欢多从积极方面着想，说悟的所得是有无上价值的什么。禅悟是了大事，所得可以从不同的方面形容。为了简而明，以下谈出世间、证实相等四种。借用佛家的思想方法说，四种既是四，又是一。一而分为四，为的多照几次，显像或者可以清楚些。

佛家喜欢说父母未生时本来面目，可是痛心的是，说的时候已经有生，住在世间，具有世间人的所有值得欢迎和不值得欢迎的性质。用佛家的眼光看，是已经堕入苦海。怎样跳出来？显然，用儒家的君子之道，即"率性"加"修道"（承认欲的地位而予以合理的节制），不成，因为容许欲存在，就总会有欲而不得的情况，也就是不能灭苦；何况最后还有轮回？用道家的办法也不成，因为，即使能够像列子那样，御风而行，甚至更进一步，无所待，终归还是住在世间，就不能扫净住世时会遇见的诸多问题。一句话，世间与苦海骨肉相连，想脱离苦海（解脱），就必须到世间之外去想办法。有世间之外吗？

佛家说有。如何能到？办法是出世间（四圣谛的"道"）；所得也是出世间（四圣谛的"灭"）。这出世间的境，用常语讲，大概只能从消极方面下手，是一切世间苦（包括生死流转）都不再有。

积极的方面难说，但我们总想知道，所谓出世间究竟是一种什么状态。依常情，应该到佛教的经典里去寻求解答。但这也太难，因为佛家只跟你讲理想，不跟你讲逻辑。理想，这个人可以这样想，那个人可以那样想；同一个人，此时可以这样想，彼时可以那样想；尤其难办的是，所想是用抽象的名相表达，名相何所指，我们常常难于确定，甚至说的人也未必能确定。即如"彼岸"吧，为般若所得之果，其特质为不再有生死烦恼，它只是比喻呢，还是一种（客观的）实境？如果说不可能是客观的，那么，净土、佛土等等呢，也只是比喻吗？两方面的解释都可以从经典里找到根据（如《阿弥陀经》说有西方净土，南宗禅多说心清净即净土），何去何从，那就只有随尊便了。

名相的路难通，我们只好卑之无甚高论，看眼所能见的，听耳所能闻的。这是和尚或禅师们的实生活，或理想生活，表现为出世间，重要的有两个方面。一个方面偏于身，是在可能的范围内，与世间保持尽量大的距离，趋山林，住茅棚，吃粗茶淡饭，穿坏色衣，不娶妻，不蓄财宝，等等都是。一个方面偏于心，是全神贯注于佛理，求解脱，不生杂念妄念。这是降了级的出世间：尽量离，但保留与维持生命有关的那些世间的成分（事实上常常比这些多得多），如简陋的

207

衣食住之类。

但就是这样降了级，能做到也大不易，因为，如不能真正成为无欲，求心体湛然，不生杂念妄念，过常人认为难忍的清苦生活而处之泰然，也总不是世间人所能做到的。唯其这样，所以佛家才强调出世间法。只有出才能灭苦，得解脱。出靠悟，或说禅悟；换句话说，禅悟的所求是出世间。

6.2.3　证实相

出世间，动力像是多由情来，因为苦，所以舍。这不好，或不够，因为理的方面如果不能形成有对抗力量甚至压倒力量的系统，说服力就不强，吸引力就不大，到关键时候（如凡心与道心战），或许有墙倒堤溃的危险。为了墙不倒，堤不溃，必须由理论上证明，常识以为可欲之物"确实"并不可欲。树立这样的理论，佛家大致是从两个方面下手。一是玄学方面，说我们感知的现象世界空而不实，所以不值得眷恋。另一是价值方面，说我们感知的现象世界染污而不清净，所以不值得眷恋。值得眷恋的是空幻背后（？）那个实在的本体，没有染污的那个清净的本体。这本体是一个，既真实又清净，即所谓实相。

这实相，在佛理上处于绝顶重要的地位，原因显而易见。譬如生活有世间和出世间两条路，由分量轻重定去取，天平的一端放"饮食男女"之类，一端放"实相"，必须实相的重量占绝对优势，才能证明出世间的路是上好的，可取的。这里有智者乐水、仁者乐山的问题，可以不管；单说佛家，是确信实相重于泰山、饮食男女轻于鸿毛的。因为确信重于泰山，并深知是修持成败的关键，所以三藏的无数典籍，都反反复复讲实相的性质，求得的方法，证得后的安乐，等等。多方面讲，从各种角度看，所以实相有多种异名，如实性、真如、法性、法界、法身、佛性、涅槃、真空、真谛、一如、如如、无相、无为、如来藏等。

实相是一种境，是隐于现象之后（？）的那个不变不灭的本体。因为不变不灭，没有染污，所以有无上的价值，值得希求。求得，当然就不再有苦；不只无苦，而且有大乐，这用佛家的话说，是常乐我净。

实相也有客观存在抑主观想象之类的问题。佛家名之为"实"，当然要承认有客观的真实。可是不幸，这个客观真实不像现象世界的那些事物，看可见，听可闻，而是只存于佛教典籍的理论中和信士弟子的理想中。在这种地方，佛家确是可以称为大雄，他们坚持这看不见、摸不着的什么才是真实，并且进一步说，看不见，是因为没有用般若的慧目。用般若的慧目，能够洞见实相，这是悟；或一瞬间洞见实相，这是顿悟。

这悟后的所见，是见山不是山、见水不是水呢，还是见山仍是山、见水仍是水呢？很难说。勉强说，如果真是所谓禅悟，悟后的觉知应该与一般人不同，或不尽同。不同，就可以称为实相吗？这我们无法知道。但可以称为"异相",因为应该含有评价或取舍感情的变异,即不求可欲,甚至见可欲而心不乱,或说得更微妙一些,是不再有常人那样的自我执着。但这就是认知实相或进一步与实相融合了吗?这都是可玄想而难得证实的事,站在我们禅外的立场,从人而全信,从己而大疑,都会有失真的危险。

6.2.4　明自性

实相在外,玄远,难知,也许还有难证,到南宗禅,尤其早期以后,讲禅悟,所求就由远而近,由外而内(不是放弃了远和外),用现成的话说,是即心是佛,见性成佛。《六祖坛经》有一段记载最足以说明这种精神:

次日,(五)祖(弘忍)潜至碓坊,见(惠)能腰石舂米,语曰:"求道之人为法忘躯,当如是乎!"乃问曰:"米熟也未?"惠能曰:"米熟久矣,犹欠筛在。"祖以杖击碓三下而去。惠能即会祖意,三鼓入室。祖以袈裟遮围,不令人见,为说《金刚经》。至"应无所住,而生其心",惠能言下大悟一切万法不离自性,遂启祖言:"何期自性本自清净,何期自性本不生灭,何期自性本自具足,何期自性本无动摇,何期自性能生万法。"祖知悟本性,谓惠能曰:"不识本心,学法无益;若识自本心,见自本性,即名丈夫、天人师、佛。"

到此，禅悟的所求变为非常简单，只是认识本心，认识自性。

这本心，或自性，在佛家的心目中，是清净的，即本无染污；是常在的，即超离生灭；是万能的，即能生万法。其中以清净为最重要，因为烦恼、生死流转等苦都来自染污，能够认识清净的自性，驱除染污，自然就脱离了苦海，或说了却生死大事。看来关键只在能识与不能识的一念之差。

情况显然并不这样简单，因为，由我们常人看，有两个问题都不那么容易解决：一是有没有清净的自性；二是即使有，有没有办法能认识。先说前一个。本心，或自性，都是"我"所有。"我"是什么？由心理学家解释，大概要相当费事。我们还是由常识下手，我，有肉体，有心理活动，这个浑然的一体，能感知，有苦乐，与外界分立，亲切而不可离，连续而不可断，似是与生俱来，受命于天，一个千真万确的实在。这也不够简明；或者直截了当，说"我"就是有生命的自己。这个有生命的自己，用生物学家的眼光看，虽然名为"人"，也同样是生物中的一个。生物，或说级别高的动物，能感知，这力量，通常说是发自内"心"；从事多种活动（包括心理活动），活动都有一定的趋向，通常说是源于天"性"。性，与生俱来，表现为固执的求取的愿望和行动。求什么？细说，问题多；不如粗说，是求"生"。"饮食"是求"己"生；不幸有老、死，为了补救，才加上"男女"，用传种的办法实现永生。这就使我们碰到一个对于佛家非常严重的问题：有除掉饮食男女的清净的性吗？中国本土的学派，不管是告子还是孟子，都说没有。饮食男女会闯乱子，儒家主张以礼节之。合礼因而合理，是善；但这善是由生物之性的修改来，不是离开生物之性，还有清净之性。佛家就不同，认为表现于外的诸多可厌弃的活动是受染污的结果，本性并不如此。如果事实确是这样，依照逻辑规律推论，上上的生活之道（禅悟）当然就成为：认识本心，认识自性；然后是知难行易，除染污而显自性，一切问题迎刃而解。马祖道一就是这样教他弟子的：

（大珠慧海）初参马祖，祖问："从何处来？"曰："越州大云寺来。"祖曰："来此拟须何事？"曰："来求佛法。"祖曰："我这里一物也无，求甚么佛法？自家宝藏不顾，抛家散走作么？"曰："阿那个是慧海宝藏？"祖曰："即今问我者是汝宝藏，一切具足，更无欠少，使用自在，何假外求？"

（《五灯会元》卷三）

可是照我们上面对于心性的分析，这清净的自性是设想的，本来并不如此单纯，自然就谈不到能认识与不能认识。那么，禅门的设想就都是空幻吗？也不好这样说，因为问题牵涉到心理，心理常常是颇为微妙的。佛家常说境由心造，这似乎太唯心了；其实就是常人也不是绝对不承认，如常说的"情人眼里出西施"就是一证。说到境，情况非常复杂。比较质实的是感知的境，如甲乙二人都看桃花，都觉得这是桃花，不是柳树，这是大同；但所得的形象是二，不是一，还可能夹杂一些感情的取舍成分，更不可能是一，这是小异。异，来于主观成分。主观成分的力量可以加大，如通常说的信鬼有鬼，已经可以说是境由心造。认识清净的心也是一种境，想象有，进而确信其为有，于是连带的，如上一节所推测，心里就显现为一种反常情的湛然状态，特点是不求可欲，甚至见可欲而心不乱，或者说，不再有常人那样的自我执着。用佛家的话说，获得这种境界是悟，是透过幻象证得真如。

再说后一个问题，有没有办法认识（这设想的）本心或自性。这，不管站在禅门内还是禅门外，都得承认有，但不容易。不容易的程度，禅门内比较浅，禅门外比较深。原因是，对于清净的本心或自性，禅家信为实有，认识只是拨云雾而见青天的事；常人觉得这是境由心造的事，摧毁感知的境而组织一个一反常情的境，没有长期而坚忍的力量，没有特殊的禀赋和机缘，想成功是太难了。因为太难，所以如禅宗的诸多典籍所记，参是多如牛毛，悟则稀如麟角。但就算是稀如麟角吧，我们总当承认，有相当数量的禅师，他们说悟确是有所指，这所指总当是一种心理状态的异相，他们称为本心或自性。这样说，我们是承认境可由心造，纵使所造之境的具体情况我们无法知道。但概括的情况是大致可以推知的，留到后面说。

6.2.5　自由无碍

前面说，佛家的人生之道是以逆为顺。逆，性质同于用手走路，大难。难而仍要走，于是需要"理论"，说服已上路、想上路以及不想上路的人都能坚定不移地勉为其难。三藏的各种典籍，各种道理，包括最繁琐的唯识学，都是应这种需要而编撰的。可是理论有副作用，是越细越深就越难，越可怕。形势要求由繁难而趋于简易。华严、法相等让位给禅宗，是这种形势的一种表现。禅由渐而顿，也是这种形势的一种表现。悟，只需识本心，明自性，仍是这种形势的一种表现。"自性本自具足"，说穿了是自我万能主义，因为本心或自性为自己所有，能认即悟，立地成佛，自然就不再需要念经论，颂佛祖。这里还剩有一些或者不算大的麻烦，是清净的自性与染污不两立，染污由现象世界来，或说由世俗来，想避免染污，就不能不远离世俗。这在理论上或者并非难事，可是实际却大难，因为出家并没有真离开世间，从而有些事，属于世俗，或者不能不做，或者理应不做而心甘情愿。怎么办？为了追随避难趋易的大水流，最好是容许某种范围内的不离世俗，心境却仍旧保持出淤泥而不染的状态。这是心性的进一步解放，由自我具足的内向转为自由无碍的外向。这样一转，禅悟之后的生活就多样化了，或说少拘束了。如下面一些例就是这样：

（1）大珠慧海禅师——源律师问："和尚修道还用功否？"师曰："用功"。曰："如何用功？"师曰："饥来吃饭，困来即眠。"曰："一切人总如是，同师用功否？"师曰："不同。"曰："何故不同？"师曰："他吃饭时不肯吃饭，百种须索，睡时不肯睡，千般计较，所以不同也。"……"是以解道者，行住坐卧，无非是道；悟法者，纵横自在，无非是法。"

（《五灯会元》卷三）

（2）酒仙遇贤禅师——惟事饮酒，醉则成歌颂，警道俗，因号酒仙。偈曰："……金罍又闻泛，玉山还报颓，莫教更漏促，趁取月明回。贵买朱砂画月，算来枉用功夫。醉卧绿杨阴下，起来强说真如。泥人（偶像）再三叮嘱，莫教失却衣珠（喻佛性）。一六二六，其事已足；一九二九，我要吃酒。……生在阎浮世界（现在），人情几多爱恶。只要吃些酒子，所以倒街卧路。死后却产娑婆（苦世界），不愿超生净土。何以故？西方净土，且无酒酤。"

（同上书卷八）

（3）净土惟正禅师——师识虑洗然，不牵世累。雅爱跨黄犊出入，军持巾钵悉挂角上。市人争观之，师自若也。杭守蒋侍郎堂与师为方外友，每往谒，至郡庭下犊，谭笑终日而去。蒋有诗曰："禅客寻常入旧都，黄牛角上挂瓶盂。有

215

时带雪穿云去，便好和云画作图。"师常作山中偈曰："桥上山万层，桥下水千里。惟有白鹭鸶，见我常来此。"平生制作三十卷，号《锦溪集》。又工书，笔法胜绝，秦少游珍藏之。冬不拥炉，以荻花作球，纳足其中，客至共之。夏秋好玩月，盘膝大盆中浮池上，自旋其盆，吟笑达旦，率以为常。九峰韶禅师尝客于院，一夕将卧，师邀之曰："月色如此，劳生扰扰，对之者能几人？"……有问曰："师以禅师名，乃不谈禅，何也？"师曰："徒费言语。吾懒，宁假曲折？但日夜烦万象为敷演耳。言语有间而此法无尽，所谓造物无尽藏也。"

（同上书卷十）

儒家的生活理想境界是"从心所欲，不逾矩"，南宗禅的末流也有生活的理想境界，如上面的例证所示，是随缘而不离禅。外表是随心所欲，一切无所谓，想吃就吃，想睡就睡，想喝酒就喝酒，想玩月作诗就玩月作诗。这是行动的有限度的世俗化，至少是名士化，还能够不离禅吗？显然，关键在于心能不能不为物所移。禅悟的要求是出淤泥而不染，见可欲而心不乱，即不为物所移。如果真就能够这样，这种自由无碍的心和行，比修不净观的诚惶诚恐，应该说是高明多了。这高明，来之不易，因为一定要在禅悟之后。未悟，或假悟，任何人都可以想到，随世俗之缘，情为事牵，那就有不甘心出世而宁愿入世的危险了。悟的真假就是如此重要。怎么才能真悟？真悟之后是什么情况？又是难言也。

6.2.6 概观

以上从不同的方面，或用不同的名相——出世间，实相，自性，无碍，为禅悟之所求，或所得，大致描画了一个轮廓。零碎，浮泛；想看得清楚些，还需要总括地较深入地观照一下。当然还是站在门外。但这也不无好处，是除了上面说过的旁观者清之外，还可以说些街谈巷议之类的话。

街谈巷议，来于好（喜爱）事，来于人各有见。有见，结果常常是，对于所闻未能尽信。信不信要有个标准。我们的标准，仍是前面一再提到的科学常识。依照科学常识，禅师们同样是世间的人，禅悟要出世间，要透过世间事物看到实相，要拨开饮食男女去挖掘清净的自性，要如柳下惠之坐怀而不乱，自然是难上加难。难，应该是很少数有成，绝大多数无成。由汉末、三国时期起，佛门的信士弟子（包括比丘、比丘尼、优婆塞、优婆夷四众）是如此之多，用悟的标准衡量，必是极少数有成。缩小范围，南宗盛行以来，出家入禅林修行的人千千万万，用悟的标准衡量，有成的也必是极少数。再缩小范围，《高僧传》《五灯会元》一类书里称为禅师、为之立传的，用悟的标准衡量，就都是有成了吗？恐怕也未必。理由可以举出很多。其一是有不少的悟说得太轻易，难免使人生疑。如：

（1）投子感温禅师——师游山，见蝉蜕，侍者问曰："壳在这里，蝉向甚么处去也？"师拈壳就耳畔摇三五下，作蝉声。侍者于是开悟。

（《五灯会元》卷六）

（2）宝寿和尚——一日，街头见两人交争，挥一拳曰："你得恁么无面目！"师当下大悟。

（同上书卷十一）

（3）冶父道川禅师——初为县之弓级，闻东斋谦首座为道俗演法，往从之，习坐不倦。一日，因不职遭笞，忽于杖下大悟。

（同上书卷十二）

（4）云居晓舜禅师——曾谒刘公居士家。士高行，为时所敬，意所与夺，莫不从之。师时年少，不知其饱参，颇易之。士曰："老汉有一问，若相契即开疏，如不契即请还山。"遂问："古镜未磨时如何？"师曰："黑似漆。"士曰："磨后如何？"师曰："照天照地。"士长揖曰："且请上人还山。"拂袖入宅。师懡㦬，即还洞山。（洞）山（晓聪禅师）问其故，师具言其事。山曰："你问我，我与你道。"师理前问（古镜未磨时如何），山曰："此去汉阳不远。"师进后语（磨后如何），山曰："黄鹤楼前鹦鹉洲。"师于言下大悟。

（同上书卷十五）

听老师学蝉叫，听路人骂人，被打，听了莫明其妙的答话，就大悟，悟了什么？至少我们常人是难于想象的。其二，《六祖坛经》记六祖慧能死前：

集徒众曰："吾至八月，欲离世间，汝等有疑，早须相问，为汝破疑，令汝迷尽。若吾去后，无人教汝。"法海等闻，悉皆涕泣；惟有神会，神情不动，亦无涕泣。师云："神会小师，却得善不善等，毁誉不动，哀乐不生；余者不得。数年山中，竟修何道？"

可见这些亲炙六祖之教、必入僧传的人物，多数还是未能了生死大事，也就是并未悟。其三，僧传、灯录一类书所记，意在扬善，多描画机锋，突出大悟。可是人的一生是复杂的，知，尤其言，好办，问题是"行"能不能与所知所言若合符契。如果有一点点不合，那道，或说悟，就破灭了。大量事实随着时间消逝，难得追查，可以存疑；历代笔记一类书所记，令人齿冷的也不在少数。单说有名的，传说马祖的高足邓隐峰就曾破淫戒。还有不仅是传说的，如理学大师朱熹就曾说：

僧家所谓禅者，于其所行全不相应，向来见几个好僧说得禅又行得好？自是其资质为人好耳，非禅之力也。所谓禅，是僧家自举一般见解，如秀才家举业相似，与行己全不相干。学得底人有许多机锋将出来弄，一上了便收拾了；到其为人，与俗人无异，只缘禅自是禅，与行不相应耳。

（《朱子语类辑略》卷七）

这不会是无中生有，可见所谓悟，说说容易，入实就太难了。

根据以上所见，我们有理由推论，僧传、灯录一类书所记的悟，有不少并不货真价实。证据最好由"行"里去找，但书中所记总是正面的言而很少是行。所以只好退一步，单由言里去找。像下面这样的就颇为可疑：

（1）香山蕴良禅师——上堂，良久，呵呵大笑曰："笑个甚么？笑他鸿鹄冲天飞，乌龟水底逐鱼儿，三个老婆六只奶，金刚背上烂如泥。呵呵呵，知不知，东村陈大耆。参！"

（《五灯会元》卷十二）

（2）法昌倚遇禅师——上堂："夜半乌鸡谁捉去？石女无端遭指注。空王令下急搜求，惟心便作军中主。云门长驱，沩山队伍，列五位枪旗，布三玄戈弩。药山持刀，青原荷斧，石巩弯弓，禾山打鼓，阵排雪岭长蛇，兵屯黄檗飞虎。木马带毛烹，泥牛和角煮，赏三军，犒军旅。打葛藤，分露布，截海飏尘，横山簸土。击玄关，除微路，多少平人受辛苦。无边刹海竞纷纷，三界圣凡无觅处。无觅处，还知否？昨夜云收天宇宽，依然带月啼高树。"

（同上书卷十六）

（3）丹霞普月禅师——上堂："威音已前，谁当辨的？然灯已后，孰是知音？直饶那畔承当，未免打作两橛；纵向这边行履，也应未得十全。良由杜口毗耶，已是天机漏泄；任使掩室摩竭，终须缝罅离披。休云体露真常，直是纯情绝点；说甚皮肤脱落，自然独运孤明。"

（同上书卷十四）

（4）净慈慧晖禅师——上堂："朔风凛凛扫寒林，叶落归根露赤心。万派朝宗船到岸，六窗虚映芥投针。本成现，莫他寻，性地闲闲耀古今。户外冻消春色动，四山浑作木龙吟。"

（同上）

前两则是信口说，有大言欺人之嫌。后两则是作文章，有同于世俗之嫌。单凭直观，我们也会感到离禅境太远，或说不是真悟。此外，灯录中所记禅僧，有不少只存一两句答语，如答"如何是祖师西来意"，有的说"杉树子"，有的说"闹市里弄猢狲"，有的说"白日无闲人"，有的说"有力者负之而趋"，单凭这一句随手拈来的话，就能证明已经认识自己的清净本性了吗？

但我们也要承认，所谓古德，所谓禅师，总有些走渐或顿的路，

221

确是有所得；或者说，有所变，就是，知方面的认识，情方面的取舍，与常人有别。这所得，是禅悟的所求，究竟是什么？或者说，禅悟的悟，究竟是怎么回事？

首先碰到的一个问题是悟的程度，要怎么样才能算。显然，这难于得到满意的解决，因为悟的程度存于悟者的心，不像气温，存于心外，可以用气象仪器测出来，此处是32摄氏度，彼处是零下28摄氏度。举例说，在家二众，也信佛法，也修行，茹素，喜舍，人尊称为居士，可是动情婚配，积财富，育子女，甚至任官职，得诰命，能不能算悟了呢？问禅林中人，一定说算；不然就是这样还不能了生死，往生净土，在家二众就不再来了。可是这种悟，能算出世间吗？僧传、灯录一类书说的悟，或顿悟，显然要比这程度深，就是要"大变"，看山不是山、看水不是水那样的变。这里，我们只好躲开伤脑筋的程度问题，安于取法乎上，说所谓悟，是指由于认识的变，甘心出世间的。

但就是这样，我们还是不能完全躲开程度问题。悟是一种状况，且不说是属于纯主观还是主客兼有。客，如实相，是（设想的）空幻现象之后（？）的那个不变不灭的本体，可是，如果必须悟而后能证得，那它就不能不夹杂着主观成分。而主观，不能离人（或心）而独立。就是说，马祖有马祖的主观，石头有石头的主观，两者只能是二而绝不能是一。这情况的结果是，马祖的悟与石头的悟不能尽同，或说有程度之差。程度，明的表现为量的差别；也许还有隐的，质的差别。更不幸的是，这差别的具体情况，局外人无法知道，因为知靠交换，靠传递，工具只能用符号（语言、形相等）；而符号是只能负载概念，不能负载实况的。由此简单的分析可以知道，悟的实况是冷暖自知的事，马祖不能知道石头的，石头不能知道马祖的。甚至师徒之间，如南岳怀让许马祖为"得吾心"，马祖说上堂是"自从胡乱后，三十年不曾少盐酱"，究竟马祖心的实况是什么，怀让也只能猜猜而已。怀让、马祖，都是参过禅的；我们站在禅门外，自然更是只能猜猜而已。

猜，容易错。但既然非猜不可，也只好大胆一些。先说主观客观问题。总的说，禅悟的境是主观的；客观是设想的，所以仍是主观的。我们是处在天文、物理等学科都已经有相当成就的现代，譬如净土、彼岸之类（出世间的境），说是兼存于主观之外，想证实就太难了。至于实相，问题更加复杂。如果指现象的根柢或由来，我们会碰到两个难题：一，我们的世界，除了像是依照规律的各种形式的动以外，我们不能知道有没有根柢或由来；二，正如英国柏克莱主教所说，我们的所知总不能离开我们的知见，因而我们不能设想还能证得什么超知见的实相。还有清净的自性，上面已经说过，性不能离开饮食男女，因而清净就不能是客观的。

禅悟的境是主观的，就总的精神说，南宗禅是承认的，所谓即心是佛。那么，依照即心是佛的主张，坐禅，得悟，悟后是一种什么心理状态呢？这就又遇到上面提及的难题，一方面是人各不同，一方面是冷暖自知，其结果就成为不可说，甚至不可知。打破难关的唯一办法仍然是大胆，猜。

无妨先由渐入手，看看戒定慧的定，做法和功效是什么样子。佛家承认定还有散定，是心专注于一境，这境当然未必合于佛理。禅定是静坐，摒除杂念，专注佛理。这样长期用功，心理状态会变。变得程度最深的大概是入定，即短时期的对外界的无觉知，或另有觉知，精神分析学家称为自我催眠。这具体是什么状态，我们不能知道；但可以肯定，是完成了某种境由心造。

说起境由心造，这虽然是"心"方面的事，我们却不能不承认它有诸多的可能性。举我亲闻的两个例。一个偏于玄，是一位武术大师，静坐练功，五六年之后，他感到自己的灵魂脱离身体，站在自己面前。一个偏于常，是一位教师，深信五行决定人的性格之说，他说他见到一个生人，一眼就能断定他是金命还是木命等，当然也就知道他是什么性格，会有什么行动。在这偏于玄和偏于常的中间，自然可以容纳无尽的质有异、量不同的境由心造。禅悟的境由心造应该是程度深的，但会不会深到像佛经中常说的，有魔女来诱惑，以及铃木大拙所说，与外物合一，是自己又不是自己，我总觉得应该"多闻阙疑"。

还是卑之无甚高论，说说近常情、可信的。禅悟，依照传统的说法，应该是破空幻而证实相，目所见变了，耳所闻变了，或总的说，是日常知见的破灭。这可能吗？我的想法是不可能，因为境可由心造

224

而不能由耳目等感官造。人可以爱无盐，憎西施，但不能看无盐为不是无盐，西施为不是西施。同理，就是定功深了，也不能视衣为钵，用它盛食物，视钵为衣，用它遮身体。再下推，说看山不是山，看水不是水，恐怕也只是说说好听罢了，他总不能用山泡茶，在水上建塔。境有感知外界的境，有闭目冥想的境，心的本领，充其量，不过在冥想方面做些功夫（也有限度，如不能设想既方又圆，除非玩概念游戏），至于感知，只要你睁眼，天总是在地上面。

自然，冥想的境也很可能远离常情。这都属于冷暖自知的范围，我们不能离开己身感知，也就无法说明。但禅悟所得之境的概括性质还是可以推想的，那应该是评价标准、爱恶感情和取舍行动的大变。分别说，是确信世间的诸多可欲之物是染污，并不值得眷恋；而且进一步，移了情，就真不再眷恋可欲之物；之后是行为的变，甘心离开朝市，或身在朝市而心在山林。总的说，是由日常知见变为契于佛理，最突出的表现为破了我执，达到老子的"及吾无身，吾又何患"（《老子》第十三章）的境界。（这是顺情说理想一方面的话；至于实际，如俗语所说，人总是肉长的，境由心造的力量是有限的，如两种境，一种是美酒佳肴，一种是苦刑，用禅悟的力量抗前者，即心不为境移，或者轻而易举，抗后者，至少由常人看，是不能如意的。）这种禅悟的概括的境（不是存于个人之心的那个具体的），我们可以称之为禅悟的"意境类"。不同的人，如马祖和赵州，悟后所得的具体的境，各有各的质和量，但必须属于同一个意境类。不这样，一种可能是"没有"这个意境类,那是假悟;一种可能是,有所得而"不是"这个意境类,那是外道。

在不能改变感知的境的情况下,想取得禅悟的境,并长期保持,自然是太难了。难,是因为不切实际。门外人大多这样看。但就是门外人,也应该由知其难而更重视一种难得。这所谓难得是一种自信,用佛家的话说是心能生万法,用我们常人的话说是自我有大力,能解决诸多来搅扰自己的麻烦问题。这种自信最突出地表现在相信自性清净方面。花花世界,烦恼无限;但确信"我"有大本钱(清净的自性),只要拿出来,一切问题就可以化为空无。这,就说是主观理想吧,总是使不少人走上与常情有大别的一条路,而且,据说,他们就不再有烦恼,或至少是减少了烦恼,这不是很值得我们长与烦恼为伴的常人深思的吗?

6.3 向自然挑战

仁者见仁,智者见智,即对于同一事物而评价、爱恶、取舍不同。这不同,常常表现在小事情上,如夫爱吃甜的,妻爱吃辣的;爷爷爱看京剧,孙子爱看芭蕾舞。有时也表现在大事情上,如人生问题,常人避苦而寻乐;佛家却认为,世间只有苦而没有乐,所以正确的人生之道应该是确认"苦""集"之理,坚决走"灭""道"之路。这不容易,因为是以逆为顺。逆什么?也可以说是逆自然的定命。儒家说"天命之谓性"，命胶着于人身，成为性。告子说："食色，性也。"可是食色会引来烦恼。至此就产生了看法的分歧：儒家是以礼节之，道家是安之若素，佛家宁愿彻底，灭。由常人看，这不合天命，因为"天地之大德曰生"，要生就应该顺天，既食又色。顺，不能避烦恼，追到根柢，心理状态是"畏天命"（《论语·季氏》），不得不忍受。忍什么？忍诸多烦恼，忍到头来终于不免一场空。这忍有没有究极意义？像是没有，至少是我们不能知道。佛家的态度是不顺，不忍，像是说，你强制我"率性"，寻乐，生，生生，我偏不照办。专就这一点说，佛家是想与天命战。胜利，显然很难，但也并非绝不可能。就算是非常非常难能吧，在还不能确定人生究极意义是什么的时候，生活之道应该是多歧的，或者说，应该容许设想，容许试验。禅，或说禅悟，是有关人生之道的一种设想，一种试验，其中有智，尤其有勇。凭这样的智勇，如果有的人真就胜利了，这就证明，以"我"为本位，也可以不率性而行。这是不是也可以称为一种伟大？当然又是仁者见仁，智者见智。我的想法，见，要平心静气，选择可以不同，或加重说，道不同可以不相为谋，但对于他人的想法的智，行动的勇，总当予以与自己的想法和行动的同样的地位。就是基于这样的平等观，对于禅悟，上面说了不少门外人会认为过于宽厚的话，门内人会认为过于苛刻的话。

第七章

渐与顿

7.1 通往禅悟的路

禅悟，如上一章所说，大难。难，是因为必须反生活的常情始能获得。常情是饮食男女，或者说，看见锦衣玉食，看见西施和潘安，觉得好，并进而企求。求得，觉得乐；不得，觉得苦。对于苦乐，是尽全力避免前者，取得后者。此外，再加上立德、立功、立言，生则高官厚禄，死则有人慎终追远之类，自我安慰，说是无憾，而已而已。佛家就大不同，认为这都是在苦海中流转；想脱离，就要走完全相反的一条路。这相反的一条路，至少由常人看，怪诞，渺茫，而且太崎岖，几乎是连举步也困难。怎么能走通呢？显然，用现在的话说，要改造思想；而且小改不成，必须大改，改到看山不是山，看水不是水，才勉强可以及格。佛家的修持，主要是禅定，后来南宗禅改为参禅，目的就是思想真能够得到改造。能得不能得，关键在于能不能以新境代旧境。如上一章所分析，感知的境，因为有现实为证，变换几乎是不可能的。那就只好在冥想方面多下功夫。这冥想的境，即所谓新境，或说禅境，"生"和"存"都不容易。所谓生，是冥想时，真就看山不是山，看水不是水；所谓存，是悟以后，长时期，即便走出山林，碰到锦衣玉食，碰到赵飞燕、杨贵妃，仍旧是看山不是山，看水不是水。或者总的说，是心不再为（感知的）境移，因而也就不再有烦恼。佛家称有烦恼为迷，不再有烦恼为悟。常人当然相反，会说迷是常态，悟是变态。禅师们，至少悟之前也是常人，那么，求悟就要由常态走到变态，仍用常人的话说，要视有为空，感乐为苦，等等。这显然太难了。难而求有成，不能不下大功夫。这功夫，如果身和心可以分开说，是以心（冥想）为主力，身为助力（居山林、静坐、调息等），求变知见，变爱恶，变取舍。

这样大的变，要靠坚忍的修持才能取得。修持，同是禅，方法也会因宗派的不同而有差异；又同一宗派，也会因人的不同而有细微的差异。关于宗派的较大不同，圭峰大师宗密在《圆觉经大疏》《禅源诸诠集都序》等著作中有较详的说明。《圆觉经大疏》分禅法为七家：一是"拂尘看净，方便通经"，意思是勤除染污，以明清净本性，并以通经为助力。二是"三句用心，谓戒定慧"，意思是要无忆，无念，莫忘，即修戒定慧。三是"教行不拘而灭识"，意思是破一切执着，以无心得妙道。四是"触类是道而任心"，意思是一切作为皆可显佛性之用，不思善，不思恶，任心而行。五是"本无事而忘情"，意思是心境本空，明此理即可忘情，忘情即无苦。六是"借传香而存佛"，意思是师徒授受，以传香为记，以念佛求无想。七是"寂智指体，无念为宗"，意思是心体本寂，识此清净心即可证涅槃。这类别是由学理方面分析出来的；实际去行，恐怕难于这样清楚地划清界限。又，关于心、识、体、用之类，如果深入追求，就会陷入名相的大海，所以这里还是只好迁就常识，少管修持的心理状态，而多注意修持的功效，即渐或顿。

依常理，修持，以及变，大不易，路程都应该是长的；可是由南朝竺道生起，尤其由六祖慧能起，有不少禅师相信，也可以短到一瞬间。时间长是"渐"，时间短是"顿"。两者都是求得禅悟的方法，其性质和分别，以及其间的关系、得失等，也是想了解禅的人不能不追根问柢的。

7.2.1 渐修

用禅定方法改造思想，求以奇境代常境（解脱），是佛教兴起以前就有的，也是佛教兴起之后许多教派共同的。佛教创始人释迦牟尼，出家后曾学无有处定，非想非非想处定，舍弃苦行后渡尼连禅河，在毕钵罗树下结跏趺坐，据说连续七七四十九日，顺逆观十二因缘，终于得无上等正觉，所有这些修持功夫都是禅定。推想佛教早期，信士弟子修习禅定、静虑的所虑都是四圣谛法，即"苦"由于"集"，应以"道""灭"之。后来，顺随求深奥、趋繁琐的教风，禅定的内容复杂了，讲法很多，这里说说最通常的。大致可以分为"观法""禅境""受用"三种，或三个阶段。

（一）观法。这是坐禅时冥想内容的因材施教或对症下药，就是适应不同的心理过失，选用不同的定功来对治。计有五种：一是多贪欲，用不净观法治，就是设想爱而欲得之物都是不干净的。不净分为两种：一种是己身不净，包括九种不净相：死，胀，青瘀，脓烂，坏，血涂，虫唼，骨锁（身肉坏之后骨仍连），分散。一种是他身不净，包括五种不净相：种子（己身宿业和父母精血），住处（母胎），自相（有多种排泄物），自体（由三十六种不净物合成），终竟（死后朽坏）。佛家省察人的情性，知道贪欲，包括最炽烈的淫欲，是走向出世间的最严重的拦路石，所以把不净观法看作最重要的法宝，不只列在观法的第一位，并且用十二分力量实行之，如禅堂用功之外，还要求到丛冢间去看死尸。观法之二是多瞋恚，用慈悲观法治。对于他人，与乐曰慈，拔苦曰悲，就是富有同情心，处处利人达人。他人包括四种：亲属，无大亲疏者，路人，仇敌。因为包括仇敌，要求不怒不恨，所以还提倡忍辱，就是连受到打骂也不当一回事。观法之三是多愚痴，用因缘观法治。所谓愚痴，是认为世间诸法是实，因而迷惑不悟。因缘观即顺逆思惟十二因缘（有"老死"由于有"生"，有"生"由于有"有"，等等；"无明"灭则"行"灭，"行"灭则"识"灭，等等），最终要求领悟万法皆空。观法之四是多我见，用四界分别观法治。我见或我执，是妄计我（自身）和我所（自身之外）为实。这是诸多烦恼之起因，所以须以分别是妄的道理驱除之。观法之五是多散心，以数息观法治。数息，也说安般，安（安那）是入息，般（般那）

是出息，即静坐默数呼吸，使心止于一处。止于一处不是道家的无思无虑，是专注于一理，这理是无我、诸行无常之类。观法分多种，是事理的解析；实际用功，当然不能不兼用，如既有贪欲又有我执，就要兼修不净和四界分别两种观法；而数息观法又像是禅定的入门或基础，是用功时都离不开的。

（二）禅境。这有如世俗的由小学升中学，由中学升大学，定功有成，所得之境也是由浅入深。计分四级：一是初禅。这一阶段，修禅定人的感受，或说讲法，非常复杂，依次序说计有粗住、细住、欲界定、未到定（以上为入门前之相）、八触、十功德（以上为已入门之相）几种。坐禅开始，静坐调息，感到心安稳而不散乱，是粗住。进一步，感到心更澄净安稳，是细住。再进一步，感到空明，己身如云如影，是欲界定。更进一步，感到心地泯然，不见眼前常见之物，是未到定（未入初禅）。此后经过较长时期（日、月或年），入初禅定，身感八触：动触，身起动乱；痒触，身发痒，似无处安置；轻触，身轻如云雾，似能飞行；重触，身重如石，端然不动；冷触，如浸冷水中；暖触，身热如火；涩触，身如木皮；滑触，身滑如乳。入初禅定可得十功德（又称十眷属）：空，明，定，智，善心，柔软，喜（粗乐），乐（细乐），解脱，境界相应。还有十八支的讲法（初禅五支，二禅四支，三禅五支，四禅四支），初禅五支是：觉支，观支，喜支，乐支，一心支。这都讲得过细，不如《坐禅三昧法门经》的话简明扼要，那是："行者呵去爱欲，灭断欲火，一心精勤信乐，令心精进，意不散乱，观欲心厌，除结恼尽，得初禅定。"禅定是求舍世间法，当然是舍得越多，成就越大，境界越高。初禅之境，获得靠思，所得为觉观，为喜乐。舍觉观仍有喜乐为二禅。舍喜仍有乐为三禅。兼舍乐为四禅。四禅是禅定的最高境界，理应称为"悟"。

（三）受用。这是禅定有成所得之善果，是行四无量心，修四念处，明四圣谛，得六神通，都成为易事。四无量心是慈无量（使众生得乐），悲无量（使众生离苦），喜无量（见众生得乐而喜），舍无量（离一切苦乐），总的精神是行功德，以求生梵天。四念处又名四空定或四无色定，是空无边处定（离一切色相，入虚空），识无边处定（虚空因识而有，观识而舍虚空），无所有处定（识亦虚幻，进而舍识），非想非非想处定（有想非，无想亦非，故取非想非非想），这是更高的修持方法。四谛是苦集灭道，明此理就可以成正觉。六神通是天眼通，天耳通，他心通，宿命通，神足通，漏尽通，都是常识认为不可能的能力。

以上所讲的修持方法，由坐禅到开悟，显然不是一朝一夕之功，就是说，必须渐修。从禅林的生活方面看，专说六祖慧能以后，也是按部就班以求有成。如百丈怀海的《禅门规式》（以后发展为《百丈清规》）规定：

所袤学众，无多少，无高下，尽入僧堂中，依夏次安排。设长连床，施椸架，挂搭道具。卧必斜床唇，右胁吉祥睡者，以其坐禅既久，略偃息而已，具四威仪也。

维持"坐禅既久"不容易，因而要有严格的修持制度来保证。这有日日的，是定时坐禅以外，还有课诵，主要是早晚须上殿诵经。还有年年的，是夏日连续修习定功九十日，名为坐夏，冬日连续修习定功九十日，名为坐腊，通名为安居。这用意都是：开悟不易，所以要锲而不舍，一方面用大力，一方面慢慢来。慢慢来是渐修。

时间是个怪东西，有怪魔力。这怪魔力之一是可以化量变为质变。有的宣传术和广告术就善于利用这种魔力，那是如某纳粹头子所说，假话多说几遍就成为真的。这里不是说谁真谁假，是说"渐"有大力，几乎能够变不可能为可能。当然，由时间单干也不成，还要有其他事物（寺院、课诵、衣食等等）陪衬。我比较熟悉寺院的修持生活，深知境由心造和心由境造常常是相辅而行；在初学阶段，力量更大的也许是后者。举两种小情况为例：一种是在殿内或殿外视听课诵，殿宇的静穆，香烟的缭绕，钟鼓梵呗声的清幽，常常使人也略有向往出世的情绪。一种是自己诵经，比如能背诵《心经》，在静夜，心应清净而不清净的时候，默诵："是诸法空相，不生不灭，不垢不净，不增不减。是故空中无色，无受想行识，无眼耳鼻舌身意，无色声香味触法。无眼界，乃至无意识界。无无明，亦无无明尽，乃至无老死，亦无老死尽。无苦集灭道，无智亦无得。"诵，未必深思经义，自然也说不上深信或浅信，但这些"无"也会产生一些力量，化心的不清净为略清净，不能舍为略可舍。门外人视听，诵，星星点点的因，也会生星星点点的果，长期坐禅堂，住茅棚，定内定外都默想万法皆空的信士弟子就更不用说了。这是说，大因会有大果。大因来于长时期，这，如果说是一种保证性，似乎只有渐修才能有。

7.2.2 达摩以前的渐修

中土早期，习禅的人都是依经修习。经主要是禅经，而不限于禅经，因为禅经所讲偏于行，行即禅定，要静虑，虑什么？总说是佛理，这要由一般经论来。有的人主张禅（习禅）教（佛理）合一，起因就是如此。专说习禅所宗的禅经，早期是由安世高到鸠摩罗什译的那些，如《大安般守意经》《禅行法想经》《修行道地经》《坐禅三昧法门经》《禅秘要法经》等。其中所讲，如上一节介绍的那些，由浅而深，都要慢慢来。慢慢来是渐修。

其时习禅高僧的行径，也表明修持都是慢慢来。举慧皎《高僧传》卷十一《习禅》篇收的一些人为例：

（1）晋剡隐岳山帛僧光——少习禅业。晋永和初游于江东，投剡之石城山。……光于山南见一石室，仍止其中，安禅合掌，以为栖神之处。……光每入定，辄七日不起。处山五十三载。

（2）晋始丰赤城山竺昙猷——少苦行，习禅定。后游江左，止剡之石城山，乞食坐禅。……山有孤岩独立，秀出于云，猷抟石作梯，升岩宴坐，接竹传水，以供常用。……古老相传云，(天台山)上有佳精舍，得道者居之，虽有石桥跨涧，而横石断人，且莓苔青滑，自终古以来，无得至者。猷行至桥所，闻空中声曰："知君诚笃，今未得度，却后十年，自当来也。"猷心怅然。夕留中宿，闻行道唱萨之声。旦复欲前，见一人须眉皓白，问猷所之，猷具答意，公曰："君生死身，何可得去? 吾是山神，故相告耳。"

（3）(南朝)宋余杭释净度——出家蔬食，诵经三十余万言。常独处山泽，坐禅习诵。若邑中有斋集，辄身然九灯，端然达曙，以为供养。如此者累年。

（4）(南朝)宋始丰瀑布山释僧从——禀性虚静，隐居始丰瀑布山。学兼内外，精修五门。不服五谷，惟饵枣栗。年垂百岁，而气力休强，礼诵无辍。

这都是渐修，而且不提"悟"。不提悟，是只觉得慢慢会有成，而没有想到"顿"。

东晋时期，还有一种与净土法门合的禅法，为庐山慧远所倡导，名念佛禅。念是观想的意思。用观想佛的办法修禅行，可以看作一种特殊形式的禅定，显然也不是一朝一夕所能收效的。

总之，中土早期的禅法，还多少带有印度修苦行的色彩。修苦行，行是长期的手段，是寂灭前的一贯制，没有阶段，自然就谈不到，也想不到什么悟前和悟后。或者说，禅只是一种出世间法的生活方式，要始终如一；不像后来，禅是求悟得解脱的一种手段，要严格区分有成和无成。实事求是地说，始终如一不同于后来说的渐顿的渐，但它总是近于渐而远于顿。

7.2.3　楞伽宗的渐修

前面第五章5.4.1节以下曾介绍楞伽宗的情况。禅宗谱系，照南宗的说法，是由菩提达摩开始，数到慧能，已是第六代。可是照《楞伽师资记》《高僧传》等书所记，菩提达摩传禅法，所宗经典是《楞伽经》，而不是《金刚经》，所建的宗派（如果可以称为宗派），"必也正名"，应该名为楞伽宗。《楞伽经》卷一提到渐顿，是这样说的：

> 尔时大慧菩萨为净除自心现流故，复请如来，白佛言："世尊！云何净除一切众生自心现流，为顿为渐耶？"佛告大慧："渐净非顿。如庵罗果，渐熟非顿。如来净除一切众生自心现流，亦复如是，渐净非顿。譬如陶家造作诸器，渐成非顿。如来净除一切众生自心现流，亦复如是，渐净非顿。譬如大地渐生万物，非顿生也。如来净除一切众生自心现流，亦复如是，渐净非顿。譬如人学音乐书画种种伎术，渐成非顿。如来净除一切众生自心现流，亦复如是，渐

净非顿。譬如明镜，顿现一切无相色像。如来净除一切众生自心现流，亦复如是，顿现无相，无有所有清净境界。如日月轮，顿照显示一切色像。如来为离自心现习气过患，众生亦复如是，顿为显示不思议智最胜境界。譬如藏识，顿分别知自心现及身安立受用境界。彼诸依佛，亦复如是，顿熟众生所处境界以修行者，安处于彼色究竟天。譬如法佛，所作依佛，光明照耀。自觉圣趣，亦复如是，彼于法相，有性无性，恶见妄想，照令除尽。"

这段文章说了两面，有渐有顿：渐象是多由修习方面说，顿象是多由佛力方面说。如果这样理解不错，那就可以推断，在依《楞伽经》而修的时期，入道的主要方法仍是渐，不是顿。

楞伽宗的几位大师，自学或教人时的禅法，也可以引来作为证明。达摩是二入和四行。《楞伽师资记》说：

夫入道多途，要而言之，不出二种：一是理入，二是行入。理入者，谓借教悟宗，深信含生（有生命者）凡圣同一真性，但为客尘妄覆，不能显了；若也舍妄归真，凝住壁观，无自他，凡圣等一，坚住不移，更不随于言教，此即与真理冥状无有分别，寂然无名，名之理入。行入者，所谓四行，其余诸行悉入此行中。何等为四？一者报怨行，二者随缘行，三者无所求行，四者称法行。云何报怨行？修道行人若受苦时，当自念言：我从往昔无数劫中，弃本逐末，流浪诸有，多起怨憎，违害无限，今虽无犯，是我宿殃，恶业果熟，非天非人所能见与，甘心忍受，都无所怨诉。……第二随缘行者，众生无我，并缘业所转，苦乐齐受，皆从缘生。若得胜报荣誉等事，是我过去宿因所感，今方得之，缘尽还无，何喜之有？……第三无所求行者，世人长迷，处处贪着，名之为求。智者悟真，理将俗及，安心无为，形随运转，万有斯空，无所愿乐。功德黑暗，常相随逐，三界久居，犹如火宅，有身皆苦，谁得而安？了达此处，故于诸有息想无求。……第四称法行者，性净之理，因之为法。此理众相斯空，无染无着，无此无彼。……为除妄想，修行六度（一布施，二持戒，三忍辱，四精进，五禅定，六智慧），而无所行，是为称法行。

又传说达摩曾在嵩山少林寺面壁静坐，人称为壁观婆罗门。可见无论是讲禅法还是自己修持，都是把习禅当作长期的生活方式，而不是顿悟的手段。承嗣的弟子也是这样。二祖（依南宗谱系，下同）慧可，道宣《续高僧传·僧可传》说"可常行，兼奉头陀"。头陀行是衣食住都极简陋的长期苦行，当然也是渐修。三祖僧璨，《楞伽师资记》说：

按《续高僧传》曰:"可后粲禅师,隐思空山,萧然净坐,不出文记,秘不传说法。"(与今本《续高僧传·法冲传》中所记不同)惟僧道信奉事粲十二年,写器传灯,一一成就。粲印道信了了见佛性处,语信曰:《法华经》云:'惟此一事,实无二,亦无三。'故知圣道幽通,言诠之所不逮;法身空寂,见闻之所不及,即文字语言徒劳施设也。"

萧然净坐,显然也是渐修。四祖道信,《续高僧传·玄爽传》说他的禅法是"惟存摄念,长坐不卧,系念在前",前面已经提到。《楞伽师资记》记了一些比喻,也表现这种精神:

喻人习道,念念住心。心心相续,无暂之间念。正念不断,正念现前。又经云:以智惠箭射三解脱门(空,无相,无作),筈筈筈相住,勿令落地。又如钻火,未热而息,虽欲得火,火难可得。又如家有如意珠(能与人如意之宝珠),所求无不得,忽然而遗失,忆念无忘时。又如毒箭入肉,竿出镞犹在,如此受苦痛,亦无暂忘时。念念常在心,其状当如是。

这是造次必于是,颠沛必于是,终生如此,也就无所谓顿不顿。五祖弘忍,《楞伽师资记》说他"栖神幽谷,远避嚣尘,养性山中,长辞

俗事""萧然净坐，不出文记"，可见也是长期苦修，仍是头陀行的
一路。

五祖弘忍之后，南北宗的法统斗争开始，慧能的高足神会攻击神
秀一派的禅法"法门是渐"。后来谈禅的人也是这样看，泾渭分流，
地域有南北，法门有顿渐。专就法门有别这一点说，神秀（如果死后
有知）也会承认，因为他的教旨是"慧念以息想，极力以摄心"，生
活是"开室岩居"，仍然是走长期修习的路子。他的大弟子普寂、义
福等也是这样。《楞伽师资记》引学禅人称赞他们说：

> 法山净，法海清，法镜朗，法灯明。宴坐名山，澄神邃
> 谷。德冥性海，行茂禅枝。清净无为，萧然独步，禅灯默
> 照，学者皆证佛心也。

可证直到六祖慧能之后，他们仍旧保持楞伽宗的传统，用渐修的办法
求解脱。

7.2.4 南宗与渐修

照南宗述说的禅学历史，自五祖弘忍传法授衣之后，禅法分为截
然不同的两支，南顿北渐，泾渭分明。其实，情况并不是这样简捷明
快，因为客观事物是一，或说诸多部分纠缠在一起，难得一刀两断。
理由，深远的，留到下面说；这里先说说表面现象。

《六祖坛经》是慧能的弟子所作或所记而加以修润，南宗的气味浓了，有《顿渐》篇，当然要宣扬顿悟的优点。可是其中说：

> 法本一宗，人有南北；法即一种，见有迟疾。何名顿渐？法无顿渐，人有利钝，故名顿渐。……师（慧能）曰："汝师（指神秀）戒定慧接大乘人，吾戒定慧接最上乘人。悟解不同，见有迟疾。……汝师戒定慧劝小根智人，吾戒定慧劝大根智人。"

这看法的逻辑推论是：一，顿渐是由学人得道的迟疾说的，不是法门有什么区别。二，迟疾是相对的，两端像是有明显的区别（如一日与一年）；但两端可以移动而接近（如一月与半年），过于接近，一刀砍成两截就有困难。三最为严重，佛家四弘誓愿的第一种是"众生无边誓愿度"，又说众生都有佛性，可是顿教只能"接最上乘人""劝大根智人"，其结果自然是只有极少数能得度，众生中的绝大部分，如果也想得度，就只能走渐修的一条路。

其次，即使真有一霎间的顿悟，悟之前也必须有渐。道理很明显，悟要改造思想，用佛家的话说，要破除知见证实相，扫除染污显清净。就说是最上乘人或大根智人吧，能够自然而然地看到，挂炉烤鸭是因缘和合而成，并不真实，烫发高跟是不净，并不可爱吗？大改造思想要下大（准备）功夫，至少要把四圣谛法之类牢记在心，而且要坚信。这自然不是一朝一夕之功，就是说，必须渐，顿办不到。

南宗的禅林生活，只是根据修润后的史料，也处处可以说明这种情况。举著名的三代大师为例。一是南岳怀让，《五灯会元》卷三记载：

> 垂拱三年方十五岁，辞亲，往荆州玉泉寺，依弘景律师出家。通天二年，受戒后习毗尼藏。一日自叹曰："夫出家者，为无为法，天上人间，无有胜者。"时同学坦然知师志气高迈，劝师谒嵩山安和尚。安启发之，乃直指诣曹溪参六祖。……师执侍左右一十五年。

由武后垂拱到万岁通天约十年，以后还从慧安（弘忍的弟子）学，就算是见到六祖就顿悟吧，准备的时间也够长了。二是怀让的高足马祖道一，《五灯会元》卷三记载：

> 本邑罗汉寺出家。……幼岁依资州唐和尚（处寂）落发，受具于渝州圆律师。

> 《道一传》

> 开元中有沙门道一，在衡岳山常习坐禅。师知是法器，往问曰："大德坐禅图甚么？"一曰："图作佛。"师乃取一砖，于彼庵前石上磨。一曰："磨作甚么？"师曰："磨作镜。"一

曰:"磨砖岂得成镜邪?"师曰:"磨砖既不成镜,坐禅岂得作

佛?"……一蒙开悟,心意超然。侍奉十秋,日益玄奥。

《怀让传》

这是谶语"踏杀天下人"的"马驹",学业也是渐而有成,其他不入经传的人物就更不用说了。三是马祖的高足南泉普愿,《五灯会元》卷三记载:

幼慕空宗。唐至德二年依大隈山大慧禅师受业。诣嵩岳受具足戒。初习相部旧章,究毗尼篇聚。次游诸讲肆,历听《楞伽》《华严》,入中百门观,精练玄义。后扣大寂之室,顿然忘筌,得游戏三昧。

即使"顿然忘筌"的说法是真的,忘筌之前的功夫,至于"精练玄义",用力也够多了。总之,学而有成,都是先渐后顿。或者引六祖答神会的话,是"听法顿中渐""修行顿中渐"(《五灯会元》卷二《神会传》)。

再其次,刚说过的情况是先渐后顿,显然是一切学人必走的一条路。还有先顿后渐的情况,我的想法,普遍性也不见得小多少。原因是:一,假定真有所谓顿,或由于见桃花,或由于听驴叫,忽然像是恍然大悟,就真能一切疑团都扫光了吗?只是就知识说也是不可

能的。二，何况还有爱恶的感情？引用胡博士一句煞风景的名言，是"知难，行亦不易"，为了贯彻到生活中，不得不继续修习，求巩固，这说冠冕一些是"鞠躬尽瘁，死而后已"，泄气一些是"当一天和尚撞一天钟"。禅门的大师也有强调这方面的用功的，如《五灯会元》记沩仰宗的创始人沩山灵祐的话：

> 时有僧问："顿悟之人更有修否？"师曰："若真悟得本他自知时，修与不修是两头语。如今初心虽从缘得，一念顿悟自理，犹有无始旷劫习气未能顿净，须教渠净除现业流识，即是修也。"
>
> （卷九）

荐福弘辩的话：

> 帝（唐宣宗）曰："何为顿见？何为渐修？"对曰："顿明自性，与佛同俦。然有无始染习，故假渐修对治，令顺性起用。如人吃饭，不一口便饱。"
>
> （卷四）

佛家以逆为顺，经过苦修，偶尔灵机一动，觉得逆确是顺；可是俗世的"顺"力量很大，要避免被拉回去的危险，就一分一秒不能放松。

就是说，即使已经灵机一动（顿），还不得不继续修持（渐）。总之，顿渐的关系错综复杂，照南宗的设想，泾渭分明是很难的。

7.3.1　所谓顿

顿有不同的意义。先小乘，后大乘，像是登梯子一步一步上房，是渐；一入门就大乘，像是一跃就上房，是顿。这是偏于由阶段着眼，不是偏于由时间着眼，因为阶段少，时间未必能省多少。通常说顿，是指时间短的顿。这也是古已有之。小乘修道有成，有"声闻"（因闻佛说四圣谛法而悟）、"缘觉"两条路。缘觉的缘有两种解释：一种是因观十二因缘之理而得悟；另一种是在无佛之世，仗自己的慧根，因观飞花落叶之外缘而得悟。这后一种应该算作顿。可是这样的顿，似乎仅见于解说而未付诸实行。在中土，早期有南朝竺道生的顿，可惜他的《顿悟成佛义》没有传下来。据其他论述所引，他主张大顿悟（支遁为小顿悟），理由是真理湛然常照，不可分，以极慧悟入真理，自亦不容有阶级。但极慧必须已经修养到佛地（十地的最后一级），具有菩萨的金刚心之后才有，可见顿只是就理说应该如此，不是就行说如何容易。到南宗，也讲理（认识本心、明自性之类），却更强调行方面的一蹴而成。看下面的种种。

（一）应该由六祖慧能之后说起，因为之前是楞伽师，顿的表现靠不住。《六祖坛经》的《机缘》篇和《顿渐》篇提到不少弟子的顿悟。法海是：

师（慧能，下同）曰："前念不生即心，后念不灭即佛。成一切相即心，离一切相即佛……"法海言下大悟。

法达是：

师曰："……佛知见者，只汝自心，更无别佛。盖为一切众生自蔽光明，贪爱尘境，外缘内扰，甘受驱驰，便劳他世尊从三昧起，种种苦口，劝令寝息。莫向外求，与佛无二，故云开佛知见……"达闻偈不觉悲泣，言下大悟。

智通是：

师曰："三身者，清净法身，汝之性也；圆满报身，汝之智也；千百亿化身，汝之行也。若离本性别说三身，即名有身无智。若悟三身无有自性，即明四智菩提……"通顿悟性智。

志道是：

师曰："……佛为一切迷人认五蕴和合为自体相，分别一切法为外尘相，好生恶死，念念迁流，不知梦幻虚假，枉受轮回，以常乐涅槃反为苦相，终日驰求。佛愍此故，乃示涅槃真乐。刹那无有生相，刹那无有灭相，更无生灭可灭。是则寂灭现前，当现前时亦无现前之量，乃谓常乐……"志道闻偈大悟。

智隍是：

师云："诚如所言，汝但心如虚空，不著空见，应用无碍，动静无心，凡圣情忘，能所俱泯，性相如如，无不定时也。"隍于是大悟。

志彻（本姓张，名行昌）是：

师曰："无常者，即佛性也；有常者，即一切善恶诸法分别心也。……汝知否？佛性若常，更说甚么善恶诸法？乃至穷劫无有一人发菩提心者。故吾说无常，正是佛说真常之道也。又一切诸法若无常者，即物物皆有自性容受生死，而真常性有不遍之处。故吾说常者，正是佛说真无常义……"行昌忽然大悟。

这都是听到正面的讲说佛理而得悟。

（二）其后，除了听受讲说佛理而得悟之外，又出现了新的花样。如《五灯会元》中所记，五泄灵默是：

> 后远谒石头（希迁），便问："一言相契即住，不契即去。"石头据坐，师便行。头随后召曰："阇黎！"师回首，头曰："从生至死只是这个，回头转脑作么？"师言下大悟。
>
> （卷三）

西山亮座主是：

> 参马祖，祖问："见说座主大讲得经论，是否？"师曰："不敢。"祖曰："将甚么讲？"师曰："将心讲。"祖曰："心如工伎儿，意如和伎者，争解讲得？"师抗声曰："心既讲不得，虚空莫讲得么？"祖曰："却是虚空讲得。"师不肯，便出。将下阶，祖召曰："座主！"师回首，祖曰："是甚么？"师豁然大悟。
>
> （卷三）

寿州良遂是：

> 参麻谷。谷见来，便将锄头去锄草。师到锄草处，谷殊

不顾，便归方丈，闭却门。师次日复去，谷又闭门。师乃敲门。谷问："阿谁?"师曰："良遂。"才称名，忽然契悟。

（卷四）

金华俱胝和一童子是：

初住庵时，有尼名实际来，戴笠子，执锡，绕师三匝，曰："道得即下笠子。"如是三问，师皆无对。尼便去，师曰："日势稍晚，何不且住?"尼曰："道得即住。"师又无对。尼去后，师叹曰："我虽处丈夫之形，而无丈夫之气，不如弃庵，往诸方参寻知识去。"其夜山神告曰："不须离此，将有肉身菩萨来为和尚说法也。"逾旬，果天龙和尚到庵。师乃迎礼，具陈前事。龙竖一指示之，师当下大悟。

自此，凡有学者参问，师惟举一指，无别提倡。有一供过童子，每见人问事，亦竖指祇对。人谓师曰："和尚! 童子亦会佛法，凡有问皆如和尚竖指。"师一日潜袖刀子，问童曰："闻你会佛法，是否?"童曰："是。"师曰："如何是佛?"童竖起指头。师以刀断其指，童叫唤走出。师召童子，童回首。师曰："如何是佛?"童举手不见指头，豁然大悟。

（卷四）

夹山善会是（船子德诚传）：

> （夹）山乃散众束装，直造华亭。船子才见便问："大德
> 住甚么寺？"山曰："寺即不住，住即不似。"师曰："不似，
> 似个甚么？"山曰："不是目前法。"师曰："甚处学得来？"山
> 曰："非耳目之所到。"师曰："一句合头语，万劫系驴橛。"
> 师又问："垂丝千尺，意在深潭；离钩三寸，子何不道？"山
> 拟开口，被师一桡打落水中。山才上船，师又曰："道！
> 道！"山拟开口，师又打。山豁然大悟。
>
> （卷五）

这都不是正面讲，而是由间道来。前三则是以难解的或无关的话为媒
介。后两则更新奇，是"指"或"无指"，是"打"。

（三）还有更离奇的。如黄龙道震是：

> 师自以为碍，弃依草堂，一见契合。日取藏经读之。一
> 夕，闻晚参鼓，步出经堂，举头见月，遂大悟。
>
> （卷十八）

国清行机是：

每谓人曰："某犹未稳在，岂以住山乐吾事邪?"一日，偶看斫树倒地，忽然大悟，平昔碍膺之物，泮然冰释。

（卷二十）

径山智策是：

师颔之，往豫章谒典牛。道由云居，风雪塞路，坐阅四十二日。午初，版声铿然，豁尔大悟。

（卷十八）

金陵俞道婆是：

市油糍为业。常随众参问琅邪，邪以临济无位真人话示之。一日，闻丐者唱莲华乐云："不因柳毅传书信，何缘得到洞庭湖?"忽大悟。

（卷十九）

天衣义怀是：

至姑苏，礼明觉于翠峰。……觉曰："汝行脚费却多少草鞋?"曰："和尚莫瞒人好。"……觉打曰："脱空谩语汉，

出去！"入室次，觉曰："恁么也不得，不恁么也不得，恁么
不恁么总不得。"师拟议，觉又打出。如是者数四。寻为水
头，因汲水折担，忽悟。

（卷十六）

慧圆上座是：

出游庐山，至东林，每以己事请问。朋辈见其貌陋，举
止乖疏，皆戏侮之。一日，行殿庭中，忽足颠而仆，了然开
悟。

（卷十七）

上面第（二）类是因机锋而得悟，还可以说是沾点边。这第（三）类
就跑了野马，没有边。前两则是见，中间两则是闻，后两则是倒点小
霉，总之，由常人看，都与佛理无关，可是产生了奇效。在南宗的历
史中，这是顿的发展，成为顿之中的顿，所以更带有神秘性和传奇性。

可是，这神秘，这传奇，都靠得住吗？留到下面谈。

7.3.2　顿的底细

先说有没有顿。这个问题很难解答，因为顿（悟）是一种主观觉
知，严格说，人只能觉知自己的觉知。这样，对于顿的觉知，说有容

易，因为可以举自己的觉知为证；说无就大难，因为不能证明己身之外的无数的人也没有。不得已，只好还是以科学常识为依据，猜想猜想。这要先分析一下。顿由两个条件凑成，一是时间短，二是认识或意境的变易。两者都有"量"的问题：时间，科学的，不好说；常识的，短到一刹那，一眨眼，当然要算，长呢，一小时，甚至半天，算不算？认识或意境的变易，可以变得小，可以变得大，大当然要算，小到什么程度就不能算？在这里，时间的问题简单些，可以含糊其词地说，不能超过"一会儿"；认识或意境的问题就太大太复杂了。这问题包括两个方面：一是变易由大向小移，小到什么程度就不再算；二是变易由小向大移，大到什么程度就不可能或几乎不可能。前一个问题比较容易解决，自然也只能含糊其词地说，是不能关系太小，取得太容易。比如从某水果摊买水果，一次，两次，三次，总觉得分量不重，第四次称一称，原来一斤只有七两，明白了，这也是时间短，认识变，能够算顿悟吗？就语言习惯说，不能算。有很多认识或意境的变易，既关系大，而且得之不易，当然应该算。人的一生，这样的觉知，所谓"恍然大悟"，总会有，甚至并不很少。可见颇为像样的顿也并非不可能。问题是上面提到的后一个，大到非常大，仍然可能吗？或化泛说为具体，禅悟的意境变是非常大的，可以成于顿吗？根据刚说过的想法，我们不能找到说必不可能的理由。但如上一节所引，听几句讲佛理的话，以至走路跌了个跤，就天地忽变，万法皆实成为万法皆空，总当是可能性不大的。可能性不大，而在禅宗的典籍中记得像煞有介事，我想来源有二：一是把时间缩短了，本来是一条集诸点而成的线，线的末端也许有个较重的点，于是拈出这一个，名之为顿。另一是把新的意境夸大了，譬如说，只是觉得智光一闪，（佛）理有所增，（世）情有所减，就说这是"无余依"了。事实是，人的"天命之谓性"，或说染污，一眨眼就变为无余，即使非绝对不可能，总是太难了。

可是照禅宗的典籍所记，大量习禅的人，包括少数没有出家的，都有过顿的经历，好像顿虽然不容易，却是有志者事竟成的事，这是怎么回事？我想，比如顿是个鼎，所以能挺立而不倒，是因为有三个有力的足支持。一个足是"自性清净"或"即心是佛"的想法。既然自性本来清净，或说佛性是本有，迷惑属于外缘，那就像是一面镜子，为浮尘所蔽，因而不亮，已知不亮之因，求亮自然非常容易，只是小小的拂拭之功（由迷入悟是认识的一变之功）。第二个足是以般若学为根据的自信心。般若是佛家（设想的）特有的智慧，具有体和用两个方面：就体说，它是众生所具有的理体，离一切虚妄相；就用说，它既能观照实相，又能观照现象界的诸法。总之，凭借它的力量，得无上等正觉（悟）可以易如反掌。第三个足是大水流的避难趋易，一发而不可遏。学佛求解脱，趋易表现在两个方面：一是诸种修持条件的减少，如可以不诵经，可以不静坐，等等。另一是时间的缩短，长是一生，俟河之清，难免起急，于是也减，损之又损，势所必至，就到了一霎时的顿。至于顿是否真像传的那样实而且多，就习禅的人说，是或确信，或但愿如此，即使自己学而未到，因为到不到没有明确的标记，反应可以因人而不同：有的自信心弱，就多自责；有的自信心强，或争胜心强，就信，或说，已有所得。在禅堂内，疑的可能性是不大的，因为疑而不信，他就走出禅堂，到俗世去干别的去了。

7.3.3 顿的果实

顿和渐一样，是一种修持方法。使用方法，应该有成果。由顿的语义顺水推舟，成果应该是，使习禅的人较快地开悟，或说得解脱。如上一节所分析，我不敢这样顺水推舟，因为，至少是就绝大多数人说，变易认识，大到以逆为顺，总不会这样轻易，这样神奇。这样，谈成果，实事求是，就不如多谈种植耕耘，少谈收获。这种植耕耘，即修持方法，总的说是不走老路，如（至少是口头上）可以不诵经，不坐禅，不离朝市，甚至不持某种戒（如杀和酒），等等。其中有特点突出、值得分项说说的，是以机锋破知见，夸大悟的偶然性，呵佛骂祖。

（一）以机锋破知见，求速成。出家修行，同在家人上学校学习一样，要从师。师授徒，要有教材和教法。世俗的教法都是平实一路，如说一加一等于二，薪是柴之类。佛家传法，南宗禅之前也是这样。释迦的四圣谛法，达摩的二入四行不用说，就是六祖慧能，如《六祖坛经》所记，教弟子，也是平平实实地讲佛理。平平实实，精神是渐，至少是形式同于渐，这好像断木用锯，要往往复复拉，慢慢来。求快的人难免起急，因而愿意用斧头，猛力一劈，立刻成为两段（斩断葛藤）。这样的斧头，作用要不同于锯，就教法说是不能再平平实实。六祖慧能之后，这由常趋变的形势发展很快，先是少说常语，一跳成为几乎不说常语，再一跳就成为轻视常语，重视机锋，张口就是不可思议的话。如：

（1）石霜大善禅师——僧问："如何是佛法大意？"师曰："春日鸡鸣。"曰："学人不会。"师曰："中秋犬吠。"

（《五灯会元》卷三）

（2）杨岐甄叔禅师——禅月问："如何是祖师西来意？"师呈起数珠，月罔措。师曰："会么？"曰："不会。"师曰："某甲参见石头来。"曰："见石头得何意旨？"师指庭前鹿曰："会么？"曰："不会。"师曰："渠侬得自由。"

（同上）

（3）马祖道一禅师——僧问："和尚为甚么说即心即佛？"师曰："为止小儿啼。"曰："啼止时如何？"师曰："非心非佛。"

（同上）

（4）兴善惟宽禅师——（僧）问："狗子还有佛性否？"师曰："有。"曰："和尚还有否？"师曰："我无。"曰："一切众生皆有佛性，和尚因何独无?"师曰:"我非一切众生。"
曰:"既非众生，莫是佛否?"师曰:"不是佛。"曰:"究竟是
何物?"师曰:"亦不是物。"

（同上）

（5）药山惟俨禅师——大众夜参，不点灯，师垂语曰:
"我有一句子，待特牛（公牛）生儿，即向你道。"

（同上书卷五）

（6）天龙重机禅师——（僧）问:"如何是归根得旨?"
师曰:"兔角生也。"曰:"如何是随照失宗?"师曰:"龟毛落
也。"

（同上书卷八）

前两则，至少由常人看，是不着边际的话。中间两则，意思违反逻辑
规律，依常识是站不住脚的。后两则，特牛生儿，龟毛兔角，都是事
实上不可能的。禅师们不傻，为什么这样说? 这是相信唯有反常的话
才更有破常见的斩钉截铁的力量。六祖慧能以前，习禅的古德是没有
这种想法的。

（二）夸大悟的偶然性。如:

（7）吉祥元实禅师——自到天衣，蚤夜精勤，胁不至

席。一日，偶失笑喧众，衣摈之，中夜宿田里，睹星月粲然，有省。

（同上书卷十四）

（8）投子道宣禅师——久侍天衣，无所契，衣叱之。师忘寝食者月余，一夕，闻巡更铃声，忽猛省。

（同上）

（9）云盖继鹏禅师——初谒双泉雅禅师，泉令充侍者，示以芭蕉拄杖话，经久无省发。一日，泉向火次，师侍立，泉忽问："拄杖子话试举来，与子商量。"师拟举，泉拨火箸便搣，师豁然大悟。

（同上书卷十五）

（10）黄龙祖心禅师——参云峰悦禅师，三年无所得。辞去，悦曰："必往依黄檗南禅师。"师至黄檗，四年不大发明，又辞，再上云峰。会悦谢世，就止石霜。因阅《传灯》，至"僧问多福：'如何是多福一丛竹？'福曰：'一茎两茎斜。'曰：'不会。'福曰：'三茎四茎曲。'"师于此开悟。

（同上书卷十七）

四则都是踏破铁鞋无觅处，得来全不费功夫。这样夸大顿的偶然性，是想突出"得来"的轻易。但它忽视了"无觅处"的一面，就是，怎么就能这样悟，像是毫无规律可循。

（三）呵佛骂祖。这直接由相信自性清净来。因为自性清净，即心是佛，所以解脱可以完全靠自力，不必外求。佛和祖都是心外物，用不着；为了表示不假外力的雄伟风格，所以要呵佛，要骂祖。顿是体现自性清净之理的行的一面，所以它也是呵佛骂祖之因。南宗禅，从六祖慧能一再传之后，（口头上）轻视佛祖，以至于呵，骂，成为常事。著名的有丹霞天然的烧木佛，德山宣鉴说释迦老子是干屎橛，达摩是老臊胡。再举两则凑凑热闹：

（11）云门文偃禅师——举：世尊初生下，一手指天，一手指地，周行七步，目视四方，云："天上天下，惟我独尊。"师曰："我当时若见，一棒打杀与狗子吃却，贵图天下太平。"

（同上书卷十五）

（12）夹山善会禅师——上堂："……见性不留佛，悟道不存师。寻常老僧道，目睹瞿昙，犹如黄叶；一大藏教是老僧坐具。祖师玄旨是破草鞋，宁可赤脚不着最好。"

（同上书卷五）

这可以说是顿的极度的发展，以致由自信变为近于狂妄了。

7.3.4 顿的得失

推想由南宗的禅师们看，顿只有得而没有失，因为，如禅宗的许多典籍所记，他们顺着这条路走，都悟了。我们是站在禅门以外，对于所谓悟，尤其历程的轻易、神奇，总是未能尽信。因而，与渐修比，就算吹毛求疵吧，似乎也可以找出一些失来。

先说得。一种是鼓励了学人的志气。与天台、华严，尤其法相的学习路径相比，顿的办法简易，而且人人有速成的希望，因而习禅就可以积极性高，干劲大。这结果（站在佛家的立场上说）就引来又一种得，是佛门因此而可以更加兴旺，南宗独霸之后，禅寺禅僧遍天下就是明证。还有一种，是助长了禅悦和禅风的发荣滋长。禅是出世法，但是，至少是移入中土以后，它也可以入世，或者说，作为一种生活态度来处治世间事。这态度是冷眼看，是超脱，是以大智破众迷，是"不着一字，尽得风流"。关于禅悦和禅风，后面还要专章谈。这里说说与它相关的一种情况，能否单纯算作得还不好说，是中土化，人情化。佛教初入中土，带来印度的传统色彩，理论繁琐，修持近于苦行，祠祀礼拜。中土文化的传统不是这样，而是"辞达而已矣"（《论语·卫灵公》），是"贵生"，是"不语怪力乱神"。且不说高下，只说难易，是印度难，中土易。易，放大一些说是顺天理，合人情。入异国，想行得通，就不能不也求顺天理，合人情。于是，正如许多人所说，佛的般若和道的任运就糅合了。这到南宗禅就更加走得远，修持，经过顿悟，心，甚至身，都得到相当程度的解放，如不再是板着面孔如丧考妣，而是无可无不可，饥来吃饭，困来睡眠，甚至吟风弄月，刻诗集传世了。

再说失，像是不多，却相当重大，是走的路没有渐修那样平坦，因而能否及时到达目的地，就不能像渐修那样，比较有保证。我们可以设身处地想想，比如我们决心习禅，走南宗的路，不诵经，不坐禅（修禅定），其至呵佛骂祖，只是听老师的机锋，参话头，受棒喝，就有信心，看见院内花开，听到隔壁驴叫，就顿悟，一霎间认万法为空，情不为物所移了吗？至少是太没有把握了。渐修的办法也没有悟的把握，但它至少可以保证，在戒定慧原则的指导下过禅僧的生活，用佛家的眼光看，这即使还够不上出世间，也总是走向出世间。至于顿，如果未能悟而只学会了呵佛骂祖，那就离出世间太远了。在这里，渐和顿的分别是，渐规规矩矩，顿就不然。因为不然，所以就容易流于妄和放。如：

（1）泐潭文准禅师——上堂曰："五九四十五，圣人作而万物睹。秦时镀砾钻头尖，汉祖殿前樊哙怒。曾闻黄鹤楼，崔颢题诗在上头：晴川历历汉阳树，芳草萋萋鹦鹉洲。可知礼也。君子务本，本立而道生。道生一，一生二，二生三，三生万物。"

（《五灯会元》卷十七）

（2）法明上座——依报本未久，深得法忍。后归里，事落魄，多嗜酒呼卢。每大醉，唱柳词数阕，日以为常。乡民侮之，召斋则拒，召饮则从。如是者十余年，咸指曰醉和尚。一日谓寺众曰："吾明旦当行，汝等勿他往。"众窃笑之。翌晨摄衣就座，大呼曰："吾去矣，听吾一偈。"众闻奔视，师乃曰："平生醉里颠蹶，醉里却有分别。今宵酒醒何处，杨柳岸晓风残月。"言讫寂然，撼之，已委蜕矣。

（同上书卷十六）

前一则，所说与顺口溜无别，说是含有深意，恐难于取信于人。后一则，生活情趣同于刘伶、阮籍，说这也是出世间法，至少是颇为可疑了。

第八章 师徒之间

8.1　自了与度人

　　这又是个麻烦问题。不是在实际上，是在理论上。以世俗事为例，古的，羊角哀舍命全交，邓攸因救侄而至于伯道无儿，不只传为美谈，并曾使不少心软的人闻而落泪；今的，拾到巨款如数奉还，为救人落水而自己溺死，也是这样，人人推崇为好样的。这是实际上如此。可是，如果发哲理病，不甘于承认实际，进一步问：为什么这样的行为就值得推崇，甚至落泪？这就引来麻烦，因为，如果只是据直觉而说，这是当然，还用问？发哲理病的人必不满足；想使这样的人满足，就要搬大套道理，有什么道理可搬呢？孟子大概想到这个问题，可是没有敢挖根答复，只是说："恻隐之心，人皆有之。"(《孟子·告子上》) 这是说事实（假定事实真是这样），并不能由此事实推论出：恻隐之心是好的。可是他推论了，说："恻隐之心，仁也。"荀子就更加驾空而立，他说："人之性恶，其善者伪也。"(《荀子·性恶》) 善是伪（人为），为什么要伪？这是无理由地承认善。其实这是代表历代贤哲，也代表一切常人，是承认"利人"大好而不问理由。

不问，省事，而且丝毫不影响日常生活。问题来自花花世界里还有不很少的常常发哲理病的人。这也是一种需要，显然最好是也能满足。答，以常人生活为对象不容易，以佛家理想的出世间生活为对象就更不容易。原因是，除了常人的诸多情况之外，佛家还加了这样的两项：一是认识的万法皆空，二是目的的跳出苦海。万法皆空，加上心能生万法，己身以外的众生的实性从何处来？如果没有实性，度又有什么必要？说到苦，它来于感知，严格说，自己只能感知自己的感知，如果已经自了，有什么必要去推想众生也有苦而不惮烦去度呢？

在这方面的问题上，我的想法，佛家走的也是常人的路，是承认度众生好而不问理由。佛家的宗派有所谓"小乘"，通往悟的路有所谓"声闻""缘觉"，修得的果有所谓阿罗汉，都是指自了（证涅槃，得解脱，到不再有苦、有生死流转的彼岸），而可以不问众生如何（实际是守杀戒的时候早已问了）。这在理论上比较干净利落，因为自己有自己能够确知的苦，修持，灭掉它，问题圆满解决，情况等于一减一等于零。大乘的菩萨行就不同，是一减一不等于零，因为还有更多的问题（众生未得解脱）没有解决。一减一不等于零，为什么？佛家没有答，而是不言而行。历史的，如释迦成道后立刻就转法轮，神话的，尸毗王割肉代鸽喂鹰，等等，都是这种主张或精神的表现。这主张还成为四弘誓愿的一种，"众生无边誓愿度"。四无量心的慈悲喜舍，总的精神也是这样，用儒家的话说是："己欲立而立人，己欲达而达人。"

承认己之外有人，儒家不费事；佛家，至少是大喊万法皆空的时候，要费些事。这里想不扯得太远，只说为什么要立人达人，要度众生。可以由孟子的想法下手，恻隐之心，人皆有之，大体说不错，这种心从何而来？似乎来源有两个。一个是天命之谓性的乐生。俗话说，好死不如赖活着，说冠冕一些是"天地之大德曰生"，为什么？理，大概找不到；事实却历历在目前，并且不只在目前，而且紧粘在全身全心。想揩掉扔开也办不到。这就是儒家所谓天命，叔本华所谓盲目意志。价值吗？也许不是找不到，而是根本没有。总之，乐生是与生俱来，因而生活之道就只能是率性，或说顺受，就是：欢迎它，并想方设法使它维持上好的状态。再说另一个，用现代的话说，人是社会动物，不能有单独的生。上推，没有父母，没有祖父母、外祖父母等，不能有己之生。横向推，伴侣，朋友，以及无数的与自己生活有关的人，也是维持己之生所不能离开的。这就形成一种形势，是人与人休戚相关，无论从数学上还是从感情上，都可以证明，或更确切地说，都足以养成人皆有之的恻隐之心。这样的恻隐之心，像是天经地义，说穿了不过是，不知来由地处"现实"之中的顺从现实。但这是大流，不能绝对防止小流偏入岔路，那是己欲利而损人。于是称顺大流的行为为"德"。日久天长，这德的力量增大，不只能指引行为，而且都承认是无条件的好。这种由乐生而来的利人之德，骨子里是常识的，其性质是长时期以为如此，无数的人以为如此，就不再怀疑，或者说，就想不到还可以容许怀疑。在这件事上，佛家也加入常人的队伍，像是不经过思考就接受了常识，或说承认"利他"是上德。又不只是接受，而且往前迈了一大步，是把"人"扩大为"众生"。这就理论说，是远远超过了儒家。因为，如果承认慈（与人以乐）悲（拔人于苦）是上德，孟子的"见其生，不忍见其死；闻其声，不忍食其肉，是以君子远庖厨也"（《孟子·梁惠王上》）的办法就近于阿Q精神，深追就成为虽知其非而难得不非。佛家把范围扩大到"含生""有情"的众生，实际和理论方面就不再有矛盾，虽然这做起来终归太难了。

度众生是佛家的理想。实现很难，因为众生中不只有人，还有支持烤羊肉串的羊，以至诸种灭蚊剂想置之死地的蚊子等等。怎么度？照佛家的理论，羊和蚊子都有佛性，因而都有成佛的可能。问题是它们怎么能明自性，证涅槃。"誓愿度"的佛、菩萨，以及无数高僧，似乎也只能用"穷则独善其身"（《孟子·尽心上》）的办法：烤羊肉串者自烤而自己不吃，制灭蚊剂者自制而自己不用，夏夜蚊声如雷的时候，只是躲入蚊帐罢了。这是理论难得与现实生活协调的悲哀。不得已，只好实际一些，除守杀戒以外，只强调度"人"而少管其他众生。南宗的禅师们都是走这一条路，虽然有时为狗的有无佛性而大谈特谈，大参特参。而说到人，也多得很，何况其中还有灭佛的三武一宗，反对迎佛骨的韩愈。客观情势迫使度的范围不能不再缩小，缩小到"愿者上钩"的，也就是那些想了生死大事而急切投师的。假定师是已悟者，徒自然是未悟者，本之"誓愿度"的精神，怎么能使未悟者尽快地"顿"呢？南宗禅的花样，都是在这样的师徒之间产生的（间或在道侣之间）。

8.2 致知的老路

前面说过，直到六祖慧能，教弟子还是用平实地讲道理的办法。"本来无一物，何处惹尘埃""仁者心动"，理虽然玄，负载理的语言文字却是平实的，就是言在此而意也在此。这种教学方法与渐修的路子没有什么差别。至少由常人或初学看，应该是比较稳妥的，因为可以积少成多地培养、启发慧，即般若，有般若之因才能有波罗蜜多（到彼岸）的果。这个传统教法，作为一种余波，对南宗的禅师们还有些影响。但因为是余波，就表现为：早期力量大些，越靠后力量越微弱。形势是由"常语"向"机锋"加速过渡。常语和机锋之间，有不直说而可解的，我们可以称之为"准常语"，也属于平实一路。先说常语，如：

（1）马祖道一禅师——一日谓众曰："汝等诸人各信自心是佛，此心即是佛心。达摩大师从南天竺国来至中华，传上乘一心之法，令汝等开悟；又引《楞伽经》文，以印众生心地，恐汝颠倒，不自信此心之法各各有之。故《楞伽经》

268

以佛语心为宗，无门为法门。夫求法者应无所求。心外无别佛，佛外无别心。不取善，不舍恶，净秽两边俱不依怙。达罪性空，念念不可得，无自性故。故三界惟心，森罗万象，一法之所印。凡所见色，皆是见心。心不自心，因色故有。汝但随时言说，即事即理，都无所碍。菩提道果亦复如是。于心所生，即名为色。知色空故，生即不生。若了此意，乃可随时，著衣吃饭，长养圣胎，任运过时，更有何事？"

（《五灯会元》卷三）

（2）石头希迁禅师——上堂："吾之法门，先佛传受，不论禅定精进，惟达佛之知见。即心即佛，心、佛、众生、菩提、烦恼，名异体一。汝等当知，自己心灵，体离断常，性非垢净，湛然圆满，凡圣齐同，应用无方，离心意识。三界六道，惟自心现，水月镜像，岂有生灭？汝能知之，无所不备。"

（同上书卷五）

（3）百丈怀海禅师——问："如何是大乘顿悟法要？"师曰："汝等先歇诸缘，休息万事，善与不善，世出世间，一切诸法，莫记忆，莫缘念，放舍身心，令其自在。心如木石，无所辨别。心无所行，心地若空，慧日自观，如云开日出相似。但歇一切攀缘，贪嗔、爱取、垢净情尽，对五欲（财、色等）八风（利、衰、毁等）不动，不被见闻觉知

269

所缚，不被诸境所惑，自然具足神通妙用，是解脱人。对一切境心无静乱，不摄不散，透过一切声色无有滞碍，名为道人。善恶是非俱不运用，亦不爱一法，亦不舍一法，名为大乘人。不被一切善恶、空有、垢净、有为无为、世出世间、福德智慧之所拘系，名为佛慧。是非好丑，是理非理，诸知见情尽，不能系缚，处处自在，名为初发心菩萨，便登佛地。"

（同上书卷三）

用大段常语教弟子，后期罕见，只是偶尔有，如：

（4）芙蓉道楷禅师——示众曰："夫出家者为厌尘劳，求脱生死。休心息念，断绝攀缘，故名出家，岂可以等闲利养埋没平生？直须两头撒开，中间放下。遇声遇色，如石上栽花；见利见名，似眼中著屑。况从无始以来，不是不曾经历，又不是不知次第；不过翻头作尾，止于如此，何须苦苦贪恋？如今不歇，更待何时？所以先圣教人，只要尽却今时；能尽今时，更有何事？若得心中无事，佛祖犹是冤家。一切世事自然冷淡，方始那边相应。你不见隐山至死不肯见人，赵州至死不肯告人，匾担拾橡栗为食，大梅以荷叶为衣，纸衣道者只披纸，玄泰上座只著布，石霜置枯木堂与人

270

坐卧，只要死了你心，投子使人办米，同煮共餐，要得省取你事。且从上诸圣有如此榜样，若无长处，如何甘得？诸仁者，若也于斯体究，的不亏人；若也不肯承当，向后深恐费力。"

（同上书卷十四）

这种老路子的教法是耐心地、直截地灌输知识，因而有长处，是不必猜想，上智和下愚都会有所得。用南宗的眼睛看也有短处，是不大能霹雳一声，振聋发聩。于是就不能不向新的一方过渡。

先是移到用"准常语"，如：

（5）百丈怀海禅师——问："如何是佛？"师曰："汝是阿谁？"曰："某甲。"师曰："汝识某甲否？"曰："分明个。"师乃举起拂子曰："汝还见么？"曰："见。"师乃不语。

（《五灯会元》卷三）

（6）长庆大安禅师——师即造百丈，礼而问曰："学人欲求识佛，何者即是？"丈曰："大似骑牛觅牛。"师曰："识得后如何？"丈曰："如人骑牛至家。"师曰："未审始终如何保任。"丈曰："如牧牛人执杖视之，不令犯人苗稼。"

（同上书卷四）

（7）灵峰志恩禅师——问如何是佛，师曰："更是阿谁？"

曰:"既然如此,为甚么迷妄有差殊?"师曰:"但自不亡羊,
何须泣歧路。"

(同上书卷八)

(8)禾山师阴禅师——问:"久久寻源,为甚么不见?"
师曰:"为步数太多。"曰:"怎么则不觅去也?"师曰:"还同
避溺而投火。"

(同上书卷六)

(5)(6)(7)意旨一样,是自性清净,认识即到佛地,不必外求。(8)
是意在破执,以实现禅的自在无碍的境界。这都是略曲折一些表达,
意思仍是明确的。

就南宗禅的教法看,常语和准常语像是江河源头的涓涓细流,
由山地下行,不久就变为对岸不辨牛马的大水,即所谓机锋、棒喝
之类。

8.3 求顿悟的新路

作为一种教学方法,这个新路,由禅门外的人看,很怪。如:

(1)芭蕉慧清禅师——上堂,拈拄杖示众曰:"你有拄
杖子,我与你拄杖子;你无拄杖子,我夺却你拄杖子。"靠

拄杖，下座。僧问："如何是芭蕉水？"师曰："冬温夏凉。"
问："如何是吹毛剑？"师曰："进前三步。"曰："用者如何？"
师曰："退后三步。"问："如何是和尚为人一句？"师曰："只
恐阇黎不问。"上堂："会么？相悉者少。珍重！"问："不语
有问时如何？"师曰："未出三门千里程。"问："如何是自己？"
师曰："望南看北斗。"问："光境俱亡，复是何物？"师曰：
"知。"曰："知个甚么？"师曰："建州九郎。"

（《五灯会元》卷九）

（2）仰山慧寂禅师——僧参次，便问："和尚还识字否？"
师曰："随分。"僧以手画此〇相拓呈，师以衣袖拂之。僧又
作此〇相拓呈，师以两手作背抛势。僧以目视之，师低头。
僧绕师一匝，师便打，僧遂出去。师坐次，有僧来作礼，师
不顾。其僧乃问："师识字否？"师曰："随分。"僧乃右旋一
匝，曰："是甚么字？"师于地上书十字酬之。僧又左旋一匝，
曰："是甚字？"师改十字作卍字。僧画此〇相，以两手拓，
如修罗（恶神名）掌日月势，曰："是甚么字？"师乃画此⊕
相对之。

（同上）

（1）用语言，都难解，尤其是无而夺却，不出门行千里，望南看北
斗，事实不可能，更使人莫明其妙。（2）多用形相，〇，卍，⊕，背

抛，旋转一匝，打，都表示什么？很多人有这样的感觉，中文典籍，最难读的是禅宗语录，原因是不能循常规求得确解。如上面的两例所显示，一种可能是本来就不表示什么确义。这，至少是发此言作此相的禅师们不会同意。那么，就只剩下一种可能，是有确义，只是不在语言和形相的常规范围之内。之外？这就跑了野马，有向任何方向去的可能，怎么去捕捉？

怎么去捕捉的问题暂放一放，这里先谈谈为什么会往这怪路上走。禅师们都是众生无边誓愿度的，愿度，对于学人当然会"老婆心切"，可是用的办法像不是"循循善诱"，因为莫明其妙就谈不到悟入。这显然是个矛盾。矛盾而容许存在，并顺流而下，一发而不可遏，总当有个坚强的理由，或说必要的原因。这，禅师们自己没有说。可是有间接的表示，如：

（3）云居晓舜禅师——首谒刘公居士家。……士曰："老汉有一问，若相契即开疏，如不契即请还山。"遂问："古镜未磨时如何？"师曰："黑似漆。"士曰："磨后如何？"师曰："照天照地。"士长揖曰："且请上人还山。"拂袖入宅。

（《五灯会元》卷十五）

（4）船子德诚禅师——道吾（宗智）后到京口，遇夹山（善会）上堂。僧问："如何是法身？"山曰："法身无相。"曰："如何是法眼？"山曰："法眼无瑕。"道吾不觉失笑。……吾曰："某甲终不说，请和尚却往华亭船子处去。"

（同上书卷五）

云居和夹山的所答，依佛理说不能算错，可是因此而前者谒人碰了壁，后者为道吾所耻笑。为什么？推想是因为他们用了常语，不怪。这样说，教法求怪，而且越来越怪，还不只是顺流而下，而且是"有意"顺流而下。这有必要吗？或者说，究竟为什么才成为这样？可能有以下一些原因。

（一）常语是走渐的路，与顿的要求有距离，甚至不同道，因而求顿就不宜于用常语。

（二）学人急于想了生死大事，所以抛开家室，跋涉山川，去投师。见到老师，急于想知道的是两方面的奥秘：一方面是老师那个所得（禅悟后所住的境，假定有），另一方面是这个境是怎么得到的。所以反反复复问"如何是祖师西来意"，问"如何是和尚家风"，等等。可是这所得之境是出世间的，难于用世间的语言表达；怎么得来，甚至连自己也是踏破铁鞋无觅处，得来全不费功夫，无法说。无法说而还要说，这就碰到个两难：或者不说，或者一说便错。求既说而又不错，于是挤，挤，挤，终于挤上一条小路，说而不表示一说便错的意义。这就成为机锋，如赵州的"庭前柏树子""老僧在青州作得一领布衫，重七斤"之类。这类话，如果说有确义，学人面对它就有两种可能：一是契，那就证明原话很对；一是不契，那也不能证明原话并不对。

（三）南宗的理论和修持方法是即心是佛，见性成佛。怎么能见性？是去掉蒙蔽清净之心的业识习气。办法是破知见，破我执，破一切悟前那些自以为是，抓住不放的。破，似乎可以用常语，但它有致命的缺点，是一，温和，因而力量不大；二，尤其严重的是出自想破的知见的一群中，这就有如暗藏的奸细，成事不足，败事有余。从这个角度考虑，反常语发的力量是痛斥；如果还嫌不够，就加用临济的喝，甚至德山的棒。

（四）修持，表现于修持的人，渐的办法是觉察不出的变，今天是张三，明天还是张三；顿的办法就大不同，悟前是张三，一旦看见桃花，或听到驴叫，豁然大悟，就立刻变成李四。这样大的变动，应该形于外。我的想法，有时候还难免是"有意"形于外，如斩猫、烧木佛，以至说祖师是老臊胡，等等，也许都可以归入这一类。这样说，是认为其中难免有些戏剧成分。自然，这是站在禅门外看的，证据只能是印象而已。

（五）是笔记或著史的人有偏爱，觉得唯有怪才更可传，所以把大量的平淡生活和常语都略去了。

以上推想的原因也许不全对，也许不全面。这关系不大，因为我们着重观察的是南宗的禅师们用什么步法走，而不是从哪里走来。而说起步法，表现在师徒交往之间的，确有不少是很费思索的。

8.3.1 授受的各种形式

这是一笔复杂账，只好归类择要说说。

（一）上堂。

（已悟的）禅师，地位近于现在级别高的教授，不能白领工资，要教学生，要带研究生。教，要拿出点真格的给学人看看。往外拿的最通常的方式是上堂，把学人集在一起，师在上，坐，讲。有时，大多是早期，用常语讲，上面已经提到。常语，也可算高明；但是非常语像是更高明。因而记在各种禅林典籍里的，"上堂"以下的言和行，大部分还是非常怪的。如：

（1）药山惟俨禅师——上堂："祖师只教保护，若贪嗔痴起来，切须防禁，莫教振触。是你欲知枯木，石头却须担荷。实无枝叶可得。虽然如此，更宜自看，不得绝言语。我今为你说这个语显无语底，他那个本来无耳目等貌。"

（《五灯会元》卷五）

（2）南源道明禅师——上堂："快马一鞭，快人一言，有事何不出头来？无事各自珍重。"僧问："一言作么生？"师乃吐舌云："待我有广长舌相即向汝道。"

（同上书卷三）

（3）五云志逢禅师——上堂，良久，曰："大众看看。"
便下座。

（同上书卷十）

（4）德山宣鉴禅师——小参（非定时上堂说法），示众
曰："今夜不答话，问话者三十棒。"时有僧出礼拜，师便打。
僧曰："某甲话也未问，和尚因甚么打某甲？"师曰："汝是甚
么处人？"曰："新罗人。"师曰："未跨船舷，好与三十棒。"

（同上书卷七）

以上四例依次排列，是表示情况可以每下愈况，如（1）还沾一点边，
（4）就连学人也莫知所措了。还有话不很离奇而意在作诗文的，如：

（5）上方齐岳禅师——上堂："旋收黄叶烧青烟，竹榻
和衣半夜眠。粥后放参三下鼓，孰能更话祖师禅。"便下座。

（同上书卷十五）

（6）君山显升禅师——上堂："大方无外，含裹十虚；至
理不形，圆融三际。高超名相，妙体全彰；迥出古今，真机独
露。握骊珠而鉴物，物物流辉；掷宝剑以挥空，空空绝迹。把
定则摩竭掩室，净名杜词；放行则拾得摇头，寒山拊掌。且道
是何人境界？"拈拄杖卓一下，曰："瞬目扬眉处，凭君子细看。"

（同上书卷十六）

（5）是作近体诗,（6）是作骈文，听了这些，会越过丽辞悟及禅境吗?

（二）问答。

这是最常用的授受方式，因为，即使相信"诸佛妙理，非关文字"，表示"非关文字"的意思还是（几乎）不能不用语言文字。情势是限定学人不能不问，老师不能不答。答，可以用常语，却很少用常语。如:

（7）赵州从谂禅师——师因出，路逢一婆。婆问:"和尚住甚么处?"师曰:"赵州东院西（只是发西音，写 xī 意较明）。"婆无语。师归，问众僧:"合使那（哪）个西字?"或言"东西"字，或言"栖泊"字。师曰:"汝等总作得盐铁判官。"曰:"和尚为甚恁么道?"师曰:"为汝总识字。"

（《五灯会元》卷四）

（8）禾山无殷禅师——问:"习学谓之闻，绝学谓之邻，过此二者谓之真过。如何是真过?"师曰:"禾山解打鼓。"曰:"如何是真谛?"师曰:"禾山解打鼓。"问:"即心即佛则不问，如何是非心非佛?"师曰:"禾山解打鼓。"曰:"如何是向上事?"师曰:"禾山解打鼓。"问:"万法齐兴时如何?"师曰:"禾山解打鼓。"

（同上书卷六）

（9）长沙景岑禅师——问："向上一路请师道。"师曰："一口针，三尺钱。"曰："如何领会?"师曰："益州布，扬州绢。"

（同上书卷四）

（10）福清行钦禅师——问："如何是然灯前?"师曰："然灯后。"曰："如何是然灯后?"师曰："然灯前。"

（同上书卷八）

（11）定州善崔禅师——僧问："如何是祖师西来意?"师曰："定州瓷器似钟鸣。"

（同上书卷十一）

（7）意不定;（8）不同的问题用相同的话答，也就成为意不定;（9）难解;（10）矛盾，更难解;（11）像是随口乱说，不着边际。这种问答的方式，有由老师开头的。如:

（12）石巩慧藏禅师——一日，在厨作务次，（马）祖问："作甚么?"曰："牧牛。"祖曰："作么生牧?"曰："一回入草去，蓦鼻拽将回。"祖曰："子真牧牛。"

（同上书卷三）

（13）上林戒灵禅师——初参沩山，山曰："大德作甚么来?"师曰："介胄全具。"山曰："尽卸了来，与大德相见。"

师曰："卸了也。"山咄曰："贼尚未打，卸作甚么？"师无对，

仰山代曰："请和尚屏却左右。"沩山以手揖曰："喏！喏！"

（同上书卷四）

与徒问师答相比，这像是学程的后一阶段，命题考试或口试答辩。

用问答授受，答者道高望重，也许正是想表示道高望重，答话可以跑野马。而且像是跑得越远越好，如同是出于赵州，"墙外底"就不如"镇州出大萝卜头"更耸人听闻。问者道不高，望不重，而且正在为不能了生死大事着急，因而就不敢跑野马，就是说，所问总是与依佛法修持有关。这渐渐还形成一些熟套。熟套的第一位是"如何是祖师西来意"，据说见于记录的，有几百处之多。此外还有不少，如：如何是佛；如何是佛法大意（文字或有小异，下同）；佛未出世时如何；如何是道；如何是禅；如何是向上一路；如何是第一义；如何是和尚（或用山名、寺名代）家风；如何是和尚一句；师唱谁家曲，宗风嗣阿谁；狗子有佛性也无；如何是父母未生时面目；如何是吹毛剑；如何是境中人；如何是宾中主，主中宾；如何是夺人不夺境，夺境不夺人；如何是正中偏，偏中正；羚羊挂角时如何；牛头未见四祖时如何，见后如何；等等。

（三）形相。

说，说不清楚，而且有堕入知见之嫌，于是有时就走"言语道断"一路。但又不能断得太厉害，因为，如果厉害到毫无表示，那就

连授受也成为连根烂。两难之间挤出一种"巧妙"的办法，是用形相，即所谓无声的语言。如：

（14）百丈怀海禅师——师再参（马祖），侍立次，祖目视绳床角拂子。师曰："即此用，离此用？"祖曰："汝向后开两片皮，将何为人师？"（师）取拂子竖起。祖曰："即此用，离此用？"师挂拂子于旧处。

（《五灯会元》卷三）

（15）香严义端禅师——上堂，僧问："如何是直截根源？"师乃掷下拄杖，便归方丈。

（同上书卷四）

（16）南泉普愿禅师——师因东西两堂争猫儿，师遇之，白众曰："道得即救取猫儿，道不得即斩却也。"众无对，师便斩之。赵州自外归，师举前语示之，州乃脱履安头上而出。师曰："子若在，即救得猫儿也。"

（同上书卷三）

（17）西堂智藏禅师——一日，大寂（马祖）遣师诣长安，奉书于忠国师。国师问曰："汝师说甚么法？"师从东过西而立。国师曰："只这个，更别有？"师却从西过东边立。

（同上）

（18）雪峰义存禅师——一日升坐，众集定，师辊出木球，玄沙（师备）遂捉来安旧处。

（《五灯会元》卷七）

（19）南泉普愿禅师——师与归宗、麻谷同去参礼南阳国师，师于路上画一圆相曰："道得即去。"宗便于圆相中坐，谷作女人拜。

（同上书卷三）

（20）仰山慧寂禅师——耽源（应真）上堂，师出众，作此〇相，以手拓呈了，却叉手立。源以两手相交，作拳示之。师进前三步，作女人拜。源点头，师便礼拜。

（同上书卷九）

（21）天童正觉禅师——上堂："今日是释迦老子降诞之辰，长芦不解说禅，与诸人画个样子。只如在摩耶胎时作么生？"以拂子画此⊙相。曰："只如以清净水浴金色身时又作么生？"复画此⊛相。曰："只如周行七步，目顾四方，指天指地，成道说法，神通变化，智慧辩才，四十九年，三百余会，说青道黄，指东画西，入般涅槃时，又怎么生？"乃画此⊕相。

（同上书卷十四）

（14）到（18）是演哑剧，但动作有超常之意，（19）到（21）是画图画，图形也有图形外之意，所以比"庭前柏树子"之类更难捉摸。

（四）棒喝之类。

这是恨铁不成钢，更下了狠心，动口也动手。如：

（22）德山宣鉴禅师——示众曰："道得也三十棒，道不得也三十棒。"临济闻得，谓洛浦（元安）曰："汝去问他，道得为甚么也三十棒。待伊打汝，接住棒送一送，看伊作么生。"浦如教而问，师便打，浦接住送一送，师便归方丈。浦回举似临济，济曰："我从来疑着这汉。虽然如是，你还识德山么？"浦拟议，济便打。

（《五灯会元》卷七）

（23）雪峰义存禅师——师曰："我有二十棒寄与覆船（洪荐），二十棒老僧自吃，不干阇黎事。"问："大事作么生？"师执僧手曰："上座将此问谁？"有僧礼拜，师打五棒。僧曰："过在甚么处？"师又打五棒，喝出。

（同上）

（24）临济义玄禅师——上堂，僧问："如何是佛法大意？"师竖起拂子，僧便喝，师便打。又僧问："如何是佛法大意？"师亦竖拂子，僧便喝，师亦喝。

（同上书卷十一）

（25）兴化存奖禅师——师见同参来，才上法堂，师便喝，僧亦喝。师又喝，僧亦喝。师近前拈棒，僧又喝。

（同上）

（26）百丈怀海禅师——师侍马祖行次，见一群野鸭飞过，祖曰："是甚么？"师曰："野鸭子。"祖曰："甚处去也？"师曰："飞过去也。"祖遂把师鼻扭，负痛失声。祖曰："又道飞过去也！"师于言下有省。

（同上书卷三）

（27）水潦和尚——初参马祖，问曰："如何是西来的的意？"祖曰："礼拜著！"师才礼拜，祖乃当胸蹋倒。师大悟。

（同上）

德山棒，临济喝，在禅林里是出了名的。这类办法的来由，可以引用《毛诗序》的话来说明，就是："言之不足，故嗟叹之；嗟叹之不足，故永歌之；永歌之不足，不知手之舞之足之蹈之也。"

以上分类举了一些授受方式的例，以见难解的一斑。这难解会引来一种疑问：像这样煞费苦心，就真能够作为向导，指引学人走向彼岸吗？这是禅门中的都不说却不会不想到的严重问题，留到下面说。

8.3.2 宗风和家风

这"风"主要也是指授受方式（即现在所谓教学法）的不同，因为是从另一个角度介绍，所以另辟一节。严格说，授受方式，没有两个人是完全相同的，这是因为由老师那里学来，转授，不能不加上自己的悟解和个性。不过在这里，重要的是大同，不是小异，因而授受方式归类，就可以大到汇为一"宗"；宗风要由宗内的大师来体现，所以也可以称为"家"风。先谈谈为什么要有风。原因有政治的，是想开国称孤；有教育的，是"老婆心切"，恨不得一朝一夕把（教内的）儿孙们养壮了，也能够出巢翱翔。只说教育的，想起来也真苦。了生死大事，谈何容易！必须看珍馐为不好吃，少艾为不可爱。为了改变感知，不得不进一步把非可欲之物也一扫光，于是山不是山了，水不是水了，其极也成为万法皆空。火上加油是还要走顿的路，纵使难，也要快。形势要求必须在方法上下大功夫。于是而机锋，而棒喝，而竖拂辊球，而画圆相，以至作女人拜。可惜是这些都未必是特效药，老师费尽心机，学人不契，怎么办？当然会想到改进方法。摸索出一些，绝大部分是比不着边际的机锋、棒喝之类具体些的，试试，由我们现在看，也未必有奇效。可是它有个大优点，是别人看着，也自己觉得，有了"只此一家，并无分号"的办法。这有好处，是小的可以自慰，大的可以广招徕，扩大势力。于是而由沩仰宗起，宗派相继成立，宗风也相继形成。

关于特殊授受方式的宗风或家风，这里不想多说。原因是：一，大的汇为宗派的，前面第五章，由5.6.1节沩仰宗的"无心是道"到5.6.7节黄龙派的"黄龙三关"，都已经简要地介绍过。二，小的体现在著名禅师身上可以称为家风的，一则说不胜说，二则比较难于抓住真正够得上特点的特点。这样的特点，只有在不很知名的禅师的史迹中才容易找到。如：

（1）中邑洪恩禅师——每见僧来，拍口作和和声。仰山（慧寂）谢戒，师亦拍口作和和声。仰从西过东，师又拍口作和和声。仰从东过西，师又拍口作和和声。

（《五灯会元》卷三）

（2）打地和尚——凡学者致问，惟以棒打地示之。

（同上）

（3）湖南祇林和尚——每叱文殊、普贤皆为精魅，手持木剑，自谓降魔。才见僧来参，便曰："魔来也！魔来也！"以剑乱挥，归方丈。

（同上书卷四）

（4）招提慧朗禅师——师归石头（希迁），便问："如何是佛？"头曰："汝无佛性。"师曰："蠢动含灵又作么生？"头曰："蠢动含灵却有佛性。"曰："慧朗为甚么却无？"头曰："为汝不肯承当。"师于言下信入。住后，凡学者至，皆曰："去！去！汝无佛性。"其接机大约如此。

（同上书卷五）

由宗派的"黄龙三关"之类到打地和尚的"打地"之类，风内的花样也不算少。当然，花样的价值，最终还要由效果来评定，这留到下面再研讨。

8.3.3　一些新程式

这大多来自上一节说的"风"，这里单提出来，是想说明，教法用机锋，求奇警，矫枉过正，难免产生流弊，使学人摸不着头脑；想补救，就不能不改大放为略收，或者说，往回里走，求质实，求较为明确。这就产生一些教材和教法的新程式，如照用、宾主、人境等的辨析。在机锋中暗藏的佛理或禅境，纳入程式的辨析，也是老婆心切，用意是，略指点门径，可以比较容易地由此悟入。常见的门径是以下几种。

（一）照用。如：

（1）临济义玄禅师——示众："我有时先照后用，有时先用后照，有时照用同时，有时照用不同时。先照后用有人在，先用后照有法在。照用同时，驱耕夫之牛，夺饥人之食，敲骨取髓，痛下针锥。照用不同时，有问有答，立宾立主，合水和泥，应机接物。"

（《五灯会元》卷十一）

（2）汾阳善昭禅师——上堂："凡一句语须具三玄门，每一玄门须具三要。有照有用，或先照后用，或先用后照，

288

或照用同时，或照用不同时。先照后用，且要共你商量；先用后照，你也须是个人始得。照用同时，你作么生当抵？照用不同时，你又作么生凑泊？"

（同上）

照是知，用是行。对于师所讲，先照后用是由明理入，先用后照是由躬行入。余可类推。

（二）宾主。如：

（3）临济义玄禅师——示众："参学之人大须子细，如宾主相见，便有言论往来。……如有真正学人，便喝，先拈出一个胶盆子，善知识不辨是境，便上他境上作模作样，便被学人又喝，前人不肯放下，此是膏肓之病，不堪医治，唤作宾看主。或是善知识，不拈出物，只随学人问处即夺，学人被夺，抵死不肯放，此是主看宾。或有学人，应一个清净境，出善知识前，知识辨得是境，把得抛向坑里，学人言'大好善知识'，知识即云'咄哉！不识好恶'，学人便礼拜，此唤作主看主。或有学人，披枷带锁，出善知识前，知识更与安一重枷锁，学人欢喜，彼此不辨，唤作宾看宾。"

（同上）

（4）华严普孜禅师——僧问："如何是宾中宾?"师曰："客

路如天远。"曰:"如何是宾中主?"师曰:"侯门似海深。"曰:"如何是主中主?"师曰:"寰中天子敕。"曰:"如何是主中宾?"师曰:"塞外将军令。"乃曰:"宾中问主,互换机锋,主中问宾,同生同死;主中辨主,饮气吞声;宾中觅宾,白云万里。"

(同上书卷十二)

宾是外,主是内,所以应该以主为主。

(三)人境。如:

(5)涿州纸衣和尚——初问临济(义玄):"如何是夺人不夺境?"济曰:"煦日发生铺地锦,婴儿垂发白如丝。"师曰:"如何是夺境不夺人?"济曰:"王令已行天下遍,将军塞外绝烟尘。"师曰:"如何是人境俱夺?"济曰:"并汾绝信,独处一方。"师曰:"如何是人境俱不夺?"济曰:"王登宝殿,野老讴歌。"

(同上书卷十一)

(6)金山昙颖禅师——问:"如何是夺人不夺境?"师曰:"家里已无回日信,路边空有望乡牌。"曰:"如何是夺境不夺人?"师曰:"沧海尽教枯到底,青山直得碾为尘。"曰:"如何是人境两俱夺?"师曰:"天地尚空秦日月,山河不见汉君臣。"曰:"如何是人境俱不夺?"师曰:"莺啭千林花满地,客游三月草侵天。"

（同上书卷十二）

夺是除去，能人境俱夺才是彻底破，彻底空。

（四）正偏。如：

（7）洞山良价禅师——师作五位君臣颂曰："正中偏，三更初夜月明前，莫怪相逢不相识，隐隐犹怀旧日嫌。偏中正，失晓老婆逢古镜，分明觌面别无真，休更迷头犹认影。正中来，无中有路隔尘埃，但能不触当今讳，也胜前朝断舌才。兼中至，两刃交锋不须避，好手犹如火里莲，宛然自有冲天志。兼中到，不落有无谁敢和，人人尽欲出常流，折合还归炭里坐。"

（同上书卷十三）

（8）曹山本寂禅师——师曰："正位即空界，本来无物；偏位即色界，有万象形。正中偏者，背理就事；偏中正者，舍事入理。兼带者，冥应众缘，不堕诸有，非染非净，非正非偏，故曰虚玄大道，无著真宗，从上先德，推此一位，最妙最玄，当详审辨明。君为正位，臣为偏位，臣向君是偏中正，君视臣是正中偏，君臣道合是兼带语。"

（同上）

正比偏好，正偏兼顾就更好。

此外，较少时候，还分辨权实、句意等，这都是表示，像是无理的话并不是无理，像是简单的话，内涵却很值得咀嚼。应该承认，这样做，用意是好的，甚至用心是苦的。可是这会引来两个问题。一个是，这样一回头，就会走向繁琐的老路，至少是会形成这种趋势，这同南宗禅的精神怎样协调呢？另一个就更严重，照用、宾主等的分辨，就真能成为悟入的门径吗？至少由我们常人看，"驱耕夫之牛，夺饥人之食"，与"庭前柏树子"之类相比，表面看是深入一层，实际仍旧是半斤八两。如果竟是这样，那问答"如何是夺人不夺境"等等的努力，就真成为可怜无补费精神了。

8.3.4 破执与传心

授受，有目的，是学人能解脱，了生死大事，或说证涅槃，到不再有苦的彼岸。这目的自然不容易达到。为了勉为其难，师要想方设法，破学人之执，传自己之心。执是世间的知见和情欲，心是禅悟后的心体湛然、不为物移的（主观）意境。破，不容易。就知见说，纵使接受了一切现象都是因缘和合因而没有实性的观点，走入禅堂看到蒲团，走出禅堂看到山门，就确认都是虚空，究竟太难了。情欲就更不好办，锦衣玉食之类的愿望或者还比较容易抵拒，红妆翠袖之类的愿望会使英雄气短，抵拒就更加困难。传，也许更难，因为这样的意境不可说；即使可说，学人还没有升到同样高度的时候也无法领会。

细想起来，这确是佛门的苦难。见苦难而不退，并相信怎样怎样就可以成佛，专就这样的锲而不舍的精神说，称为"大雄"确是无愧的。

破执，可以用常语。南宗禅以前，佛法的授受，如释迦的四圣谛法，达摩的二入四行，以及天台、华严、法相等宗的谈空说有，都是这样。就是南宗禅实际祖师的慧能，传法使弟子开悟，也还是用常语，这在前面7.3.1节已经谈到，不重复。慧能以后，而且越靠后越厉害，不管是用语言还是用棒喝之类，破执大多是采用一刀斩断葛藤的方式。如：

（1）盐官齐安禅师——僧问大梅（法常）："如何是西来意？"大梅曰："西来无意。"师闻乃曰："一个棺材，两个死汉。"

（《五灯会元》卷三）

（2）汾州无业国师——闻马大师禅门鼎盛，特往瞻礼。（马）祖睹其状貌奇伟，语音如钟，乃问："巍巍佛堂，其中无佛。"师礼跪而问曰："三乘文学，粗穷其旨。常闻禅门即心是佛，实未能了。"祖曰："只未了底心即是，更无别物。"

（同上）

（3）大随法真禅师——问："如何是学人自己？"师曰："是我自己。"曰："为甚么却是和尚自己？"师曰："是汝自己。"

（同上书卷四）

（4）严阳善信尊者——初参赵州（从谂），曰："一物不将来时如何？"州曰："放下着。"师曰："即是一物不将来，放下个甚么？"州曰："放不下，担取去。"

（同上）

（5）庞蕴居士——后参马祖，问曰："不与万法为侣者是甚么人？"祖曰："待汝一口吸尽西江水，即向汝道。"

（同上书卷三）

（6）饶州峣山和尚——问："如何是和尚深深处？"师曰："待汝舌头落地，即向汝道。"

（同上书卷四）

（7）临济义玄禅师——初在黄檗（希运）会中，行业纯一。时睦州（陈尊宿）为第一座，乃问："上座在此多少时？"师曰："三年。"州曰："曾参问否？"师曰："不曾参问，不知问个甚。"州曰："何不问堂头和尚，如何是佛法的大意？"师便去，问声未绝，檗便打。师下来，州曰："问话作么生？"师曰："某甲问声未绝，和尚便打。某甲不会。"州曰："便更去问。"师又问，檗又打。如是三度问，三度被打。

（同上书卷十一）

（8）守廓侍者——师行脚到襄州华严和尚会下。一日，严上堂，曰："大众！今日若是临济、德山、高亭、大愚、鸟窠、船子儿孙，不用如何若何，便请单刀直入，华严与汝证据。"师出礼拜，起便喝。严亦喝。师又喝，严亦喝。

（同上）

（1）（2）是说没有那么回事，（3）（4）是故意违理，（5）（6）是表示一说便错，（7）（8）用棒喝，是更直截更有力的驳斥，用意都是使学人领悟，至理在常语常见之外，必须打破执才能见到。

传心更难了。佛家之所求是住出世间的境，这或者名之为涅槃，或者名之为真如、实性、自性等等。这种境，属于概念的可以说，虽然也未必能够说清楚。属于感知的，（禅悟后的）人人有一个唯有自己能够感知的，不好说，甚至无法说。而学人，想知道的显然偏偏是这个。于是而问，而反复问，多方面问。怎么答呢？不得已，只好用个自己认为可以传自己之心的符号。（"自己认为"的程度，局外人无法确知；但可以推想，尤其后期，有的可能是照老路说怪话，并没有来由。）这符号可以是有声语言，也可以是无声语言。如：

（9）赵州从谂禅师——问："如何是祖师西来意？"师曰："庭前柏树子。"

（《五灯会元》卷四）

（10）石霜庆诸禅师——问："如何是佛法大意？"师曰："落花随水去。"曰："意旨如何？"师曰："脩竹引风来。"

（同上书卷五）

（11）濠州思明禅师——问："如何是清净法身?"师曰："屎里蛆儿，头出头没。"

（同上书卷六）

（12）清平令遵禅师——问："如何是禅?"师曰："猢狲上树尾连颠。"

（同上书卷五）

（13）南源行修禅师——僧问："如何是南源境?"师曰："几处峰峦猿鸟叫，一带平川游子迷。"问："如何是南源深深处?"师曰："众人皆见。"

（同上书卷六）

（14）灵树如敏禅师——问："如何是和尚家风?"师曰："千年田，八百主。"曰："如何是千年田，八百主?"师曰："郎当屋舍没人修。"

（同上书卷四）

（15）岩头全奯禅师——迩后人或问佛、问法、问道、问禅者，师皆作嘘声。

（同上书卷七）

（16）雪峰义存禅师——僧辞去，参灵云（志勤），问："佛未出世时如何?"云举拂子。曰："出世后如何?"云亦举拂子。其僧却回，师曰："返太速乎!"曰："某甲到彼，问佛法不契乃回。"师曰："汝问甚么事?"僧举前话，师曰："汝问，我为汝道。"僧便问："佛未出世时如何?"师举起拂子。
曰:"出世后如何?"师放下拂子。

（同上）

（17）鹅湖大义禅师——（有法师问）曰:"如何是禅?"
师以手点空。

（同上书卷三）

（18）仰山慧寂禅师——问:"如何是祖师意?"师以手
于空作此件⑯相示之。

（同上书卷九）

问祖师西来意、佛法、法身、禅等等，都是想听听解脱的究竟以及通
往解脱的路。这样问，既真诚，又迫切，怎么答呢?（9）到（14）是
用语言，（15）是用非语言的声音，（16）到（18）是用形相。这些都
是世间的符号。符号后面应该隐藏着一些与符号不相干的属于出世间
的什么，可是这什么与符号有质与形的联系吗? 有或没有，是南宗禅
师徒授受的生死关头，问题太大，留到下节谈。

8.3.5　破和传的可能性

先要说一点抱歉的意思。如《景德传灯录》《高僧传》一类书所
记载，名师、高徒间授受，破的破了，传的传了，而且车载斗量，不
止一两个;我这里却同意孟子"尽信书则不如无书"的话，提出可能

不可能的问题，实在是太唐突古德了。但也没有办法，因为是站在禅外看，不能不戴着常人的眼镜，以常看非常，尤其是在现代，自然就难免把灶头上的灶王老爷看成一张纸印上一些颜色。这对不对呢？不管对不对，既然要说，就只能言其所信。

先说破执。由佛家看，执是执着不离的妄情。这妄情由哪里来？自然是由世间来。不幸（甚至可以看作悲剧）是想解脱的信士弟子也由世间来。由世间来，必致带有世间的"知见"，世间的"情欲"。知见有真伪对错问题，古人早已注意到，东方如庄子，有时就被庄周梦为蝴蝶还是蝴蝶梦为庄周搅得胡里胡涂，西方如柏拉图，讨厌变，也许怕变，就硬说现象背后那个意念世界才是真实的。哲人们面对这类问题两三千年，绝大多数还是不得不承认，所谓知，总是客观（所感知）加主观（感知）（比例可以因人而不同）。这客观，用佛家的眼光看，是世间的，如天、地、牛、羊等等。分歧来于怎样看待天、地、牛、羊之类，常人说这些都是真的，佛家说这些都没有实性。说客观没有实性，这客观不只包括天、地、牛、羊等等，还包括说真说假的"我"。说，容易；难在还要进一步，确信。确信天地不是天地，牛羊不是牛羊，这由常人看是做不到的。信士弟子或者不宜于算作常人，但他们曾是常人，因而即使非绝对做不到，也总当很难吧？因为很难，所以名为执，要破。这里把问题缩小，只问：像这样的（知见的）执，说"你是我"，或者打一棒，踏一脚，就能立刻破除吗？

情欲方面的执就更严重，大小乘戒，粗细加起来有几百项之多，几乎都是对付这个的。情欲比知见更难破，是因为一，性质有别：知见可以平心静气地讲理，即辨析，得个结果，信不信由你；情欲就不同，它不讲理，而且常常是，忽然火起，闹事。这有如对付经常作案的人，必须加意防范。举大戒第三名的淫戒为例，如果严格要求，就要隔壁有钗钏声而不闻，闻就算破戒，比闻重的，如动心，甚至下山，就更不用说了。还有二，是知见单纯，一旦空就都空；情欲就不同，而是向无数的目标延伸，防不胜防。这里重复一下上一段提出的问题：像这样的（情欲的）执，说"你是我"，或者打一棒，踏一脚，就能立刻破除吗？

立刻破除是顿。显然，这顿，假定有，也必须以渐为条件，或说必须经过长期准备。条件主要有三种。一是"通晓佛理"。所谓悟，是确信旧有的认知错了，只有不同于旧有的认知的那种认知才是对的。这不同于旧有的认知的认知，如果本不知晓，又能悟个什么？这不同于旧有的认知的认知是佛理，如四圣谛法之类，虽然不是三天五天就能搞清楚的（只是清楚还不够，还要首肯）。我们翻开禅宗的典籍看看就可以知道，著名的禅师们都是多年蒲团，经过多次的"不会""不契"，最后在某种机缘中才开悟的。这多年蒲团，学的当然是佛理。所以我有时想，南宗所谓顿，是强调了渐的一个阶段；或者说，所谓"言下大悟"，常常是希望方面的成分比实效方面的成分多得多；再说明确些，是为了宣扬顿，只说了一霎间的豁然，而把豁然之前的艰苦努力略去了。另一个条件是"度苦的愿望"，就是对于世间生活,与佛家有较强烈的同感,或者说,不管由于什么,总感到过不下去了,只有遁入空门才是一条活路。这态度为接受佛理准备了条件;没有这个,你说万法皆空,少艾不净,他当然听不进去,悟就更谈不到了。还有一个条件是"环境的熏染",就是住在禅林,随着僧众,依照清规生活,并多看上座和尚的言谈举止。环境加时间能产生习惯,习惯再加时间还能产生爱好。爱好有力量不小的排他性;而禅悟,就是来于这样的排他性,也表现为这样的排他性。以上三个条件,通晓佛理,度苦的愿望,环境的熏染,合力,会产生破执的力量。但产生应该是渐渐的,纵使有时可以表现为心灯的一闪。

再说传心。所谓心,是某具体的人感知的某种独有的意境。意境有具体的,有抽象的,为了简明,只说具体的。这类意境,有简单的,如荣国府前一对石狮子;有复杂的,如因看《东京梦华录》而想到汴京的盛况;有通常的,如日常生活所经历;有玄妙的,如想到混沌初开。意境可以只是感知的,但绝大多数兼有情绪成分,那也就成为复杂。这说的意境都是常态的,可以传吗?常识相信能传。怎么传?几乎都是用语言,如说"翩若惊鸿"、"余音绕梁",以至"好到没法说",说的甲,听的乙,如果都是没有哲理癖的,必以为传了。有哲理癖的人就将不以为然,因为甲感知的意境与乙感知的意境不能直接见面,中间隔着只是符号的语言,传的究竟是什么,自然只有天知道。这个难题,闯入佛家就更为严重,因为那(禅悟后的)意境是出世间的,更不是世间的语言所能表达。可惜的是,禅师们没有创造自己的完整而确切的符号系统（振锡、竖拂等算否有问题，因表意可此可彼）。不得已，只好仍用世间的，补救之道是不遵守世间的表意规律，而是言在此而意在彼。困难来自这个"彼"，既然不遵守表意规律，它就有代表任何事物或意义或意境的绝对自由。当然，以机锋教学人的禅师们大概不这样看，因为他们的话可能确有所指；不过由学人方面看还是一样，因为不遵守表意规律，那话就有表任何意义的可能，"任何"是无限，靠猜测捕捉就太难了。实况可能比难于捕捉更严重。以"如何是祖师西来意"的答话为例（只举临济宗的一部分）：

（1）面黑眼睛白。——宝寿沼禅师

（2）定州瓷器似钟鸣。——定州善崔禅师

（3）五男二女。——南院慧颙禅师

（4）青绢扇子足风凉。——汾阳善昭禅师

（5）三尺杖子破瓦盆。——首山怀志禅师

（6）三日风，五日雨。——石霜楚圆禅师

（7）布袴膝头穿。——石霜法永禅师

（8）东篱黄菊。——妙智光云禅师

（9）舶船过海，赤脚回乡。——仗锡修己禅师

（10）砖头瓦片。——广法源禅师

十种，由常人看都是风马牛不相及的话，能够与西来意（说者感知的

有关佛理或解脱的意境）有必然的联系吗？这里我们见到的只是任意性，不像有必然性，因为不同的话如果有指向同的必然性，那就削弱了某一句话指向某一意境的必然性。这是说，"五男二女""东篱黄菊"之类，也许并不像禅宗典籍宣扬的那样微妙，而是信口拈来。如果竟是这样，那就有如甲并没有藏什么，乙自然找不着了。这里无妨退一步，承认说者不是任意，而是确有所指，这就又碰到上面提出的问题，顺着言在此而意在彼的语言，怎么能找到那个彼呢？这种困难，禅宗典籍里也多次提到，那是机锋之后的"不会"（不懂）和"不契"（不投合）。

再退一步，说"会"，说"契"，就是由上面的不通变为通，或者说，心传了，情况怎么样呢？可惜也不能像传说的那样如意，而不能不是差不多主义。师徒授受的心，指（已悟的）禅师自己感知的那个具体意境，这里用X_1表示。传，是想把这个X_1告诉学人。怎么告诉呢？X_1是禅师自己独有的感知，不能拿出来，装在学人的什么地方，使它变成学人的感知。可是又不能不传。于是费尽心思，寻找能够描述X_1形质的语言或形相。这不能用世间的，因为这意境是出世间的，不可说。不得已，只好用不表常义的语言或形相旁敲侧击。用语言，学人听到；用形相，学人看到。听到或看到的都不是那个X_1，而是表示X_1的符号。学人要把这符号看作神异的眼镜，用它去窥视那X_1，即所谓"参"。有些学人说，他看到了，即所谓"会"，所谓"契"，甚至"悟"。这看到的或得到的是X_1吗？显然不是，至多只能是X_2（就X说是同类，但1和2是两个，不是一个），因为禅师用符号表示n是试试看，学人通过符号领会X_1的形质也是试试看，X_1和X_2间隔着两个试试看，相通的可能几乎没有，相同的可能绝对没有。更大的困难是，不管能否相通或相同，都无法证验，因为能够交会的只是符号，不是实感。所以说，心即使能传，也是差不多主义。

用机锋的语言授受（特有的意境），表面看像猜谜，其实不然，因为谜底和谜面有意义的联系，机锋的发和收没有；即使有，也不是常态的联系。没有，或非常态，怎么能得个差不多呢？我的想法，这还是靠上一段提到的三个条件（通晓佛理，度苦的愿望，环境的熏陶）早已做了长期准备。经过长期准备，师当然有了某种合于佛理的（较明晰）自己特有的意境，徒也会有某种合于佛理的（也许不很明晰）自己特有的意境。两个意境非一，但都合于佛理，所以属于同一个"意境类"，就好像牛和羊非一，但属于同一个家畜类。通过机锋的会或契，是属于同一意境类的意境在"某地"相遇，从而莫逆于心。能够莫逆于心，关键是两个意境（X_1和X_2）属于同一个意境类，而不是某地。这是说，"五男二女"可以起某地的作用，"东篱黄菊"也可以起某地的作用。以上说的机锋都是风马牛不相及的。也有相及的，如非心非佛、狗子无佛性、达摩是老臊胡之类，我的看法，作用比不相及的也大不了多少，至多只是某地的范围略小些。看话禅是强调"某地"的作用的，据说有些人大力参狗子无佛性的"无"，于是就豁然大悟。我对这种神奇的传说一直有怀疑，因为出世间的意境，只靠翻来覆去地想"狗子",想"无",是不可能产生的。

8.3.6　旦暮遇之

《庄子·齐物论》:"万世之后,而一遇大圣知其解者,是旦暮遇之也。"这是说相知之难。禅宗师徒授受,也多有这种感慨。可是由于诚挚而长期的努力,同声相应,他们中不少人,在出世间意境的交流方面似乎也有过不可忽视的成就。这表现为徒有所会,得到师的认可。如:

（1）药山惟俨禅师——首造石头（希迁）之室,便问:"三乘十二分教某甲粗知;尝闻南方直指人心,见性成佛,实未明了,伏望和尚慈悲指示。头曰:"恁么也不得,不恁么也不得,恁么不恁么总不得,子作么生?"师罔措,头曰:"子因缘不在此,且往马大师处去。"师禀命恭礼马祖（道一）,仍伸前问,祖曰:"我有时教伊扬眉瞬目,有时不教伊扬眉瞬目,有时扬眉瞬目者是,有时扬眉瞬目者不是,子作么生?"师于言下契悟,便礼拜。祖曰:"你见甚么道理便礼拜?"师曰:"某甲在石头处,如蚊子上铁牛。"祖曰:"汝既如是,善自护持。"

（《五灯会元》卷五）

（2）真如方禅师——参琅邪（智迁）,惟看柏树子话。

每入室陈其所见，不容措词，常被喝出。忽一日大悟，直入方丈曰："我会也。"琅邪曰："汝作么生会？"师曰："夜来床荐暖，一觉到天明。"琅邪可之。

（同上书卷十二）

（3）虎丘绍隆禅师——次谒圆悟（昭觉克勤）。一日入室，悟问曰："见见之时，见非是见，见犹离见，见不能及。"举拳曰："还见么？"师曰："见。"悟曰："头上安头。"师闻，脱然契证。悟叱曰："见个甚么！"师曰："竹密不妨流水过。"悟肯之。

（同上书卷十九）

（4）荐福悟本禅师——由是益锐志，以狗子无佛性话，举"无"字而提撕。一夕将三鼓，倚殿柱昏寐间，不觉"无"字出口吻，忽尔顿悟。后三日，妙喜（径山宗杲）归自郡城，师趋丈室，足才越阃，未及吐词，妙喜曰："本胡子这回方是彻头也。"

（同上书卷二十）

这都是释迦拈花、迦叶微笑一路，借某种声音或形相而破了执，传了心，虽然由禅外的常人看，总是多多少少带有神秘色彩，因为两个意境相遇，灵光一闪，究竟两方各见到什么，是两方以外的人既不能感知，又只能推想而无法证验的。

第九章

机锋公案

9.1.1　机锋和公案

前面多处，尤其上一章谈师徒授受的破执与传心，曾着重说到机锋公案。机锋公案是南宗禅的重要的甚至唯一的教法和教材（在看话禅中表现得更为明显），所以值得当作重点说一说。

机锋，锋的意义简单明确，是刺物之器的尖，如刀锋、剑锋等。机的意义不那么简单明确。可以解为机缘的机，教学要因人而施，相机而施，这样，机锋就是适应学人之机而给予的一刺。也可以解为机微的机，这样，机锋就是给予学人的微妙而难以明言的一刺。还可以解为弩机之类的机，这样，机锋就是适时而突然发出的一刺。究竟应该取哪一种，我不知道；或者多多益善，说是兼而有之。这样理解机锋的作用，以一刺破宿执，燃心灯，机锋的所指就大致可以确定。主要是语言。但语言性质（就这方面说）不同：有的作用是一刺［如赵州（从谂）答人问如何是祖师西来意的"庭前柏树子"］，算；有的作用不是一刺［如百丈（怀海）答人问如何是大乘顿悟法要的"汝等先歇诸缘，休息万事……"］，不能算。或者说，机锋式的语言都是超常的，怪异的，不能照字面解释的。说主要是语言，意思是也可以不是语言，如棒、喝，以至振锡、竖拂、画圆相等，只要意在起一刺的作用，也应该算。

公案，圆悟（昭觉克勤）《碧岩录》说："古人事不获已，对机垂示，后人唤作公案。"公，意思是官方的；案，意思是法条。官方的法条，有定而不可移的正确性和拘束力，之前，它处理了不少案件，解决了不少问题；之后，有案件，有问题，还应该以它为准绳，求处理，求解决。撇开比喻，就禅宗说，是认为，古德为破学人之执、传自己之心的有些言行，之前，有不少人依靠它转迷为悟，所以后学求转迷为悟，也应该到它那里求仙丹妙药。公案不是当归、甘草之类的常药（如大量的经论中所讲），是仙丹妙药，所以性质是反常的，作用是超常的；又因为能成为"公"，所以声名要是比较显赫的。它同机锋一样，多数是语言；但也可以不是语言，如南泉斩猫、丹霞烧木佛之类，口碑载道，当然也应该算。总数，旧传有一千七百则；可惜没有清单，一些人微言轻的言行，算不算就难得考实了。机锋和公案是怎么个关系？显然不是同物异名，因为：有的机锋（主要因为太轻小）不能成为公案；有的公案是行事（如百丈卷席、道婆烧庵之类），并不起一刺的作用。但应该承认，大部分是重合的（如马祖答庞居士问不与万法为侣者是什么人的"待汝一口吸尽西江水，即向汝道"之类），就本是机锋，又成为公案。因为关系错综，所以用的人就有了自由，可以随口拈来，同一言行，或称为机锋，或称为公案。也可以泛称为"因缘"。不过通常是，用机锋，偏于指超常的语言；用公案，偏于指显赫禅师们的显赫言行。

9.1.2 设想的威力

三乘十二分教，或者只是某一部经（如《楞伽经》或《金刚经》），或者某一祖师的教法（二入四行之类），信士弟子都认为有转迷为悟的威力。但那要慢慢来（渐）。南宗禅求快，并相信一刀能够斩断葛藤，立地成佛（顿）。这就不能不有破常规的办法，以期能够发出超常的威力。办法是用机锋公案。威力呢？他们相信有；不但有，而且像是很靠得住。禅宗典籍所记几乎都是这种情况，如：

（1）百丈怀海禅师——师每上堂，有一老人随众听法。一日，众退，惟老人不去。师问："汝是何人？"老人曰："某非人也。于过去迦叶佛时曾住此山，因学人问'大修行人还落因果也无'，某对云'不落因果'，遂五百生堕野狐身。今请和尚代一转语（接续而交换的说法），贵脱野狐身。"师曰："汝问。"老人曰："大修行人还落因果也无？"师曰："不昧因果。"老人于言下大悟，作礼曰："某已脱野狐身……"

（《五灯会元》卷三）

（2）洞山守初禅师——初参云门（文偃），门问："近离甚处？"师曰："查渡。"门曰："（结）夏在甚处？"师曰："湖

南报慈。"曰:"几时离彼?"师曰:"八月二十五。"门曰:"放
汝三顿棒。"师至明日却上问讯:"昨日蒙和尚放三顿棒,不
知过在甚么处。"门曰:"饭袋子,江西、湖南便怎么去。"
师于言下大悟。

（同上书卷十五）

（3）尼佛通禅师——往见石门（元易），乃曰:"成都吃
不得也,遂宁吃不得也。"门拈拄杖打出,通忽悟曰:"荣者
自荣,谢者自谢。秋露春风,好不著便。"

（同上书卷十四）

（1）是著名的野狐禅公案,"不落因果"与"不昧因果"只差一个字,
作用竟有"堕野狐身"和成道的大分别。(2)是因机锋的一刺而悟。
(3)是因被打而悟,都显示了这种特殊教材和教法的神奇力量。

这种神奇的力量,有的人还从理论方面予以阐明。举元代中峰
（明本）和尚的《山房夜话》为例,其中说:

夫佛祖机缘目之曰公案亦尔,盖非一人之臆见,乃会灵
源,契妙旨,破生死,越情量,与三世十方百千开士（已悟
之大德）同禀之至理也。且不可以义解,不可以言传,不可
以文诠,不可以识度。如涂毒鼓（鼓上涂毒,人闻鼓声即
死）,闻者皆丧。如大火聚（多而猛之火）,撄之则燎。故

309

灵山（释迦）谓之别传者，传此也；少林（达摩）谓之直指者，指此也。自南北分宗、五家列派以来，诸善知识操其所传，负其所指，于宾叩主应、得牛还马之顷，粗言细语信可捷出，如迅雷不容掩耳。如赵州"庭前柏树子"、洞山"麻三斤"、云门"干屎橛"之类，略无义路与人穿凿。即之如银山铁壁之不可透，惟明眼者能逆夺于语言文字之表，一唱一和，如空中鸟迹，水底月痕，虽千途万辙，放肆纵横，皆不可得而拟议焉。……公案通则情识尽，情识尽则生死空，生死空则佛道治矣。所云契同者，乃佛祖大哀众生自缚于生死情妄之域，积劫迄今，莫之自释，故于无言中显言，无象中垂象，待其迷绳即释，安有言象之可复议乎。

"公案通则情识尽"，即所谓立地成佛，比之深钻三乘十二分教简便多了。可是公案"不可以义解""不可以识度""如银山铁壁之不可透"，怎么能"通"呢？留到下面谈。

9.1.3 旧的义解

机锋公案，说不可以义解显然是过甚其辞，因为，无论怎么说，由语言的机锋到无言的棒打等，总是求学人有所知，不可以义解还能有所知吗？事实是，不少机锋公案是有义解的。这有多种形式。

一种最明显，是学人得"悟"，或有所"会"，有所"契"。如：

（1）归宗正贤禅师——后扣佛眼（龙门清远），一日入室，眼举"殷勤抱得旃檀树"，语声未绝，师顿悟。

（《五灯会元》卷二十）

（2）中丞卢航居士——与圆通（道旻）拥炉次，公问："诸家因缘，不劳拈出；直截一句，请师指示。"通厉声揖曰："看火！"公急拨衣，忽大悟。

（同上书卷十八）

（3）径山宗杲禅师——日同士大夫入室，（圆）悟（昭觉克勤）每举"有句无句，如藤倚树"问之。师才开门，悟便曰："不是！不是！"经半载，遂问悟曰："闻和尚当时在五祖（法演）曾问这话，不知五祖道甚么。"悟笑而不答。师曰："和尚当时须对众问，如今说亦何妨？"悟不得已，谓曰："我问：'有句无句，如藤倚树，意旨如何？'祖曰：'描也描不成，画也画不就。'又问：'树倒藤枯时如何？'祖曰：'相随来也。'"师当下释然，曰："我会也。"

（同上书卷十九）

（4）刺史李翱居士——向药山（惟俨）玄化，屡请不赴，乃躬谒之。山执经卷不顾，侍者曰："太守在此。"守性褊急，乃曰："见面不如闻名。"拂袖便出。山曰："太守何得贵耳贱目？"守回拱谢，问曰："如何是道？"山以手指上下，曰："会么？"守曰："不会。"山曰："云在青天水在瓶。"守忻惬作礼，而述偈曰："炼得身形似鹤形，千株松下两函经。我来问道无余说，云在青天水在瓶。"

（同上书卷五）

（1）（2）是因闻而得悟，（3）（4）是对于所闻有所会；悟，会，自然都是已经知其义解，不管这所知与说者的寓意是否一致。

又一种是说者自己有义解。如：

（5）渤潭常兴禅师——僧问："如何是曹溪门下客？"师曰："南来燕。"曰："学人不会。"师曰："养羽候秋风。"

（同上书卷三）

（6）大颠宝通禅师——文公（韩愈）又一日白师曰："弟子军州事繁，佛法省要处乞师一语。"师良久，公罔措。时三平（义忠）为侍者，乃敲禅床三下。师曰："作么？"平曰："先以定动，后以智拔。"公乃曰："和尚门风高峻，弟子于侍者边得个入处。"

（同上书卷五）

（7）长沙景岑禅师——问："如何是平常心？"师曰："要眠即眠，要坐即坐。"曰："学人不会。意旨如何？"师曰："热即取凉，寒即向火。"

（同上书卷四）

（8）云盖归本禅师——僧问："如何是双泉？"师曰："可惜一双眉。"曰："学人不会。"师曰："不曾烦禹力，湍流事不知。"

（同上书卷七）

自己释义，一般也是用超常的语句，如（5）还勉强可以意会，（6）就差些，（7）（8）更差，简直是越说越难解。不过无论如何，说者答"意旨如何"之问，他总是承认作为机锋的言行是可以义解的。

还有一种是他人有义解。如：

（9）睦州陈尊宿——问僧："近离甚处？"曰："河北。"师曰："彼中有赵州和尚，你曾到否？"曰："某甲近离彼中。"师曰："赵州有何言句示徒？"僧举吃茶话（指问新到僧"曾到此间么"？一僧答曾到，一僧答不曾到，赵州都说"吃茶去"），师乃呵呵大笑曰："惭愧。"却问："赵州意作么生？"曰："只是一期方便。"

（同上书卷四）

（10）资国圆进山主——僧问："丹霞烧木佛，意旨如何？"师曰："招因带果。"问："庭前柏树子，意旨如何？"师曰："碧眼胡僧笑点头。"问："古人道，东家作驴，西家作马，意旨如何？"师曰："相识满天下。"

（同上书卷十）

（11）甘贽行者——又问一僧："甚么处来?"曰:"沩山（灵祐）来。"甘曰:"曾有僧问沩山'如何是西来意',沩山举起拂子,上座作么生会沩山意?"曰:"借事明心,附物显理。"

（同上书卷四）

（12）黄龙诲机禅师——后到玄泉（山彦），问:"如何是祖师西来意?"泉拈起一茎皂角,曰:"会么?"师曰:"不会。"泉放下皂角,作洗衣势。师便礼拜,曰:"信知佛法无别。"泉曰:"你见甚么道理?"师曰:"某甲曾问岩头（全奯），头曰:'你还解救糍么?'救糍也只是解粘,和尚提起皂角,亦是解粘,所以道无别。"

（同上书卷八）

（13）何山守珣禅师——上堂,举婆子烧庵话,师曰:"大凡扶宗立教,须是其人。你看他婆子,虽是个女人,宛有丈夫作略:二十年馂油费酱,固是可知,一日向百尺竿头做个失落,直得用尽平生腕头气力。自非个俗汉知机,泪乎巧尽拙出。然虽如是,诸人要会么? 雪后始知松柏操,事难方见丈夫心。"

（同上书卷十九）

（9）（10）是解语言（丹霞烧木佛除外），（11）（12）是解行动,（13）

314

是解一桩著名的公案。义解的话，有意思比较明确的，如（11）的"借事明心，附物显理"，（12）的"解粘"。比较多的还是用机锋，如（10）的"招因带果"和"碧眼胡僧笑点头"，究竟是什么意思，还要进一步猜测。他人的义解，是戴着他人的眼镜看的，有对的可能。但不对的可能也许同样不少，如：

（14）瑞鹿本先禅师——上堂，举僧问长沙（景岑）："南泉（普愿）迁化向甚么处去？"沙曰："东家作驴，西家作马。"僧曰："学人不会。"沙曰："要骑便骑，要下即下。"师曰："若是求出三界修行底人闻这个言语，不妨狐疑，不妨惊怛。南泉迁化向甚处去？东家作驴，西家作马。或有会云：千变万化，不出真常。或有会云：须会异类中行，始会得这个言语。或有会云：东家是南泉，西家是南泉。或有会云：东家郎君子，西家郎君子。或有会云：东家是甚么，西家是甚么。或有会云：便作驴叫，又作马嘶。或有会云：唤甚么作东家驴，唤甚么作西家马。或有会云：既问迁化，答在问处。或有会云：作露柱去也。或有会云：东家作驴，西家作马，亏南泉甚处？如是诸家会也，总于佛法有安乐处。"

（同上书卷十）

这位上堂的禅师举多种解释之后，总说一句宽厚的话，是"总于佛法有安乐处"，意思是各取所需，都不错。我们常人就不能这样看，因为用语言表意，除有意双关的以外，总不能怎样理解都不错。如果容许作任何解释，那就证明它本来没有明确的所指。这显然是说"东家作驴，西家作马"的禅师所不能承认的。如果是这样，那就可以推论：多种"或有会云"，一种可能是只有一种对，另一种可能是都不对。机锋的理解就是如此之难，通常是，错的可能性很大，而对，虽然有可能，却没有保证，如上面的例（9）就是这样，僧体会"吃茶去"的含义是"只是一期方便"，陈尊宿就以为大错，因为下面他说："苦哉！赵州被你将一杓屎泼了也。"

他人的义解，也可以表现为斗法的形式。如：

（15）南泉普愿禅师——师有时曰："江西马祖说即心即佛，王老师（南泉姓王，自称）不恁么道。不是心，不是佛，不是物，恁么道还有过么？"赵州（从谂）礼拜而出。时有一僧随问赵州曰："上座礼拜便出，意作么生？"州曰："汝却问取和尚。"僧乃问："适来谂上座意作么生？"师曰："他却领得老僧意旨。"

（同上书卷三）

（16）浮杯和尚——凌行婆来礼拜，师与坐吃茶，婆乃问："尽力道不得底句分付阿谁？"师曰："浮杯无剩语。"婆曰："未到浮杯，不妨疑着。"师曰："别有长处，不妨拈出。"

婆敛手哭曰:"苍天中更添冤苦。"师无语。婆曰:"语不知偏正,理不识倒邪,为人即祸生。"后有僧举似南泉,泉曰:"苦哉浮杯,被这老婆摧折一上。"婆后闻,笑曰:"王老师犹少机关在。"澄一禅客逢见行婆,便问:"怎生是南泉犹少机关在?"婆乃哭曰:"可悲可痛。"一罔措。婆曰:"会么?"一合掌而立。婆曰:"伎死禅和,如麻似粟。"一举似赵州,州曰:"我若见这臭老婆,问教口哑。"一曰:"未审和尚怎生问他?"州便打。一曰:"为甚么却打某甲?"州曰:"似这伎死汉,不打,更待几时?"连打数棒。婆闻却曰:"赵州合吃婆手里棒。"后僧举似赵州,州哭曰:"可悲可痛。"婆闻此语,合掌叹曰:"赵州眼光烁破四天下。"州令僧问:"如何是赵州眼?"婆乃竖起拳头。僧回举似赵州,州作偈曰:"当机觌面提,觌面当机疾。报汝凌行婆,哭声何得失。"婆以偈答曰:"哭声师已晓,已晓复谁知。当时摩竭国,几丧目前机。"

(同上)

(17)五台隐峰禅师——师后到沩山(灵祐),便入堂于上板头解放衣钵。沩闻师叔到,先具威仪,下堂内相看。师见来,便作卧势。沩便归方丈,师乃发去。少间,沩山问侍者:"师叔在否?"曰:"已去。"沩曰:"去时有甚么语?"曰:"无语。"沩曰:"莫道无语,其声如雷。"

(同上)

（18）丹霞天然禅师——明日再往礼拜（南阳慧忠国师），见国师便展坐具。国师曰："不用，不用。"师退后。国师曰："如是，如是。"师却进前。国师曰："不是，不是。"师绕国师一匝便出。国师曰："去圣时遥，人多懈怠，三十年后，觅此汉也难得。"

（同上书卷五）

一呼一应，一唱一和，（15）（16）是对付机锋式的语言，（17）（18）是对付机锋式的行动。对付是应机，应机之前当然要先有所理解。

理解有对错问题，这在常人的圈子里比较容易解决，在禅师的圈子里很难解决。原因是，常人用语言表意，言在此而意也在此；禅师用语言表意，常常是（机锋是永远是）言在此而意不在此。"约定俗成"的规律失效了，还有什么可靠的办法能找到那个言外意呢？可是如禅宗的典籍所记载，这似乎也不难，只是先要具备一个条件：有高的修养，或说通了禅。这是说，已经升堂入室，就能在机锋和寓意间找到必然的联系，这必然的联系，不是来自许慎的解字规律，而是来自庄子的"相视而笑，莫逆于心"（《庄子·大宗师》）。就是说，关键不是用什么语言，而是心照不宣。因此，机锋的语言才常常可以（至少是像是）任意抓来充数，如同是赵州，同是答"如何是祖师西来意"，就既可以说"庭前柏树子"，又可以说"板齿生毛"。以此例推之，上面例（16）凌行婆说的"可悲可痛"，换成"可喜可贺"，似乎也没有什么不可以。如果真就可以，那就所谓契合，主要还是来自修持所得的意境的相近，而不是机锋有什么微妙而必然的含义。又如果真是这样，则本节所举的各种形式的义解，说者的意和解者的意恰好是一个意（如常识说的完全了解）的可能性是微乎其微的。幸而这方面的同或不同也无法证明，可以不深追。

9.1.4 可解的程度

机锋公案，由我们"常人"看，在可解性方面有程度的差别。程度千差万别，这里作为举例，综合为两类四种。一类是可解的，分为两种：一种程度高些，是如此领会大致不错；一种程度差些，是如此领会可能不错。另一类是难解的，也分为两种：一种程度浅些，是虽难解而风格还是平实的；一种程度深些，是连风格也出了圈，成为离奇。下面依次介绍。

（一）第一类的第一种，如此领会大致不错的。如：

（1）长庆大安禅师——师即造百丈（怀海），礼而问曰："学人欲求识佛，何者即是？"丈曰："大似骑牛觅牛。"

（《五灯会元》卷四）

（2）睦州陈尊宿——问："如何是禅？"师曰："猛火着油煎。"

（同上）

（3）千顷楚南禅师——时有僧问："无漏道如何修？"师曰："未有阇黎时体取。"

（同上）

（4）百丈怀海禅师——次日，马祖（道一）升堂，众才集，师出，卷却席。

（同上书卷三）

（1）的寓意是自性清净，不须外求。（2）的寓意是，学禅，要有大毅力抗境的侵扰。（3）的寓意是必须冲破生死关。（4）的寓意是，大道离语言文字，不必说。这样领会，与佛理契合，想来可以大致不错。

（二）第一类的第二种，如此领会可能不错的。如：

（5）大梅法常禅师——问："如何是佛法大意？"师曰："蒲花柳絮，竹针麻线。"

（同上）

（6）麻谷宝彻禅师——师同南泉（普愿）二三人去谒径山（道钦），路逢一婆，乃问："径山路向甚处去？"婆曰："蓦直去。"师曰："前头水深过得否？"婆曰："不湿脚。"师又问："上岸稻得与么好？下岸稻得与么快？"婆曰："总被螃蟹吃却也。"

（同上）

（7）赵州从谂禅师——师与官人游园次，兔见乃惊走，遂问："和尚是大善知识，兔见为甚么走?"师曰："老僧好杀。"

（同上书卷四）

（8）鹅湖大义禅师——曰："如何是禅?"师以手点空。

（同上书卷三）

（5）的寓意可能是，佛法不离家常，也就是烦恼即是菩提之意。（6）的寓意可能是，学禅应该精进不息，如怕这怕那，甚至螃（旁骛，为境所扰）蟹（懈怠，畏难而退），就没有成功的希望。（7）的寓意可能是，决心舍一切，破一切。（8）的寓意可能是，学禅要能空，即不执着。

（三）第二类的第一种，意难解而表达平实的。如：

（9）南泉普愿禅师——问："祖祖相传，合传何事?"师曰："一二三四五。"

（同上）

（10）长沙景岑禅师——问："向上一路，请师道。"师曰："一口针，三尺线。"曰："如何领会?"师曰："益州布，扬州绢。"

（同上书卷四）

（11）灵云志勤禅师——问："如何是佛法大意?"师曰："驴事未去，马事到来。"曰："学人不会。"师曰："彩气夜常动，精灵日少逢。"

（同上）

（12）赵州从谂禅师——问："如何是祖师意?"师敲床脚。

（同上）

由（9）的"一二三四五"到（12）的"敲床脚"，各表示什么意思?当然，也可以猜，不过猜的结果，可能性几乎是无限的。怎么解释都通，那就表示并没有确定的意思（至少由猜者方面看是这样）。

（四）第二类的第二种，意难解而表达离奇的。如：

（13）赵州从谂禅师——问："万法归一，一归何所?"师曰："老僧在青州作得一领布衫，重七斤。"

（同上）

（14）渤潭神党禅师——问："如何是佛法大意?"师曰："虚空驾铁船，岳顶浪滔天。"

（同上书卷六）

（15）南禅契瑶禅师——僧问："如何是第一义?"师曰："何不问第一义?"

（同上书卷七）

（16）赵州从谂禅师——（南）泉（普愿）曰："今时人须向异类中行始得。"师曰："异即不问，如何是类？"泉以两手拓地。师近前一踏，踏倒，却向涅槃堂里叫曰："悔！悔！"泉令侍者问："悔个甚么？"师曰："悔不更与两踏。"

（同上书卷四）

由（13）到（16），同上面第一种一样，究竟表示什么意思，也是只能猜。猜，难得准且不说，也很不容易，如一领布衫重七斤，与佛理有什么关系呢？

机锋公案，可解难解，取决于其表面意义能不能与佛理拉上关系：有关系就可解，没关系就难解。自然，可解的解也多少带一些冒险性，因为说者行者也可能不是这样想的。又，可解与知见近，由南宗禅的立脚点看，也许并不是最可取的。也就因此，随着时间的推移，机锋公案的性质也在变：平实的逐渐减少，离奇的逐渐增多。

9.2.1 机锋语的路数

机锋的绝大部分是语言，这里擒贼先擒王，只谈语。如前面许多例中所见，语是千奇百怪的。为了把一团乱丝理出个头绪，或者说，把说者的思路理出个头绪，这里分机锋语为十一类。大致以越来越离奇为序，介绍如下。

第一类，意思较明显，而且大致可以猜测的。如：

（1）紫玉道通禅师——僧问："如何出得三界去?"师曰："汝在里许得多少时也!"曰："如何出离?"师曰："青山不碍白云飞。"

（《五灯会元》卷三）

（2）云门海晏禅师——僧问："如何是衲衣下事?"师曰："如咬硬石头。"

（同上书卷六）

（3）洛浦元安禅师——问："祖意教意是同是别?"师曰："师子窟中无异兽,象王行处绝狐踪。"

（同上）

（4）沩山灵祐禅师——僧问："如何是道?"师曰："无心是道。"曰："某甲不会。"师曰："会取不会底好。"曰："如何是不会底?"师曰："只汝是,不是别人。"

（同上书卷九）

（1）的意思是有志竟成。（2）的意思是,出家求解脱并非易事,要坚持不懈。（3）的意思是,都是意在度众生。（4）的意思是,最切要的是明自性。这样领会合于佛理禅理,推想可以大致不错。

第二类,意思似隐似显,猜而猜不准的。如:

（5）大同广澄禅师——僧问："如何得六根灭去?"师曰：

"轮剑掷空，无伤于物。"

（同上书卷三）

（6）五峰常观禅师——僧问："如何是五峰境？"师曰："险。"

（同上书卷四）

（7）睦州陈尊宿——问："如何是曹溪的的意？"师曰："老僧爱嗔不爱喜。"曰："为甚么如是？"师曰："路逢剑客须呈剑，不是诗人莫说诗。"

（同上）

（8）幽溪和尚——问："如何是祖师禅？"师曰："泥牛步步出人前。"

（同上书卷五）

（5）"轮剑掷空"像是指用慧剑斩系缚，可是接着说"无伤于物"，又像不是斩。（6）是表示境高难及吗？不敢定。（7）是表示难于悟入吗？也不敢定。（8）是表示似慢实快？也拿不准。

第三类，驳斥问话的。如：

（9）盐官齐安国师——僧问大梅（法常）："如何是西来意？"大梅曰："西来无意。"

（同上书卷三）

（10）汾州无业禅师——后住开元精舍，学者致问，多答之曰："莫妄想。"

（同上）

（11）伏龙一世禅师——问："如何是祖师西来意？"师曰："你得怎么不识痛痒！"

（同上书卷六）

（12）抚州覆船和尚——僧问："如何是佛？"师曰："不识。"问："如何是祖师西来意？"师曰："莫谤祖师好！"

（同上书卷十）

驳斥问话，是最直截的破执的办法。

第四类，不答复的。如：

（13）庞蕴居士——后参马祖（道一），问曰："不与万法为侣者是甚么人？"祖曰："待汝一口吸尽西江水，即向汝道。"

（同上书卷三）

（14）饶州峄山和尚——问："如何是和尚深深处？"师曰："待汝舌头落地，即向汝道。"

（同上书卷四）

（15）石头希迁禅师——问："如何是西来意？"师曰："问

取露柱。"曰："学人不会。"师曰："我更不会。"

（同上书卷五）

（16）六通院绍禅师——僧问："不出咽喉唇吻事如何?"
师曰："待汝一镢劂断巾子山，我亦不向汝道。"

（同上书卷六）

这大概是表示一说便错，用意也是破执。

第五类，说而等于不说的。如：

（17）石头希迁禅师——道悟问："如何是佛法大意?"
师曰："不得不知。"

（同上书卷五）

（18）投子大同禅师——问："如何是出门不见佛?"师
曰："无所睹。"

（同上）

（19）郢州芭蕉禅师——问："如何是和尚为人一句?"
师曰："只恐阇黎不问。"

（同上书卷六）

（20）延寿慧轮禅师——僧问："宝剑未出匣时如何?"
师曰："不在外。"曰："出匣后如何?"师曰："不在内。"

（同上书卷八）

这是变相的不答复。

第六类，反问的。如：

（21）福溪和尚——问："如何是自己?"师曰："你问甚么?"

（同上书卷三）

（22）杭州天龙和尚——僧问："如何得出三界去?"师曰："汝即今在甚么处?"

（同上书卷四）

（23）石头希迁禅师——僧问："如何是解脱?"师曰："谁缚汝?"问："如何是净土?"师曰："谁垢汝?"问："如何是涅槃?"师曰："谁将生死与汝?"

（同上书卷五）

（24）鹿苑山晖禅师——问："祖祖相传，未审传个甚么?"师曰："汝问我，我问汝。"

（同上书卷六）

这是又一种变相的不答复。

第七类，顺口歪曲的。如：

（25）清平令遵禅师——问："如何是有漏?"师曰："筑

篱。"曰："如何是无漏?"师曰："木杓。"

（同上书卷五）

（26）木平善道禅师——金陵李氏（南唐国主）向其道誉，迎请供养，待以师礼。尝问："如何是木平?"师曰："不劳斤斧。"曰："为甚么不劳斤斧?"师曰："木平。"

（同上书卷六）

（27）谷隐蕴聪禅师——问："如何是道?"师曰："车碾马踏。"

（同上书卷十一）

（28）慧因义宁禅师——僧问："佛未出世时如何?"师曰："摩耶夫人。"曰："出世后如何?"师曰："悉达太子。"

（同上书卷十六）

这有点像利用词语的多义，故意岔开，引人一笑。实际还是以顺为逆，意在破知见。

第八类，重复问话的。如：

（29）大慈寰中禅师——赵州问："般若以何为体?"师曰："般若以何为体。"

（同上书卷四）

（30）翠岩令参禅师——问："凡有言句，尽是点污，如何是向上事?"师曰:"凡有言句,尽是点污。"

（同上书卷七）

（31）镜清道怤禅师——问:"如何是方便门速易成就?"
师曰:"速易成就。"

（同上）

（32）清凉文益禅师——师问修山主:"毫厘有差,天地
悬隔,兄作么生会?"修曰:"毫厘有差,天地悬隔。"师曰:"恁
么会又争得?"修曰:"和尚如何?"师:"毫厘有差,天地悬隔。"

（同上书卷十）

这是变相的不答复,用意当然也是破执。

第九类,语意不合事理的。如:

（33）三平义忠禅师——讲僧问:"三乘十二分教,某甲
不疑,如何是祖师西来意?"师曰:"龟毛拂子,兔角拄杖,
大德藏向甚么处?"

（同上书卷五）

（34）夹山善会禅师——问:"如何是实际之理?"师曰:
"石上无根树,山舍不动云。"

（同上）

（35）投子大同禅师——问:"牛头未见四祖时如何?"

师曰："与人为师。"曰："见后如何？"师曰："不与人为师。"

（同上）

（36）定山惟素山主——僧问："如何是不迁义？"师曰：
"暑往寒来。"

（同上书卷十）

故意说无理话，破知见的用意更加明显。

第十类，所答非所问的。如：

（37）乌石灵观禅师——僧入礼拜，问："如何是西来
意？"师曰："适来出去者是甚么人？"

（同上书卷四）

（38）金轮可观禅师——问："从上宗乘如何为人？"师
曰："我今日未吃茶。"

（同上书卷七）

（39）雪岳令光禅师——问："如何是诸法之根源？"师
曰："谢指示。"

（同上书卷七）

（40）清凉文益禅师——问："如何是法身？"师曰："这个
是应身。"问："如何是第一义？"师曰："我向你道是第二义。"

（同上书卷十）

故意岔开，用意显然是破问者的思路。

第十一类，离奇而不着边际的。如：

（41）龙云台禅师——僧问："如何是祖师西来意？"师曰："昨夜栏中失却牛。"

（同上书卷四）

（42）赵州从谂禅师——僧问："如何是古佛心？"师曰："三个婆子排班拜。"

（同上）

（43）国清院奉禅师——问："十二分教是止啼之义，离却止啼，请师一句。"师曰："孤峰顶上双角女。"问："如何是佛法大意？"师曰："释迦是牛头狱卒，祖师是马面阿旁。"问："如何是西来意？"师曰："东壁打西壁。"

（同上）

（44）资国道殷禅师——僧问："如何是祖师西来意？"师曰："普通八年遭梁怪，直至如今不得雪。"

（同上书卷八）

这种像是胡扯的话，用意当然也是破知见的执。

此外，答学人问，还有不自出心裁，重复旧话的。如：

（45）雪峰义存禅师——问："剃发染衣，受佛依荫，为甚么不许认佛？"师曰："好事不如无。"（学赵州和尚）

（同上书卷七）

（46）长庆慧稜禅师——问："羚羊挂角时如何？"师曰："草里汉。"曰："挂角后如何？"师曰："乱叫唤。"曰："毕竟如何？"师曰："驴事未去，马事到来。"（"驴事未去，马事到来"学灵云志勤）

（同上）

（47）保福可俦禅师——僧问："如何是和尚家风？"师曰："云在青天水在瓶。"（学药山惟俨）

（同上书卷八）

（48）兴教惟一禅师——问："如何是道？"师曰："剌头入荒草。"曰："如何是道中人？"师曰："干屎橛。"（"干屎橛"学德山宣鉴"释迦老子是干屎橛"）

（同上书卷十）

这有如常人写诗文用典，随手拈来，既省力，又显得质实量重。

以上十一类（或加"重复旧话"，十二类），由作用的性质方面看，意在破执比意在传心明显，原因可能是：一，破别人的比传自己的容易；二，禅的妙境，也许只能在破的路途中摸索。如果真是这样，则参话头的所得（假定有），恐怕还是属于升堂的多，属于入室的少吧？

再由使用频率方面看，这十一类，各自的家当有多有少。

如第八类的重复问话就比较少用。用得多的是第二类、第十类和第十一类。这三类有个共同的特点，是难于从字面上找到确义，就是说，远离语言的常规。远离语言常规就一定能含有值得参的妙理吗？禅林中人当然这样看。对不对？留到下面说；这里只想从来由方面考察，是，难解，莫测高深，就容易给人一种含有深微妙理，值得反复参详的印象。也许就是因此，这离奇而不着边际的第十一类，在禅林中反而更受欢迎，有更多的人传，参，学。这样推重，与之相伴而来的情况之一是，说这类话头的人就显得道行更高。实际呢？至少由我们常人看，光是道行还不成，要有才华，甚至可以说，更靠才华。举两位禅师为例。一位是清泰道圆禅师，有人问他"如何是祖师西来意"，他答："不可向汝道，庭前柏树子。"（《五灯会元》卷十）这是想离奇而自己想不出，只好照抄赵州和尚一句。赵州和尚就不然，看《五灯会元》卷四中本传的一段：

> 问："如何是赵州？"师曰："东门西门，南门北门。"问："初生孩儿还具六识也无？"师曰："急水上打球子。"……问："和尚姓甚么？"师曰："常州。"有曰："甲子多少？"师曰："苏州。"有问："十二时中如何用心？"师曰："汝被十二时辰使，老僧使得十二时。"……僧问："如何是古佛心？"师曰："三

个婆子排班拜。"问:"如何是不迁义?"师曰:"一个野雀儿从东飞过西。"问:"学人有疑时如何?"师曰:"大宜小宜?"曰:"大疑。"师曰:"大宜东北角,小宜僧堂后。"问:"柏树子还有佛性也无?"师曰:"有。"曰:"几时成佛?"师曰:"待虚空落地时。"曰:"虚空几时落地?"师曰:"待柏树子成佛时。"

这虽然近似开玩笑,却颇有《庄子·逍遥游》的荒唐曼衍的气势。不过就禅说,这样逞才华也难免产生流弊,这可以借用《论语》的一句话来评论,是"巧言令色,鲜矣仁"(《论语·学而》)。赵宋以下,禅师的末流常常连上堂也扯些大而无当的话,就是不可忽视的一证。

9.2.2 有理和无理

这样标题就可以表示,这是站在禅外评论;如果是站在禅内,那就只有有理而没有无理。所谓有理,是机锋语,不管看起来怎样离奇、难解,它总是有寓意,而且这寓意可以为人所知,或经过深参而为人所知,然后是有威力促使学人悟入,甚至大悟的。禅宗典籍谈到机锋,几乎到处都是宣扬这种有理的。如:

（1）大同广澄禅师——问:"如何是本来人?"师曰:"共坐不相识。"曰:"恁么则学人礼谢去也。"

（《五灯会元》卷三）

（2）华林善觉禅师——僧参，方展坐具，师曰："缓，缓。"曰："和尚见甚么?"师曰："可惜许，磕破钟楼。"其僧由此悟入。

（同上）

（3）祥符云豁禅师——晚见清凉（智明），问："佛未出世时如何?"凉曰："云遮海门树。"曰："出世后如何?"凉曰："擘破铁围山。"师于言下大悟。

（同上书卷十五）

（4）三角总印禅师——上堂："若论此事，眨上眉毛，早已蹉过也。"麻谷（宝彻）便问："眨上眉毛即不问，如何是此事?"师曰："蹉过也。"谷乃掀倒禅床。

（同上书卷三）

（1）礼谢，是表示已经领会。（2）进一步，并由此悟入。（3）更进一步，得大悟。（4）是用怪行动表示完全理解。总之都是机锋语有确指，听者得其确指，所以所说都是有理的。

但是由禅内走到禅外，根据上面提到的领悟的条件，说机锋语都是有理的就会有问题。理由有这样一些。一，禅门有所谓"死句"，是貌似机锋语而不能由之悟入的。死句当然是无理的，似乎也可以不算作机锋语；问题是怎么能够准确地分辨活句和死句。如果不能，那就要承认机锋语中有一些是无理的。二，机锋语要有确定的寓意，可是禅师们答问，随口拈来，离奇古怪，就个个都有确定的寓意吗？（似乎未必，下面还要谈到）如果没有，那也要承认，机锋语中有一些是无理的。三，退一步说，机锋语都有寓意，但说者很少指明，要靠听者猜测。可是如上面9.1.3节例（14）所说，对于"东家作驴，西家作马"，解释可以有很多种，这就可以推论，猜对的可能性是微乎其微的。猜不对，被猜的机锋语就事实上成为无理的。四，如禅宗的典籍所常谈到，对于不少机锋语，许多学人是"不会"或"不契"，这是说者和听者间不能通；不能通，机锋语也就事实上成为无理的。

还有更严重的问题，是：机锋语应该是古德的道行和灵机的电光一闪的显现，可是人所能见的只是果，不是因，果的外貌是离奇古怪，而这，显然也可以不由道行和灵机来，而由模仿来。由模仿来，是冒牌货，不能以有道行和灵机为根柢的寓意，自然不能是有理的。禅林中人大概会说，这里拉来冒牌货，是无事生非。其实不然，因为这里的实际问题是，有什么办法能够分辨真假？举例说，答"如何是祖师西来意"，赵州和尚曾说"庭前柏树子"，吉州禾山禅师曾说"杉树子"，比如我异想天开，也试答，说"松树子"，怎么分辨真假？知底细的人会这样分辨："庭前柏树子"出于特级禅师（所谓"赵州古佛"）之口，其为真应该没有问题；"我"呢，没有参过禅，只是翻过禅宗典籍，照猫画虎说了个"松树子"，外貌虽也奇而内容却空空如也，应该算假也没有问题；至于"杉树子"，一不出于级别高的禅师之口，二有清晰的模仿痕迹，算真算假就不好办。再说还有不知底细的（如不知赵州为何如人，更不知道是出于赵州之口），怎么分辨真假呢？

这个难题，至少我感觉到，时间越靠后就越难于解决。看下面的例：

（5）首山省念禅师——问："如何是古佛心？"师曰："镇州萝卜重三斤。"

（同上书卷十一）

（6）南台勤禅师——僧问："如何是祖师西来意？"师曰："一寸龟毛重七斤。"

（同上书卷十五）

（7）延庆子荣禅师——问："如何是祖师西来意？"师曰："穿耳胡僧不著鞋。"

（同上）

（8）隐静彦岑禅师——上堂，举正堂辩和尚室中问学者"蚯蚓为甚么化为百合"，师曰："客舍并州已十霜，归心日夜忆咸阳。无端更度桑干水，却望并州是故乡。"

（同上书卷二十）

（9）雪峰慧空禅师——上堂："一拳拳倒黄鹤楼，一趯趯翻鹦鹉洲。有意气时添意气，不风流处也风流。俊哉俊哉！快活快活！一似十七八岁状元相似。谁管你天！谁管你

338

地！心王不妄动，六国一时通。罢拈三尺剑，休弄一张弓。自在自在！快活快活！恰似七八十老人作宰相相似。风以时，雨以时，五谷植，万民安。"

（同上书卷十八）

（10）黄龙法忠禅师——上堂："张公吃酒李公醉，子细思量不思议。李公醉醒问张公，恰使张公无好气。无好气，不如归家且打睡。"

（同上书卷三十）

（5）（6）是由赵州和尚的"镇州出大萝卜头"和"老僧在青州作得一领布衫，重七斤"脱化而来。非自出心裁，也有有理的寓意吗？（7）是随口说说，（8）用唐诗，更是这样，都像是来于口的灵机而不是来于心的灵机，这里面也会有什么理吗？（9）（10）如果出于常人，就是胡扯；换为出于禅师之口，就可以变质吗？

这类疑问还会使我们想得更多，更远。南宗禅自马祖（道一）以下，特别愿意走奇警一路。这表现为行有棒喝、拈杖竖拂，直到画圆相、作女人拜等等，表现为言就是越来越难解的机锋。难解，照禅林内传统的看法，是由于说者道行高，寓意深，而且对机，只是学人功力不够，望道而未之见。真是这样吗？因为机锋的所指在五里雾中，就不能不使人起疑心。即以赵州和尚的"庭前柏树子"而论，不知道他说的时候究竟有没有确定的含义，能不能对机。如果竟是连他自己也不怎么清楚，按照上面提到的条件，那也应该算作无理的。这说得未免过了头，因为赵州和尚是禅林的龙象，连他也疑，会引起大哗。那我们就退一步，承认时代早的，声名显赫的，所说大概都是有理的。时代晚的，声名不那么显赫的，如例（5）到例（10）所举，也会都是有理的吗？恐怕不尽然。这是说，其中很可能有无理的，甚至确有不少无理的。这里的困难是，我们的所见都是道听途说；而生疑，又没有可靠的办法鉴别真假。

以上的看法也许近于苛刻；那就收回来，还是说有理的一面。有理的条件可以变通一下，就是不再问有没有确定寓意，而专从作用方面着眼。这样一来，机锋语或者就可以显现出一些优越性。一是它的反常性，可以有较多的可能破俗见的执，或进一步，兼暗示禅境，因为学佛是求出世间，出世间总要反常。二是它的奇警性，会助长甚至表现禅境的自由无碍的气氛，这就成为促进悟入的力量。三是它的脱俗性，除了刚说过的第二类作用以外，还可以缩小到只是语言的范围之内，是开拓了新路径，就是：从能用方面看，歪打可以正着；从所用方面看，是可以表言外意。禅林外的人口说笔写，也从这里讨了不少巧，后面讲影响的时候还要谈到。

9.3　多种动作的意义

南宗禅求解脱，了生死大事，修持方法强调直指人心，不立文字。

这种精神迫使禅师们少从正面用平实的语言讲道理。但因为要授受，终于不能不有所表示。两难之间挤出两类办法：一类还是用语言，但是不用常语，成为机锋；另一类索性连语言也不用，而用动作（包括喝和沉默）。这包括：棒（打），喝，拈拄杖，竖拂子，弹指，吐舌，展手，垂足，变地点立，绕床三匝，辊球，顶坐具，掀禅床，作女人拜，良久（沉默很久），画（多种）圆相，等等。所有这些，寓意是什么？常常比机锋更难解。看下面的例：

（1）雪峰义存禅师——有僧礼拜，师打五棒。僧曰："过在甚么处？"师又打五棒。

（《五灯会元》卷七）

（2）三圣慧然禅师——（师）问僧："近离甚处？"僧便喝，师亦喝。僧又喝，师又喝。

（同上书卷十一）

（3）药山惟俨禅师——师问僧："甚处来？"曰："江西来。"师以拄杖敲禅床三下。僧曰："某甲粗知去处。"师抛下拄杖。僧无语。

（同上书卷五）

（4）五观顺支禅师——僧问："如何是西来意？"师竖拂子。僧曰："莫这个便是？"师放下拂子。

（同上书卷九）

（5）章敬怀晖禅师——有僧来，绕师三匝，振锡而立，师曰："是，是。"其僧又到南泉（普愿），亦绕南泉三匝，振锡而立，泉曰："不是，不是。此是风力所转，终成败坏。"

（同上书卷三）

（6）杨岐方会禅师——慈明（石霜楚圆）忌辰设斋，众才集，师于真（画像）前以两手捏拳安头上，以坐具画一画，打一圆相，便烧香。退身三步，作女人拜。

（同上书卷十九）

（7）鄂州无等禅师——一日谒州牧王常侍，辞退，将出门，牧召曰："和尚！"师回顾，牧敲柱三下。师以手作圆相，复三拨之，便行。

（同上书卷三）

（8）五祖法演禅师——上堂："人之性命事，第一须是○。欲得成此○，先须防于○。若是真○人，○○。"

（同上书卷十九）

以上由（1）到（8），包括棒打，喝，拈拄杖，竖拂子，绕三匝，作女人拜，画圆相，所对之境各异，究竟何所指，当事者也许能够莫逆于心，我们一般人是连猜测也会感到很难的。

一种想法，是某一种动作总是表示同样的意义。这是说，是禅门的哑语，入了门就会了解，而且能用。但事实不是这样，理由有二。一，以竖拂为例，如洞山良价禅师参沩山灵祐禅师，洞山求指示，沩山竖起拂子，问："会么?"洞山答："不会，请和尚说。"（《五灯会元》卷十三）这表示竖拂并没有通行的意义。又如上面例（4）所引僧问五观顺支禅师"如何是西来意"，五观竖起拂子，僧说："莫这个便是?"云门文偃禅师问顺维那，古人竖起拂子、放下拂子的用意，顺维那答："拂前见，拂后见。"（同上书卷十五）也可证竖拂并没有通行的意义。此外，还有不看重竖拂的，如德山缘密禅师曾说："扬眉瞬目，举指竖拂，是死句。"（同上）二，依照南宗禅的精神，一种表示（语言或动作），其意义总当不是显而易见的，确定的。

另一种想法，某一种动作大致是表示接近常规的某一类意义，如棒喝是表示驳斥，意在破执，拈柱杖和竖拂是表示道不远人，即此是，圆相是表示圆满，即圆成实性，等等。但这样理解也有问题。以棒喝而论，一，打也未必是驳斥，如以德山棒出名的德山宣鉴禅师，有一次，雪峰义存禅师问南泉（普愿）斩猫的意旨，德山"打趁"，并问："会么?"雪峰说不会。德山说："我恁么老婆心，也不会?"（同上书卷七）老婆心像是正面的教导，不是驳斥。二，在有些禅师的心目中，棒喝之类的简单动作还有超常的意义。以喝为例，如临济义玄禅师说："有时一喝如金刚王宝剑，有时一喝如踞地师子，有时一喝如探竿影草，有时一喝不作一喝用。"（同上书卷十一）净因继成禅师说："须知我此一喝不作一喝用。有无不及，情解俱忘。道有之时，纤尘不立；道无之时，横遍虚空。即此一喝入百千万亿喝，百千万亿喝入此一喝，是故能入圆教。"（同上书卷十二）喝这样复杂，其他可以类推，都是应该有意义而不是容易猜测的。

只有极少数，是容易猜测，甚至猜得准的。如：

（9）西搭光穆禅师——问："如何是顿？"师作圆相示之。曰："如何是渐？"师以手空中拨三下。

（同上书卷九）

推测圆相是表示一次圆满，拨三下是表示要分阶段完成，大概是不错的。

总之，这诸种动作，因为比语言的机锋更难解，所以在师徒授受间，恐怕制造超常情气氛的作用比较多，具体指点的作用比较少。由效果方面考虑，这或者也应该算作歧路；尤其到后期，有些所谓禅师道行不高，也学着用这一套，以怪异文浅陋，那更是自郐以下不值一提了。

9.4　效果的限度

先总的说一句泄气的话，旧来相传，学禅，大力参话头公案就可以得悟，是未免夸大了。如禅林常说的参"狗子无佛性"的"无"，渐渐深入，就可以豁然贯通，我总觉得带有宣传意味。往者不可追，我们现在无妨试试，只是翻来覆去地想"无"，就会灭掉世间的知见和情欲吗？太难了！这情况还可以从另外几个方面考虑。一，姑且假定禅宗典籍中的禅师们，有的，或有不少是悟了，即挣脱了世间的系缚，徜徉于出世间的自由无碍的禅境，那么，我们就可以考察，这高的成就是怎么来的。显然，先要由"教"（佛理）入手；不然，连出世间是怎么回事都不知道，又哪里谈得到悟？这样说，与佛理相比，机锋公案至多只是辅助的力量，把它看作主力是与实际不符的。二，有了佛理的知，求解脱的情，一些偶然的机会，如见桃花，听驴叫，走路跌了一跤之类，如禅宗典籍中所记，也可以得悟，可见因参机锋公案而悟（假定如禅林所传），也许带有不小的偶然性。如果是这样，那机锋公案就只是诱因，说它有决定性的力量是夸大了。三，还可能有阴错阳差的情况。以"狗子无佛性"的"无"为例，赵州和尚说时，可能确有所指，这所指，我们说是 X_1。这 X_1 是暗藏的，要由学人猜。猜，就不能不在多种可能的所指间游移。多种，多到多少呢？理论上几乎是无限的，实际也总不下于几十种。损之又损，假定是十种，那就除 X_1 之外，还有 X_2 到 X_{10}。猜，碰对了的机会是十分之一，碰不对的机会是十分之九。如果恰在参的此时悟了，禅林中人必以为这是对了机。我们禅外人就可能不这样看，因为学人猜想的所指碰巧是 X_1 的机会是不多的。说者的所指是 X_1，学人的推测是（比如说）X_6，可是也悟了，这不是阴错阳差吗？如果是这样，那就证明，机锋公案，即使有促进悟入的威力，也总当不是确定的。

由以上的分析可见，南宗禅视为重宝的机锋公案，实用价值也许没有投资数量那样多；尤其是其中那些离奇难于体会寓意的，离佛理远，而且难防假冒，由乐于渐修的人看，说是入歧途而不知返，也许不算过分吧？

第十章　禅悦和禅风

10.1　得道和望道

参禅，开悟，得受用，心境常处于一种不为物扰、自由自在的状态，这状态经常表现于外，我们称为禅悦。多人的禅悦表现于外，互相影响，甚至推波助澜，成为风气，我们称为禅风。禅风由禅悦体现，因而同是一事，缩小说是禅悦，放大说是禅风。分开，有时不容易，也没有必要，所以这里合在一起说。

禅悦是禅悟后的所得，显然，能悦不能悦，关键在于能悟不能悟。这就引来一个问题：南宗禅，从六祖慧能到现在，时间超过一千年，出家在家四众，人数多到数不清，究竟有多少是悟了的？确切的答案是不可能有的。原因很多。一是文献不足，如见于僧传、传灯录一类书的人名，也许不到四众的万千分之一。二是见于经传的，某一人，究竟悟没悟，我们只能根据道听途说，而不能检验。三是即使能检验，也不能找到有效的测定办法，以求得确切的结果。不得已，还是只能根据常情推断，这常情，包括人同此心，心同此理，也包括禅宗典籍以外的各类书的记载。根据这些，我们可以推知，专说出家的，过禅林生活，用力参禅求解脱的总是少数，绝大多数是把这看作生路的一种，温饱之外别无所求。再说用力参禅求解脱的，真能"心"出家，不再有俗世挂碍的究竟有多少？恐怕是稀如星凤。禅师们也承认这种情况，如盘山宝积禅师说："向上一路，千圣不传，学者劳形，如猿捉影。"(《五灯会元》卷三)涌泉景欣禅师说："见解人多，行解人万中无一个。"(同上书卷六)首山省念禅师转述他老师风穴延沼的话说："聪敏者多，见性者少。"(同上书卷十一)洞山晓聪禅师说："说禅说道易，成佛成祖难。"(同上书卷十五)白杨法顺禅师说："染缘易就，道业难成。"(同上书卷二十)染缘是受俗世影响，如顺水行舟，道业是不为物扰，如逆水行舟，这不只是禅林的，而且是佛门的大困难，想克服是太不易了。

悟了，得禅悦的受用，是得了道。这虽然是少数，但我们总当承认有此一境，情况留到下面说。等而下之，人数增多，是希求悟而没有悟，可以算作望道而未之见。再等而下之，人数也许更多，只是寻求生路，不望道，少数甚至败道，那就是有禅之名而无禅之实了。这一章谈禅悦和禅风，当然是指那些得了道的，虽然这得的实况（质），以及程度深浅（量），想说得既清楚又确实是难于做到的。

10.2　一种安乐

安乐，或化简说乐，在人生的路程中碰头碰脑，虽重大而并不稀奇，可是无论是理论上还是实际上，都会牵涉到许多不容易解决的问题。乐有没有终极价值？这是理论方面的大问题，求得圆满的解答很难，而且，由实用方面看，远水不解近渴。近渴也许没有什么理论价值，可是因为最实际，最迫切，所以人们反而更加关心。一般是不问天而顺天，想尽办法避苦就乐。视避苦就乐为生活之道，古今中外的人，几乎可以说都属于一派。分派是来于：一，看什么为乐；二，用什么办法求得。这里化繁为简，只说两派。一派是常人的，率性，仍旧贯，头疼医头，脚疼医脚，零碎解决，还常常不管后果。酒狂就是个好例，只图短时的飘飘然，竟把浪费、伤身、为亲者痛等置于脑后而不顾。许多正当事同样会引来苦恼。其中最突出的是成年后的成家立业，找异性未必一帆风顺，是苦，风顺了，生儿育女，经济问题，教养问题，也未必事事如意，还会带来多种烦恼。怎么办？昔日是认命，忍，今日是努力克服，万不得已就得过且过。由这类苦或烦恼间生出另一派，佛家。他们不愿意拖泥带水地解决，而想把苦或烦恼一扫光。办法呢？他们由心理学下手，分析苦或烦恼，知道那是来于求而不得。那么，彻底的灭苦之道自然只能是无所求，具体说是灭"欲"，以及为欲火上浇油的"情"。欲，情，与生俱来，想灭，不是顺天，是逆天，自然很难。这里且不管难不难，只说他们确是有"大雄"精神，真就去干。干分作两个方面：一是讲道理，从各个方面说明万法皆空，俗世认为的可欲之物并不可欲。一是身体力行，就是真移住山林，过淡泊宁静的生活，以求出世间。这样的理想能够实现吗？实事求是，我们似乎不能不承认两种情况：一是很难，所以，专就南宗禅说，平实教导之不足，才急得说机锋，用棒喝。另一是有些人确是有所得，因为，由多种表现可以看出来，他们的生活大异于世俗，像是不再有常人那样的情欲和烦恼。

不再有情欲和烦恼，要经过一种剧烈的心理变化。变化的具体情况以及程度，很难说，或者说，会因人而异。如日本铃木大拙就以为，禅悟后可以物我合一。禅悟后真能有这样的神秘觉知吗？说能，说不能，都无法证明，因为具体的觉知不能移位。我们是常人，总愿意，即使神乎其神，最好也不离常识太远。所以解释心理变化，还是希望不过于神乎其神。就是说，这变化是平实的，如常人的过去觉得孩子可爱、现在觉得孩子不可爱就是。禅悟的变化当然比常人的爱恶变化深远，那是总的，对于世俗的可欲之物，不再觉得可欲，甚至进一步，不再觉得质实的一种确信，或换个说法，是灭了情欲。情欲灭的心理状态，可以称为禅境。这禅境，是一种心理的清净，心理的坚实，因而就可以不为物移，不为境扰，又因而就不会再有因求而不得而生的苦或烦恼。无苦或烦恼，是佛家设想的一种特有的安乐，它的来源不是叔本华的除苦或减苦，而是无所求（指情欲的求，不是衣食之类的求），其结果或所得是不再有情欲的系缚，可以自由无碍地生活。参禅求悟，所求是这种无情欲的心理状态，得此心理状态就是了了生死大事，得到常乐我净。

对于佛家设想的安乐，可以有两种看法：一来于不平等观，党同伐异，说求常乐我净是避世，是消极的。一来于平等观，承认人人有确定自己的人生态度的权利，说求禅悟是想彻底解决，虽然不容易，却不失为一种高妙的理想。其实，就是我们常人，虽然在道的方面与佛门不能不有距离甚至大距离，对于禅悟和禅悟之后的感受，还是不能不感兴趣甚至表敬佩之意的。先看看禅悟。如：

（1）云峰文悦禅师——未几，（大）愚（守芝）移翠岩，师纳疏罢，复过翠岩求指示。岩曰："佛法未到烂却；雪寒，宜为众乞炭。"师亦奉命。能事罢，复造方丈。岩曰："堂司阙人，今以烦汝。"师受之不乐，恨岩不去心地。坐后架，桶箍忽散，自架堕落，师忽然开悟，顿见岩用处。走搭伽梨（大袈裟），上寝堂，岩迎笑曰："维那，且喜大事了毕！"

（《五灯会元》卷十二）

（2）荐福悟本禅师——由是益锐志，以狗子无佛性话，举无字而提撕。一夕将三鼓，倚殿柱昏寐间，不觉"无"字出口吻，忽尔顿悟。后三日，妙喜（径山宗杲）归自郡城，师趋丈室，足才越阃，未及吐词，妙喜曰："本胡子这回方是彻头也。”

（同上书卷二十）

（3）云峰志璿禅师——上堂：“瘦竹长松滴翠香，流风疏月度炎凉。不知谁住原西寺，每日钟声送夕阳。”

（同上书卷十六）

（4）蓬莱圆禅师——师有偈曰：“新缝纸被烘来暖，一觉安眠到五更。闻得上方钟鼓动，又添一日在浮生。”

（同上书卷十八）

两首七绝写的都是禅境的安乐，比世外桃源更加世外，因为不只无争夺，简直连置身于内的心也没有了。

禅悦和禅风的安乐，可以表现为多种样式，以下分别举例介绍。

10.2.1 不改其乐

《庄子·德充符》引孔子的话说：“死生亦大矣。”王羲之作《兰亭集序》把这句话重复一遍，后面还加上一句：“岂不痛哉！”这里说的是死生，其实是重在说死。人是生物，有生必有死，这是理。但理常常不能胜情，上寿百年，到弥留之际仍然不免于憾憾，是想活下去，这是情。这种情，用佛家的话说是生死事大，使无量数的人，轻则感到空幻，重则感到刺心。以见于经传的人物为例，陆机是被杀的，到刑场还想再闻华亭鹤唳；曹操是善终的，最后还嘱咐分香卖履：总之都是舍不得。舍不得而终于不得不舍，也就终于不得不接受苦；何况这苦还是最终的，不会再有乐来补偿。入世的人，高到圣贤，也知道心安理得之不易，这不易，在对付生死事大问题的时候表现得更为突出。怎么处理？就一般人说，是逆来顺受，不管。自然，这样也可以度过去，而且通常也许是无言地度过去。但问题仍在，是人人可以想到的，因为到弥留之际，自己也未必能坦然，心安理得。就是在这个问题上，常人的生活之道和禅有了大分别，因为禅境里已经没有这类执着。看下面的例：

（1）圆通缘德禅师——本朝（宋朝）遣师问罪江南，（李）后主纳土矣，而胡则者据守九江不降。大将军曹翰部曲渡江入寺，禅者惊走，师淡坐如平日，翰至，不起不揖。翰怒诃曰："长老不闻杀人不眨眼将军乎？"师熟视曰："汝安知有不惧生死和尚邪！"翰大奇，增敬而已。

（《五灯会元》卷八）

（2）瑞鹿遇安禅师——（宋太宗）至道元年春，将示寂，有嗣子蕴仁侍立，师乃说偈示之："不是岭头携得事，岂从鸡足付将来。自古圣贤皆若此，非吾今日为君裁。"付嘱已，澡身易衣，安坐，令舁棺至室。良久，自入棺。经三日，门人启棺，睹师右胁吉祥而卧，四众哀恸。师乃再起，升堂说法，诃责垂诚："此度更启吾棺者，非吾之子。"言讫，复入棺长往。

（同上书卷十）

（3）洞山良价禅师——师将圆寂……师乃问僧："离此壳漏子，向甚么处与吾相见？"僧无对。师示颂曰："学者恒沙无一悟，过在寻他舌头路。欲得忘形泯踪迹，努力殷勤空里步。"乃命剃发，澡身披衣，声钟辞众，俨然坐化。时大众号恸，移晷不止。师忽开目谓众曰："出家人心不附物，是真修行。劳生惜死，哀悲何益！"复令主事办愚痴斋。众犹慕恋不已，延七日，食具方备。师亦随众斋毕，乃曰："僧家无事，大率临行之际，勿须喧动。"遂归丈室，端坐长往。

（同上书卷十三）

（4）重云智晖禅师——师将顺世，先与王公（节度使王彦超）言别，嘱护法门。王公泣曰："师忍弃弟子乎？"师笑曰："借千年亦一别耳。"及归，书偈示众曰："我有一间舍，父母为修盖，住来八十年，近来觉损坏。早拟移别处，事涉有憎爱，待他摧毁时，彼此无妨碍。"乃跏趺而逝。

（同上）

这记的也许经过修润，但至少我们要承认，心不为死扰，是佛家努力企求的一个境界，依理，禅悟后情欲已灭，应该能够获得这个境界。如果是这样，这种弥留之际的坦坦然，就很值得一般人深思了。

10.2.2　另一种面目

公安派文人袁宏道《孤山》一文说:"孤山处士妻梅子鹤,是世间第一种便宜人。我辈只为有了妻子,便惹许多闲事,撇之不得,傍之可厌,如衣败絮行荆棘中,步步牵挂。"这说的还是最普通的世俗生活,只是娶妻生子,没有涉及利禄。其实,人生一世,无论怎样谦退,总会或多或少地碰到利禄,这就不能不争夺,小则钩心斗角,大则明枪暗箭。结果是患得患失,也就不能躲开苦或烦恼。禅悟当然要断这类苦或烦恼,办法是走另一条路,不同于世俗的一条路。如:

(1)鸟窠道林禅师——后见秦望山有长松,枝叶繁茂,盘屈如盖,遂栖止其上,故时人谓之鸟窠禅师。复有鹊巢于其侧,自然驯狎,人亦目为鹊巢和尚。……(唐宪宗)元和中,白居易侍郎出守兹郡,因入山谒师,问曰:"禅师住处甚危险。"师曰:"太守危险尤甚。"白曰:"弟子位镇江山,何险之有?"师曰:"薪火相交,识性不停,得非险乎?"

(《五灯会元》卷二)

(2)(潭州)龙山和尚——洞山(良价)与密师伯(神山僧密)经由,见溪流菜叶,洞曰:"深山无人,因何有菜随流,莫有道人居否?"乃共议拨草溪行。五七里间,忽见师羸形异貌,放下行李问讯。师曰:"此山无路,阇黎从何

355

处来?"洞曰:"无路且置,和尚从何而入?"师曰:"我不从云水来。"洞曰:"和尚住此山多少时邪?"师曰:"春秋不涉。"洞曰:"和尚先住,此山先住?"师曰:"不知。"洞曰:"为甚么不知?"师曰:"我不从人天来。"洞曰:"和尚得何道理,便住此山?"师曰:"我见两个泥牛斗入海,直至于今绝消息。"洞山始具威仪礼拜。……洞山辞退,师乃述偈曰:"三间茅屋从来住,一道神光万境闲。莫把是非来辨我,浮生穿凿不相关。"因兹烧庵,入深山不见。

(同上书卷三)

(3)船子德诚禅师——至秀州华亭,泛一小舟,随缘度日,以接四方往来之者,时人知其高蹈,因号船子和尚。一日,泊船岸边闲坐,有官人问:"如何是和尚日用事?"师竖桡子曰:"会么?"官人曰:"不会。"师曰:"棹拨清波,金鳞罕遇。"师有偈曰:"……千尺丝纶直下垂,一波才动万波随。夜静水寒鱼不食,满船空载月明归……"

(同上书卷五)

(4)京兆蚬子和尚——事迹颇异,居无定所。自印心于洞山,混俗闽川。不畜道具,不循律仪。冬夏惟披一衲。逐日沿江岸采掇虾蚬,以充其腹。暮即宿东山白马庙纸钱中。居民目为蚬子和尚。

(同上书卷十三)

这是"在陋巷，人不堪其忧，回也不改其乐"（《论语·雍也》）一类。但颜回守的是儒道，以上几位坚守的是禅境，多有世外味。这也是一种禅悦，惯于世间热闹的人是不大能够体会的。

10.2.3 世事浮云

这与上一节所谈是同一种生活态度的两面，上一节是取，这一节是舍。《论语·述而》篇记孔子的话说："不义而富且贵，于我如浮云。"这是有条件的舍，就是说，有时候可以不舍。禅林的舍是无条件的，即俗话说的看破红尘，把世俗信为可欲的事物都扔掉。如：

（1）丹霞天然禅师——本习儒业，将入长安应举，方宿于逆旅……偶禅者问曰："仁者何往？"曰："选官去。"禅者曰："选官何如选佛？"曰："选佛当往何所？"禅者曰："今江西马大师出世，是选佛之场，仁者可往。"遂直造江西。

（《五灯会元》卷五）

（2）雪峰义存禅师——（后）梁开平戊辰三月示疾，闽帅命医，师曰："吾非疾也。"竟不服药。遗偈付法。五月二日，朝游蓝田，暮归澡身，中夜入灭。

（同上书卷七）

（3）佛手岩行因禅师——寻抵庐山。山之北，有岩如五指，下有石窟，可三丈余，师宴处其中，因号佛手岩和尚。江南李主三召不起。坚请就栖贤，开堂不逾月，潜归岩室。

（同上书卷十四）

（4）芙蓉道楷禅师——（宋徽宗）大观初，开封尹李孝寿奏师道行卓冠丛林，宜有褒显，即赐紫方袍，号定照禅师。内臣持敕命至，师谢恩竟，乃陈己志："出家时尝有重誓，不为利名，专诚学道，用资九族；苟渝愿心，当弃身命。父母以此听许。今若不守本志，窃冒宠光，则佛法亲盟背矣。"于是修表具辞。复降旨京尹，坚俾受之。师确守不回，以拒命坐罪。奉旨下棘寺，与从轻。寺吏闻有司，欲徙淄州。有司曰有疾，与免刑。及吏问之，师曰："无疾。"曰："何有灸瘢邪？"师曰："昔者疾，今日愈。"吏令思之，师曰："已悉厚意，但妄非所安。"乃恬然就刑而行。

（同上）

舍，也许比取更不易，因为是可有而无，或已有而无，会引来更深的烦恼。江南李主就是个好例，到吟诵"雕栏玉砌应犹在，只是朱颜改"的时候，心情会是怎样呢？禅林的得道者看清了这一点，所以总是看世间的利禄如浮云。这种无所恋慕的心理状态会产生另一种满足，是禅悦。

10.2.4 奇言异行

奇是不同于常。出家是不同于常。这不同，浅的，表现于身或外，如剃发，住山林，着袈裟，不茹荤，过远离异性的生活，等等都是。深的，藏于内，不直接可见，如守戒，因定发慧，以求解脱，等等都是。外内如此，是身心都出家的。都出家，会给常人一种印象，是道不同，或说奇。身心都出家，未必就是已经得禅悟。得不得，要看已否破了世俗的知见，灭了世俗的情欲。破了，灭了，心情有了大变化，有诸内就不能不形于外。这新的心理状态与世俗大异，表现于外，或言或行，也就必致大异。如：

（1）五台隐峰禅师——入五台，于金刚窟前将示灭，先问众曰："诸方迁化，坐去卧去，吾尝见之，还有立化也无？"曰："有。"师曰："还有倒立者否？"曰："未尝见有。"师乃倒立而化，亭亭然其衣顺体。时众议异就荼毗，屹然不动。远近瞻睹，惊叹无已。师有妹为尼，时亦在彼，乃拊而咄曰："老兄，畴昔不循法律，死更荧惑于人！"于是以手推之，傥然而踣。

（《五灯会元》卷三）

（2）镇州普化和尚——唐咸通初，将示灭，乃入市谓人曰："乞我一个直裰！"人或与披袄，或与布裘，皆不受，振铎而去。临济（义玄）令人送与一棺，师笑曰："临济厮儿饶舌。"便受之，乃辞众曰："普化明日去东门死也。"郡人相率送出城，师厉声曰："今日葬不合青乌。"乃曰："明日南门迁化。"人亦随之，又曰："明日出西门方吉。"人出渐稀。出已还返，人意稍怠。第四日，自擎棺出北门外，振铎入棺而逝。

（同上书卷四）

（3）临济义玄禅师——师与王常侍到僧堂，王问："这一堂僧还看经么？"师曰："不看经。"曰："还习禅么？"师曰："不习禅。"曰："既不看经，又不习禅，毕竟作个甚么？"师曰："总教伊成佛作祖去。"

（同上书卷十一）

（4）宝藏本禅师——上堂："清明已过十余日，华雨阑珊方寸深。春色恼人眠不得，黄鹂飞过绿杨阴。"遂大笑，下座。

（同上书卷十九）

这样的言行，近于常人的玩世不恭，却超过常人的玩世不恭。常人的玩世不恭，根柢是阮籍、刘伶的愤激，骨子里还是入世的。禅师们不然，是不再有执着，乱说乱行都可以自得其乐，这乐是禅悦。

10.2.5 自由无碍

出家修行，要守戒律。戒律，前面说过，多而且细，在其拘束下生活，当然就谈不到自由。这是企图断了世间这条线，以便能够甘心出世间；或者说，企图断了世间的知见和情欲，以便不因物扰而受苦。这种努力是艰苦的，正如常人见到的规矩出家人的举止所显示，都是貌严肃而心在沉思。这种心理状态中也有乐的成分吗？像是很少，因为那至多还是看山不是山、看水不是水的时期，要严防走回头路，顾不上。禅悟的要求是超过这种谨小慎微、怕狼怕虎的心理状态，因为悟了，世俗的知见和情欲已经没有，就可以如柳下惠的坐怀而不乱，或用禅林的话形容，看山仍是山，看水仍是水。这种随缘而不为物扰的自由无碍的境界，可以随时随地表现为各种形态，也许应该算作最高的禅悦。随便举一些例：

（1）益州西睦和尚——上堂，有俗士举手曰："和尚便是一头驴。"师曰："老僧被汝骑。"

（《五灯会元》卷四）

（2）亡名古宿——昔有老宿畜一童子，并不知轨则，有一行脚僧到，乃教童子礼仪。晚间见老宿外归，遂去问讯。老宿怪讶，遂问童子曰："阿谁教你？"童曰："堂中某上座。"老宿唤其僧来，问："上座傍家行脚，是甚么心行？这童子养来二三年了，幸自可怜生，谁教上座教坏伊？快束装起去。"黄昏雨淋淋地，被赶出。

（同上书卷六）

（3）芙蓉道楷禅师——（宋徽宗政和）八年五月十四日，索笔书偈，付侍僧曰："吾年七十六，世缘今已足。生不爱天堂，死不怕地狱。撒手横身三界外，腾腾任运何拘束。"移时乃逝。

（同上书卷十四）

（4）白云守端禅师——上堂："释迦老子有四弘誓愿云：众生无边誓愿度，烦恼无尽誓愿断，法门无量誓愿学，佛道无上誓愿成。法华亦有四弘誓愿：饥来要吃饭，寒到即添衣，困时伸脚睡，热处爱风吹。"

（同上书卷十九）

一切无所谓，这是外貌；骨子里却是有坚实的壁垒，因而任何外力才攻不破。这是心境的彻底安然，所以可以算作最高的禅悦。

10.2.6 小机大用

在某种机缘下，以禅悟的眼睛看世界，灵光一闪，表现为语言，词句平常而意义深远，有超然世外、治大国如烹小鲜的气势，这是禅的最通常的表现，可以称为小机大用。如：

（1）西堂智藏禅师——师住西堂，后有一俗士问："有天堂地狱否？"师曰："有。"曰："有佛法僧宝否？"师曰："有。"更有多问，尽答言有。曰："和尚恁么道莫错否？"师曰："汝曾见尊宿来邪？"曰："某甲曾参径山（道钦）和尚来。"师曰："径山向汝作么生道？"曰："他道一切总无。"师曰："汝有妻否？"曰："有。"师曰："径山和尚有妻否？"曰："无。"师曰："径山和尚道无即得。"

（《五灯会元》卷三）

（2）平田普岸禅师——临济（义玄）访师，到路口，先逢一嫂在田使牛。济问嫂："平田路向甚么处去？"嫂打牛一棒曰："这畜生到处走，到此路也不识！"济又曰："我问你平田路向甚么处去。"嫂曰："这畜生五岁尚使不得。"济心语曰："欲观前人，先观所使。"便有抽钉拔楔之意。及见师，师问："你还曾见我嫂也未？"济曰："已收下了也。"

（同上书卷四）

（3）光孝慧觉禅师——师领众出，见露柱，乃合掌曰："不审世尊……"僧曰："和尚是露柱？"师曰："啼得血流无用处，不如缄口过残春。"

（同上）

（4）奉先深禅师——师同明和尚（清凉智明）到淮河，见人牵网，有鱼从网透出，师曰："明兄俊哉！一似个衲僧

相似。"明曰:"虽然如此,争如当初不撞入网罗好!"师曰:

"明兄你欠悟在。"

(同上书卷十五)

话都说得轻松幽默,却有值得参详的深意。(1)是指点那个俗士,有执,离无还远得很。(2)意思比较明显,是勉励临济要努力;临济心领神会,表示已经受到教育。(3)意思比较隐晦,是说成佛要靠明自性,如露柱不言,比用力外求好。(4)意思是烦恼即菩提,没有烦恼的菩提不是佛法。由这一点点例可见,小机大用的语言,透露的是禅的智慧之光,不只值得禅林内的人深思,也值得禅林外的人深思。事实是,禅林外的人都很欣赏这种智慧在语言中的灵光一闪,因为欣赏,就乐于模仿,情况留到后面说。

10.2.7　禅境中往还

前面说过,禅悟后的主观意境,各个人的虽然不能相同,却可以属于同一个意境类。不同的人,在同一个意境类中相遇,自然会相视而笑,莫逆于心。这是禅悦和禅风在人与人间的一种常见的表现,像是禅味最浓厚,不只值得禅内的人深思,而且值得禅外的人欣赏。如:

(1)温州净居尼玄机——往参雪峰(义存),峰问:"甚

364

处来?"曰:"大日山来。"峰曰:"日出也未?"师曰:"若出则熔却雪峰。"峰曰:"汝名甚么?"师曰:"玄机。"峰曰:"日织多少?"师曰:"寸丝不挂。"遂礼拜,退。才行三五步,峰召曰:"袈裟角拖地也。"师回首,峰曰:"大好寸丝不挂。"

(《五灯会元》卷二)

(2)庞蕴居士——(唐宪宗)元和中,北游襄汉,随处而居。有女名灵照,常鬻竹漉篱以供朝夕。……士坐次,问灵照曰:"古人道,明明百草头,明明祖师意,如何会?"照曰:"老老大大作这个话语!"士曰:"你作么生?"照曰:"明明百草头,明明祖师意。"士乃笑。士因卖漉篱,下桥吃扑,灵照见,亦去爷边倒。士曰:"你做甚么?"照曰:"见爷倒地,某甲相扶。"士将入灭,谓灵照曰:"视日早晚,及午以报。"照遽报:"日已中矣,而有蚀也。"士出户观次,灵照即登父座,合掌坐亡。士笑曰:"我女锋捷矣。"于是更延七日,州牧于公顿问疾次,士谓之曰:"但愿空诸所有,慎勿实诸所无。好住,世间皆如影响。"言讫,枕于公膝而化。

(同上书卷三)

(3)赵州从谂禅师——师到黄檗(希运),檗见来便闭方丈门,师乃把火,于法堂内叫曰:"救火!救火!"檗开门捉住曰:"道!道!"师曰:"贼过后张弓。"到宝寿(法名待考),寿见来,于禅床上背坐,师展坐具礼拜。寿下禅床,师便出。又到道吾（宗智），才入堂，吾曰："南泉（普愿）一只箭来也！"师曰："看箭！"吾曰："过也。"师曰："中。"又到（鄂州）茱萸（和尚），执拄杖，于法堂上从东过西，萸曰："作甚么？"师曰："探水。"萸曰："我这里一滴也无，探个甚么？"师以杖倚壁，便下。

（同上书卷四）

（4）临济义玄禅师——黄檗（希运）一日普请次，师随后行。檗回头，见师空手，乃问："钁在何处？"师曰："有一人将去了也。"檗曰："近前来！共汝商量个事。"师便近前。檗竖起钁曰："只这个天下人拈掇不起。"师就手掣得，竖起曰："为甚么却在某甲手里？"檗曰："今日自有人普请。"便回寺。师普请钁地次，见黄檗来，拄钁而立。檗曰："这汉困那？"师曰："钁也未举，困个甚么！"檗便打。师接住棒，一送送倒。檗呼维那："扶起我来。"维那扶起，曰："和尚争容得这风颠汉无礼？"檗才起，便打维那。

（同上书卷十一）

言谈举止都与常情有别，因为是在禅境中交往。这禅境中的种种，有的比较易解，如"寸丝不挂"是表示已悟，破了执，所以雪峰才开个玩笑以表示还信不过。较多的地方比较难解，如灵照的倒在父旁，黄檗的乱打等。局内人是不是都能得其确解？这我们无法知道。

我们能知道的只是，置身于这样的禅的气氛中，就是不求甚解，也可以获得或多或少的禅风的喜悦。

10.3 几句附加的话

以上介绍禅悦和禅风，说的都是正面的话，就是喊好而没有挑剔。这一节把立足点往远处移一移，说几句近于评论的话。

还是先说正面的，是由作用方面看，在禅林的所有事物中，居首位的必是禅悦和禅风。原因可以想见。如一，出家入禅林，是求解脱，了生死大事，兢兢业业，日积月累，是希望终于能够豁然贯通，天地变色，坚守自性而不再为物扰。这样的心体湛然，自由无碍（或说苦灭），是大获得。可是它深藏于内，身外看不见；能看见的只有表现于外的禅悦和禅风，所以它就成为禅林的最可贵的财富。二，其他事物，如坐禅、课诵、吃斋、普请（生产劳动）等，都是例行公事，谈不到悦，或者还含有麻烦或苦的成分。三，未出家而想出家的，已出家而安于住禅林的，除受某些条件的驱遣以外，还要受某些力量的吸引，这吸引的力量中，禅悦和禅风是重大的一种，纵使不是唯一的一种。四，禅林外的人，上至大官裴休、大名士苏轼等，下至不见经传的小知识分子，感兴趣，倾倒，甚至模仿、吸收以致用的，着眼点主要不是万法皆空、自性清净等理论，而是禅悦和禅风。五，也就因此，传世的禅宗典籍，着重宣扬的也是这个，如赵州、临济的疯疯癫癫之类。

疯疯癫癫，是有诸内而形于外，这就使我们不能不想到内外的关系问题。论重轻，是内重外轻：内是世俗知见和情欲灭，外是疯疯癫癫。在重轻之下定取舍，可以取重舍轻而不当取轻舍重，就是说，可以于世俗知见和情欲灭之后而不表现为疯疯癫癫，决不可表现为疯疯癫癫而世俗知见和情欲并未灭。内外还有难易的分别，自然是内难而外易。

最难办的是：一，外可见而内不可见；二，连接内外的链条或则不可见，或则似可见而不能很清晰。二的情况很复杂。有时候，外，表现为行动，如破戒之类，成为并未悟的确证，当然据此可以推断，内外间并没有链条连接着。但这也许应该划入"不共住"的范围，不是这里所应讨论的。另一种情况，如丹霞烧木佛，赵州说狗子无佛性，这外的表现，怎么能证明与内有链条连接着呢？还有一种情况，如有些禅师喝酒，作艳诗，如果有链条连接着，这内是一种什么情况？

这就使我们不能不想到一个禅林中的非常严重的问题：既然由外难于见内，会不会有些外的表现并没有内的根据？甚至其中有一些是出于扮演？我的想法，说有，不容易，因为只能凭推测，举确证难；说无，更不容易，因为自宋以下，禅渐渐近于世俗，而疯疯癫癫则有增无减，说是都有诸内而形于外，在理上是很难圆通的。无诸内而形于外，是假禅悦，不好，如果成为风就更不好，因为这样一来，轻则是生死大事不能了，重则会成为禅的消亡。作为一种灭苦的生活之道，就说是过于理想，甚至近于幻想吧，消亡，总是太可惜了。

第十一章 理想与实际

11.1 理想与实际有距离

以上由第五章到第十章，介绍南宗禅的情况。这一章和下一章，可以看作以上几章的补充，是说，禅，陈义很高，正如世间有些事物一样，也是盛名之下，不免其实难副。

人生于世，不能离开实际，像是也不能离开理想。实际有时（对有些人是常常）冷冰冰的；为了寻找温暖或热，就不能不乞援于理想。理想和实际的关系相当微妙：理想生于实际，这是因欠缺而希求；理想可以变为实际，这一部分要靠人力，但一部分也要靠机缘（旧曰"天命"）；理想步子轻捷，实际步子迟缓，所以常常苦于追而追不上。追不上，理想和实际间就有了距离。这虽然是理有固然，就人生说总是不小的憾事。

佛家，缩小些说禅林，虽然想出世，究竟还是住在人间，因而也就不能躲开实际追不上理想的憾事。禅的理想，如许多禅宗典籍所说，是走顿悟的路求解脱，了生死大事。为了实现这个理想，有不少人（包括少数女性）出家了；还有些人，所谓居士，不出家，却也热衷于参话头，解公案。而据说，有许许多多的人就真悟了，就是说，实现了理想。实际真是这样吗？恐怕还是有距离，或者说，实际并不像典籍中描画的那样如意。这里先要说明一下，所谓实际，就涉及的人说，不是包容全体四众的实际（用佛家的尺度衡量，四众中有不少人是不及格的，如只求避赋税徭役得温饱的，只求世间福报的，甚至败道的，前面曾谈到），是只包容真参禅而真有所得（如甘于山林的淡泊生活，不生尘念）的实际。就是这样缩小范围，我觉得，理想和实际间总还不免有或大或小的距离。这可以从以下一些事上看出来。

11.1.1 禅与教

教是依佛理渐修，比喻是坐火车，一站一站地到达目的地。禅是坐光子火箭，一闪间到达目的地（顿悟），所以强调直指本心，不立文字。其极也就成为：

> （1）南岳怀让禅师——（唐玄宗）开元中，有沙门道一（马祖），在衡岳山常习坐禅。师知是法器，往问曰："大德坐禅图甚么？"曰："图作佛。"师乃取一砖，于庵前石上磨。一曰："磨作甚么？"师曰："磨作镜。"一曰："磨砖岂得成镜邪？"师曰："磨砖既不成镜，坐禅岂得作佛？"
>
> （《五灯会元》卷三）

（2）药山惟俨禅师——看经次，僧问："和尚寻常不许人看经，为甚么却自看？"师曰："我只图遮眼。"

（同上书卷五）

（3）大珠慧海禅师——（僧）问："如何得大涅槃？"师曰："不造生死业。"曰："如何是生死业？"师曰："求大涅槃是生死业，舍垢取净是生死业，有得有证是生死业，不脱对治门是生死业。"

（同上书卷三）

（1）是不要坐禅，（2）是不要读经，（3）更厉害，连佛法也否定了。话都说得干脆，表现为行动像是做得绝，这是禅的修持方法的理想的一面。

实际真就是这样吗？恐怕不能然。最重大的理由，前面提到过，是没有真诚接受佛理的准备，即没有悟的内容，又能悟个什么？准备，要日积月累地学，这和不坐禅、不看经等是不能相容的。由此可以推断，灯录一类书所记，突出奇言异行，甚至只收奇言异行，是多看理想而少看实际，甚至只见理想而不管实际。但就是这样，字里行间也常常透露一些重视渐修的消息。如：

（4）赵州从谂禅师——上堂："金佛不度炉，木佛不度火，泥佛不度水，真佛内里坐。菩提涅槃，真如佛性，尽是贴体衣服，亦名烦恼。实际理地甚么处著？一心不生，万法无咎。汝但究理，坐看三二十年，若不会，截取老僧头去。梦幻空华，徒劳把捉，心若不异，万法一如。既不从外得，更拘执作么？"

（同上书卷四）

（5）临济义玄禅师——僧问："如何是真佛真法真道？乞师开示。"师曰："佛者心清净是，法者心光明是，道者处处无碍净光是，三即一，皆是空名，而无实有。如真正作道人，念念心不间断。自达摩大师从西土来，只是觅个不受人惑底人，后遇二祖，一言便了，始知从前虚用工夫。山僧今日见处，与祖佛不别。"

（同上书卷十一）

（6）芙蓉道楷禅师——示众曰："夫出家为厌尘劳，求脱生死。休心息念，断绝攀缘，故名出家，岂可等闲利养，埋没平生？直须两头撒开，中间放下。遇声遇色，如石上栽花；见利见名，似眼中著屑。况从无始以来，不是不曾经历，又不是不知次第，不过翻头作尾，止于如此，何须苦苦贪恋？如今不歇，更待何时？所以先圣教人，只要尽却今时，能尽今时，更有何事？若得心中无事，佛祖犹是冤家。一切世事自然冷淡，方始那边相应。"

（同上书卷十四）

赵州、临济是著名禅师里最疯疯癫癫的，可是间或也用常语讲佛理。芙蓉道楷禅师是北宋末年人，已经是禅风日趋险怪的时候，可是授徒，有时仍不能不平实地讲道理。可见南宗禅，标榜的理想虽然是破一切的顿，实际却是或明或暗地也走渐的路。

11.1.2　顿悟与惯熟

修持，得悟，上一节是由授的方面说，实际并不像理想的那样奇妙；这一节由受的方面说，也是实际不像理想的那样奇妙。南宗禅讲顿修，当然相信顿是可能的，而且事实上不少见。真是这样吗？这个问题很复杂。简单而总括地说是（如《五灯会元》一类书所述说）、说不是，恐怕都不妥当。情况千差万别。但万变不离其宗，至少我们常人总是认为，世间事也容许奇妙，但奇妙应该是科学常识范围之内的奇妙；越出范围，不管说得如何绘影绘声，其真实性就颇为可疑了。具体说，如真有时间短、程度深的所谓顿，那也必是渐修的结果，而不能突如其来。这样说，有些所谓顿，传奇味太浓，我们就难于引为典据，或说应该存疑。如：

（1）金陵俞道婆——市油糍为业。常随众参问琅邪（永起），邪以临济（义玄）无位真人话示之。一日，闻丐者唱莲华乐云："不因柳毅传书信，何缘得到洞庭湖？"忽大悟。

（《五灯会元》卷十九）

（2）文殊思业禅师——世为屠宰。一日戮猪次，忽洞彻
心源，即弃业为比丘。

（同上书卷二十）

这二位，俞道婆不是出家人，后一位是"洞彻心源"后才出家，竟然因听唱曲、因杀猪而顿悟，真是奇到常情之外了。以常情推之，这应是比理想更加理想的道听途说。

实际显然不会是这样。关于实际，可以举禅林的几位龙象为例。

一位是马祖道一，才高，影响大，可是学历并不简单。幼年出家，在资州唐和尚处落发，在渝州圆律师处受具足戒。以后东行，到衡岳山，习禅定。这时期遇见南岳怀让，从怀让学禅十年，才得到怀让的印可，说他"得吾心"。这是由小学而中学，由中学而大学，而研究院，得悟并不是一蹴而就的。

一位是南泉普愿，《五灯会元》卷三说他："唐（肃宗）至德二年（应说载）依大隗山大慧禅师受业，诣嵩岳受具足戒。初习相部旧章，究毗尼篇聚。次游诸讲肆，历听《楞伽》《华严》，入中百门观，精练玄义。后扣大寂（马祖）之室，顿然忘筌，得游戏三昧。"他比老师马祖学得更杂，除可以算作禅的《楞伽经》以外，还有法相、华严、三论诸宗的典籍。

一位是药山惟俨，十七岁在潮阳西山慧照禅师处出家，在衡岳希操律师处受戒。通各种经论。想习禅，先到石头希迁处。因缘不契，

到马祖道一处，侍奉三年，又回石头希迁处。他是不止一次转学，才得了道。

一位是云岩昙晟，少年时在石门出家。后参百丈怀海，侍奉二十年，因缘不契。于是改参药山惟俨，才得开悟。在以清规严著称的百丈处修持二十年，当然不会饱食终日，无所用心，这是有了渐的基础，才能取得药山处的顿。

总之，南宗禅的典籍突出顿，是多少带有宣传彩票中彩的意味，而实际，中彩的可能是微乎其微的。

11.1.3 出世与家常

出世间是理想，实际是，至多只能由里巷迁到山林。彼岸是更理想的理想，因为，至少是常人都没有看见过。这不能怨出家二众，因为他们也是人，也是生在这个世间。生在世间，不管有什么奇妙的想法，既然要想，先要活。活，要有基础，中土通常概括为四种，衣食住行。佛家想得加细，是房舍、衣服、饮食之外，还加上汤药（四事）。四事，就是多到四百事、四千事，在常人的思想中可以调和无扞格。佛家就不成，因为理想是要躲开这些，而实际却偏偏不能离开这些。最大的困难是住，因为不像一钵、三衣那样容易得到。不得已，只有靠大施主布施，如杨衒之《洛阳伽蓝记》所记，由永宁寺起，都是灵太后等大人物兴建的。施主还有更大的，如梁武帝就是最著名的一位。施主当然是世俗人，这就不可避免地要把美妙的理想敲碎，使碎片落在实际上。衣食方面的种种也是这样,来源也不能不是世俗人的布施。也许因为有见于此,或者求布施也不那么容易,南宗的禅僧实行自作自食的制度,即到禅林习禅,都要参加劳动(普请)。这当然是好的。但这是用世俗的眼光或评价标准衡量的;如果把立脚点移到佛门,种瓜得瓜,种豆得豆,锄禾日当午,汗滴禾下土,那就离世间太近,离出世间太远了。

11.1.4 守身与随顺

世间,头绪万千,上一节是说柴米油盐方面的,表明想彻底出离也做不到。这一节想说社会制度或政治势力方面的,依理想更应该一刀两断,可是,因为这种势力不只力量大,而且无孔不入,想躲开就更难做到。说应该一刀两断,是因为政治势力,一方面,与荣华富贵关系最密切;另一方面,在红尘的种种中,所藏的污垢显然最多。想断,就要离开皇帝,离开官。有些出家人确是这样做的,或者很想这样做。但实际就不容易做到,因为,如上一节所说,出家人想活,就不能不欢迎布施,甚至求布施。此外,还有积极一面的,想弘法,佛门兴旺,就不能不欢迎护法,求护法。什么人有大力量护法?自然是官和官的首脑皇帝。

护法,带有自愿性,其所表现的政治势力,常常像是温和的,如自魏晋以来,除三武一宗以外,几乎都照例允许佛教存在,就是这样。政治势力的表现,还有不温和的。最明显的是度牒制度。度牒是官方发给的承认出家资格的证书，没有这个，就不能避免赋税徭役，就不能到丛林挂单。唐宋时代，为了筹集军费政费，领度牒要交费，多到钱八百千一道。这是你有躲开政治势力的理想，可是政治势力的实际来找你。你只好接受实际，凑钱，买度牒，买得，还要带在身上。这，无论从万法皆空的角度看，还是从即心是佛的角度看，都是非常可悲的。

还有更可悲的，是最高的护法者忽然翻了脸，不只不护了，还要灭。与南宗禅关系最深的一次是三武之一的唐武宗时的会昌法难。你想出世间，世间的政治势力偏偏拉住你，使你出不去。不只出不去，连披袈裟、住山林的自由也没有了。怎么办？说如梦幻泡影没有用，必须面对实际。如说"释迦老子是干屎橛"的德山宣鉴是："属唐武宗废教，避难于独浮山之石室。"（《五灯会元》卷七）日照是："属会昌武宗毁教，照深入岩窟，饭栗饮流而延喘息。"从谏是："属会昌四年诏废佛塔庙，令沙门复桑梓，亦例淘汰，乃乌帽麻衣，潜于皇甫氏之温泉别业后冈上。"文喜是："属会昌澄汰，变素服。"（以上均见《宋高僧传》卷十二）可见都只能用逃的办法顺从。还有政治势力袭来，逃得更厉害的，如法海立禅师：

> 因朝廷有旨，革本寺为神霄宫，师升座谓众曰："都缘未彻，所以说是说非；盖为不真，便乃分彼分此。我身尚且不有，身外乌足道哉！正眼观来，一场笑具。今则圣君垂

旨，更僧寺作神霄，佛头上添个冠儿，算来有何不可？山僧

今日不免横担拄杖，高挂钵囊，向无缝塔中安身立命，于无

根树下啸月吟风。一任乘云仙客，驾鹤高人，来此咒水书

符，叩牙作法，他年成道，白日上升，堪报不报之恩，以助

无为之化。只恐不是玉，是玉也大奇。然虽如是，且道山僧

转身一句作么生道，还委悉么？"掷下拂子，竟尔趋寂。

（《五灯会元》卷六）

这样的彻底逃离，是理想挫败了实际吗？很难说。但可以推知，唐武
宗是不会这样看的。

11.1.5　新思与旧意

悟是思想改造彻底胜利的结果，其实质是新想法代替或说清除了
旧想法。就理想说，情况应该是这样：世俗的知见和情欲灭尽，其后
是仁者心不动，风幡就不再动，从而清净自性也就不再为境移，为物
扰，即有了最高的获得，常乐我净。能得不能得，关键在于能不能灭
尽。能不能灭尽，难知，因为：一，禅宗典籍意在扬善，所用资料经
过筛选，都限于能的；二，能不能，主要取决于心理状态，而心理状
态的实况如何，即使人不往，也难见，何况人已经往矣。我们还是只
能根据常情推测。这有如洗涤衣服上的污垢，想一点不剩，即使理论
上是可能的，实际上也很难做到。证据呢，禅宗典籍中也可以透露一

些。如：

（1）云居了元禅师（佛印）——师一日与学徒入室次，适东坡居士到面前，师曰："此间无坐榻，居士来此作甚么？"士曰："暂借佛印四大为坐榻。"师曰："山僧有一问，居士若道得，即请坐；道不得，即输腰下玉带子。"士欣然曰："便请。"师曰："居士适来道，暂借山僧四大为坐榻，只如山僧四大本空，五阴非有，居士向甚么处坐？"士不能答，遂留玉带。

（《五灯会元》卷十六）

（2）大珠慧海禅师——问："儒释道三教同异如何？"师曰："大量者用之即同，小机者执之即异。"

（同上书卷三）

（3）睦州陈尊宿——讳道明，江南陈氏之后也。……后归开元（寺），居房织蒲鞋以养母，故有陈蒲鞋之号。

（同上书卷四）

（4）六祖慧能大鉴禅师——祖说法利生，经四十载。其年（唐玄宗先天元年）七月六日，命弟子往新州国恩寺建报恩塔，仍令倍工。……先天二年七月一日谓门人曰："吾欲归新州，汝速理舟楫。"时大众哀慕，乞师且住。祖曰："诸佛出现，犹示涅槃。有来必去，理亦常然。吾此形骸，归必有所。"众曰:"师从此去,早晚却回。"祖曰:"叶落归根,来时无口。"

（同上书卷一）

（1）是口说四大本空,五阴非有,可是珍视名人的玉带,留作镇山之宝,这是到关键时候,还是世俗意识占了上风。（2）是思想兼容各家,各家中,儒讲君君臣臣,父父子子,是世间道,怎么能与佛的解脱道和平共处呢?除非解脱打了折扣。（3）可以看作（2）的思想兼容儒的行为化,织蒲鞋养母,讲起孝道来了。（4）是愿意叶落归根,颇有狐死首丘的意味,可见就是南宗禅的祖师,有时候还是未能忘情的。此外,如禅师们都不能不沾边的分宗派,占山头,分明是世俗的爱权势一路,在佛家的理想中是本不应该有的。

11.1.6 深度广度问题

深度指悟的程度,广度指悟的人数,这两方面,理想和实际间也不能不有或大或小的距离。

先说深度,悟程度的深浅必是千差万别。日本铃木大拙说的"物我合一"也许是程度最深的?是否如此,我们常人不能判断,因为人和眼前的桌子成为一体,究竟是一种什么样的现实,我们没有这种经验,只好不知为不知。上者不知,只好降一级,说是世俗知见和情欲的灭尽。禅宗典籍说的顿悟,想来都是指这一种。这要多靠内功,即明自性，显然也很不容易，原因之一是，自性清净，说来好听，像是也不难找；真去找，情况就会大不同，因为即使有，也总当藏在大量的世俗知见和情欲中，杂草拔尽而单单保留一棵娇嫩的幼苗，其难可以想见。还有原因之二，习禅要活，要住在世间，就必不可免地会遇见与内的知见和情欲对应的种种，举例说，化缘化到馒头，吃，心中要确信馒头非实，行脚遇见比丘尼，要确信师姑并非女人，这是容易的吗？站在我们常人的立场，以己度人，总觉得，禅宗典籍所描画，忽而一顿就天地变色，当事者立即由迷跳入洞彻心源的禅境，都未免说得太玄妙。事实恐怕是再降一级的情况，由内功加外功而慢慢改变爱恶取舍的观点和感情。所谓外功，是丛林的生活环境和生活状况。内，信（佛法），外，有山林、课诵、坐禅等培养并助长信，日久天长，由惯于过淡泊生活变为喜爱淡泊生活，这应该说也是悟。这种悟，与天地忽然变色的悟相比，程度当然差一些，他看馒头仍然是馒头，看师姑仍然是女人，但总的说，是觉得世间的求享乐，争名利，都无意味，是自寻苦恼。这不能说是出世间吗？如果不抠字面，我看也可以算。如果是这样，悟就有了深浅两级。我的想法，深是理想的，说一定不能达到也许失之武断；但反过来，说不难达到，又总觉得可疑。可信的是浅的一级，因为，古往今来习见的所谓得道高僧，恐怕大多属于这一类。理想少，实际多，这又是理想与实际有了距离。

以上是说悟的深度。还有广度，就是假定满足于悟的浅的一级，如许多僧传、灯录等书所记，恐怕也不当有一个算一个，因为，有些资料以及我们的见闻所显示，实况常常不是这样。不当有一个算一个，应该真假对半还是三七开呢？这不能知道，能知道的只是理想与实际有距离而已。

11.2　补说

与前面几章介绍的情况相比，这一章说的像是清一色的泄气的话，因而会给人一种印象：禅悟的理想都是夸大失实的，实际必做不到。我的意见并不这样单纯，所以这里还应该说几句补充的话。

理想与实际有距离，有客观原因，是理想陈义过高，几乎在一切方面（知见和情欲）都以逆为顺，而且要逆得彻底；而人总是在实际中的，站在地面而设想御风而行，其难可想而知。也可以说兼有主观原因，是坚信逆可以变为顺（通过顿悟），不肯向实际让步。事实是，如果肯让步，理想俯就，是可以与实际接近，而不放弃本来的解脱目的的。

这所谓俯就，包括两方面的意思：一是知见与情欲分治，二是少求神奇而多讲实效。其实这两者也是一回事，可以合在一起讲。关于佛家的变知见、灭情欲以求解脱（其实即无苦）的办法，我一直认为，知见和情欲可以分别对待，因为两者的性质不一样。总的说，是知见比较顽固而与苦关系远，情欲反之，是比较松动而与苦关系近。关系远，可以放松，关系近，不能放松。这要稍加解释。先说知见，如门前有五柳树，出门看得见，伸手摸得着，总不会觉得它不是柳树，这是知见，并不明显地杂有爱恶取舍之情，因而也就不致引起因求之不得而来的苦；但是，想变认识，说它是空却大不易。情欲就不然，带有火气，爱欲而不得会引来大苦；但变认识却不像知见那样难，比如对于酒，有的人就是由嗜而变为戒的。因此，我觉得，佛门或禅林讲悟，可以把重点放在对付情欲上，而少管甚至不管知见。事实上恐怕也是如此，如禅林的大德，捧钵，举拂，大概都没有觉得钵和拂是空；但在物的包围中心境湛然，不动情，因而无苦，这就够了。这样说，理想像是打了折扣，未能天地变色，但灭苦的目的达到了，为什么不可以说是实现了理想呢？

这样降低标准，如果禅林中人可以接受，那理想与实际就可以接近，或者说，就可以在实际容许的范围内求实现理想。这会很容易吗？要看由什么角度看。由禅林的角度看，不否认外界为实有，但可以不贪得，不因物之可欲而动情，是容易多了。由常人的角度看，处各种环境而能淡淡然，见可欲而心不乱，究竟还是太难了。因为太难，对于这俯就的灭情欲以求不再有苦的理想，我们还是不能不怀有深深的敬意。

第十二章 可无的赘疣

12.1 应务本

前面说过，佛法是一种人生之道。道，大别很多，小别更多。快乐主义是一种道；悲观主义，甚至歌颂自杀，也是一种道。除了"不识不知，顺帝之则"的道和与之近似的道以外，道，都有明显的目的，或说理想，有实现理想的办法，还有说明并支持理想和办法的理论。这理论，常常系统化，表面化，表现为语言，为文字，这说的、写的人就成为一种道的宣扬者，列入诸子百家。由这个角度看，释迦及其后继人也是一种道的宣扬者，应列入诸子百家。

但佛法又是宗教，因为它相信神异，相信他力（超常的可依赖的什么），而且有信徒的组织。可是传入中土，繁衍为各宗，其中南宗禅后来居上，情况有了很大变化。最明显最突出的征象是可以呵佛骂祖，这就教说本来是不允许的。所以会这样，也是水到渠成的结果。这水源是相信一切有情都有佛性，加上南宗禅的自性清净。既然自性是清净的，那修持之功就非常简单，无非是明自性，识本心；能明，能识，自然就可以立地成佛（顿悟）。这样说，关键在内不在外，念佛看经就成为次要的，甚至不必要的，可以放松。这还是小越轨。小越轨顺流而下，就会成为大越轨，觉得念佛看经会扰乱明自性，识本心，不如一股脑儿清除出去，于是而说释迦老子是干屎橛，达摩是老臊胡，看经只是为遮眼。

这说得未免过了分，因为佛这种道，确信人生是"苦"，苦由于"集"，应以"道""灭"之，总是佛祖传授的。事实上，即如以呵佛骂祖出名的德山宣鉴，也是"精究律藏，于性相诸经，贯通旨趣""住澧阳（龙潭崇信处）三十年"（《五灯会元》卷七）。

行谨语放，是表示南宗禅的确信己力必能胜天的精神，这比锲而不舍更进一步，是勤勉有了无尽的原动力。我们翻阅禅宗典籍，可以看到，有不少信士弟子确是这样做的；而因为信，就确能有所得，虽然这种信（自性清净）是否有心理学的根据，我们常人是会存疑的。

这里单说这种信，站在禅林的立场，应该承认有大用，其极也是能够以自力变认识，变情怀。因为相信清净，进而喜爱清净，染污（与苦有不解之缘）就会相对地减少，以至于灭。染污减少，至于灭，不管是否来于顿，说是已悟总是不错的。

如果真是这样，则悟或顿悟就主要是由自己的心力来，其间并不杂有神秘。至此，我们甚至可以说，南宗禅可以算作已经扔掉宗教的束缚，因为既可以不要神异，又可以不要外力。这是佛教中土化的一种重要的表现，简直像是只强调良知良能，而不必念"揭帝揭帝，般罗揭帝"了。

可是这种趋势没有彻底，而是留了相信神异的尾巴，如还讲说各种神通等就是。由直指人心、见性成佛的信念看，这种种来自原始宗教的神异是多余的，甚至会降低自性清净的价值，所以这里说它是赘疣。赘疣还有一种，是顺应世俗，或者说，不是全力求出世间，而是靠近世间。学佛的是人，不能离开世间，上一章已经谈过。这里是就心说，佛家以出世为理想，即使不能离开世间，也应该"心远地自偏"（陶渊明《饮酒》其五）。有些禅师，尤其到后期，像是不是这样，而是受了世俗风气的感染，也以赐紫、能作诗等为荣。这说重了是身出家而心未出家，也许比相信神异更糟。就是轻些说，也是一种赘疣，为了容止，不如去掉。以下举例说说这方面的情况。先说神异。

12.2.1 生有异相

神异有多种表现，由出生说起。这自然也是古已有之。教外的同样很多，翻翻史书的帝王将相纪传，随处可见。这里只说教内的，由释迦牟尼起就是："放大智光明，照十方世界，地涌金莲华，自然捧双足。"这个神异传统，强调自性清净的南宗禅本来可以不继承，可是继承了，或者说，没有用呵佛骂祖的精神轻视而抛弃它。如：

（1）南岳怀让禅师——于唐（高宗）仪凤二年四月八日降诞，感白气应于玄象，在安康之分。太史瞻见，奏闻高宗皇帝。帝乃问："是何祥瑞?"太史对曰："国之法器,不染世荣。"

(《五灯会元》卷三)

（2）睦州陈尊宿——生时红光满室,祥云盖空,旬日方散。目有重瞳,面列七星,形相奇特,与众夺伦。

(同上书卷四)

（3）酒仙遇贤禅师——母梦吞大球而孕,多生异祥。貌伟怪,口容双拳。七岁尝沉大渊而衣不润。

(同上书卷八)

（4）云居了元禅师——诞生之时,祥光上烛,须发爪齿,宛然具体,风骨爽拔,孩孺异常,发言成章,语合经史。

(同上书卷十六)

这些表现,以常识衡之都说不过去。用南宗禅的理论衡量就更说不过去,因为这是强调前定,与有情皆有佛性、明心见性可以成佛的看法是不调和的。

12.2.2　各种神通

学佛,禅悟,有目的,依据原始的四圣谛法,也只是灭苦。前面多次说过,灭苦的唯一有效办法是无所求（除极少量的维持生存的事

387

物以外），即不再动情，不再有欲。由迷转悟，就是由有情欲经修持
而变为无情欲。这变，无论原因或历程，都是心的内功，与神异无
涉。这是说，于断情欲之外，用不着还有什么超常的能力。说有超常
的能力，是由宗教那里接受了不必要的装饰。这装饰，种类繁多，下
面随便举一些。如：

（1）六祖慧能大鉴禅师——又问："后莫有难否？"师曰：
"吾灭后五六年，当有一人来取吾首。听吾记曰：头上养亲，
口里须餐，遇满之难，杨柳为官。又云：吾去七十年，有二
菩萨从东方来，一出家一在家，同时兴化建立吾宗，缔缉伽
蓝，昌隆法嗣。"……奄然迁化。于时异香满室，白虹属地，
林木变白，禽兽哀鸣。十一月，广韶新三郡官僚洎门人僧
俗争迎真身，莫决所之，乃焚香祷曰："香烟指处，师所归
焉。"时香烟直贯曹溪，十一月十三日，迁神龛并所传衣钵
而回。

（《六祖坛经·付嘱》）

（2）五台隐峰禅师——唐（宪宗）元和荐登五台，路出
淮西。属吴元济阻兵，违拒王命，官军与贼军交锋，未决胜
负，师曰："吾当去解其患。"乃掷锡空中，飞身而过。两军
将士仰观，事符预梦，斗心顿息。

（《五灯会元》卷三）

（3）黄檗希运禅师——后游天台逢一僧，与之言笑，如旧相识。熟视之，目光射人。乃偕行。属涧水暴涨，捐笠植杖而止。其僧率师同渡，师曰："兄要渡自渡。"彼即褰衣蹑波，若履平地。回顾曰："渡来！渡来！"师曰："咄！这自了汉，吾早知当斫汝胫。"其僧叹曰："真大乘法器，我所不及。"言讫不见。

（同上书卷四）

（4）睦州陈尊宿——巢寇入境，师标大草屦于城门。巢欲弃之，竭力不能举，叹曰："睦州有大圣人。"舍城而去。

（同上）

（5）药山惟俨禅师——师一夜登山经行，忽云开见月，大啸一声。应澧阳东九十里许，居民尽谓东家，明晨迭相推问，直至药山，徒众曰："昨夜和尚山顶大啸。"李（翱）赠诗曰："选得幽居惬野情，终年无送亦无迎。有时直上孤峰顶，月下披云啸一声。"

（同上书卷五）

（6）龙湖普闻禅师——至邵武城外，见山郁然深秀，遂拨草，至烟起处，有一苦行居焉。苦行见师至，乃曰："上人当兴此。"长揖而去。师居十余年。一日，有一老人拜谒，师问住在何处，至此何求，老人曰："住在此山。然非人，龙也，行雨不职，上天有罚当死，愿垂救护！"师曰："汝得罪上帝，我何能致力？虽然，可易形来。"俄失老人所在，视坐傍有一小蛇，延缘入袖。至暮，雷电震山，风雨交作。师危坐不倾，达旦晴霁，垂袖，蛇堕地而去。有顷，老人拜而泣曰："自非大士慈悲，为血腥秽此山矣。念何以报斯恩？"即穴岩下为泉，曰："此泉为他日多众设。"今号龙湖。

（同上书卷六）

（7）瑞岩师彦禅师——一日，有村媪作礼，师曰："汝速归，救取数千物命。"媪回舍，见儿妇拾田螺归，媪遂放之水滨。

（同上书卷七）

（8）普净常觉禅师——有比邻信士张生者，请师供养。张素探玄理，因叩师垂诲。师乃随宜开诱，张生于言下悟入。设榻留宿，至深夜，与妻窃窥之，见师体遍一榻，头足俱出。及令婢仆视之，即如常。

（同上书卷十四）

这些灵迹，由我们常人看都是不可能的。还会有副作用，是遮掩自性清净的光，显得不那么明亮了。

12.2.3　超常的尊崇

这是指生公说法，顽石点头一类。如：

（1）嵩岳破灶堕和尚——隐居嵩岳，山坞有庙甚灵。殿中惟安一灶，远近祭祀不辍，烹杀物命甚多。师一日领侍僧入庙，以杖敲灶三下，曰："咄！此灶只是泥瓦合成，圣从何来？灵从何起？怎么烹宰物命！"又打三下，灶乃倾破堕落。须臾，有一人青衣峨冠，设拜师前。师曰："是甚么人？"曰："我本此庙灶神，久受业报，今日蒙师说无生法，得脱此处，生在天中，特来致谢。"师曰："是汝本有之性，非吾强言。"神再礼而没。

（《五灯会元》卷二）

（2）西园昙藏禅师——诘旦，东厨有一大蟒，长数丈，张口呀气，毒焰炽然。侍者请避之，师曰："死可逃乎？彼以毒来，我以慈受。毒无实性，激发则强。慈苟无缘，冤亲一揆。"言讫，其蟒按首徐行，倏然不见。

（同上书卷三）

（3）永明延寿禅师——总角之岁，归心佛乘。既冠，不茹荤，日惟一食。持《法华经》，七行俱下，才六旬，悉能诵之，感群羊跪听。

（同上书卷十）

（4）径山宗杲禅师——寻示微恙。八月九日，学徒问安，师勉以弘道，徐曰："吾翌日始行。"至五鼓，亲书遗奏，又贻书辞紫岩居士，侍僧了贤请偈，复大书曰："生也只恁么，死也只恁么。有偈与无偈，是甚么热大？"掷笔委然而逝。平明，有蛇尺许，腰首白色，伏于龙王井栏，如义服者，乃龙王示现也。

（同上书卷十九）

灶神，大蟒，群羊，龙王，也知尊师重道，这又是宗教，中土诸子都不这样说。

12.2.4　预知死期

这种神异的表现，禅宗典籍记得最多，只举一些突出的。如：

（1）天皇道悟禅师——（唐宪宗）元和丁亥四月示疾，命弟子先期告终。至晦日，大众问疾，师蓦召典座。座进前，师曰："会么？"曰："不会。"师拈枕子抛于地上，即便告寂。

（《五灯会元》卷七）

（2）瑞峰志端禅师——（宋太祖）开宝元年八月，遗偈曰："来年二月二，别汝暂相弃。烧灰散四林，免占檀那地。"明年正月二十八日，州民竞入山瞻礼，师尚无恙，参如常。至二月一日，州牧率诸官同至山，诘伺经宵。二日斋罢，上堂辞众。时圆应长老出问："云愁雾惨，大众呜呼，请师一言，未在告别。"师垂一足，应曰："法镜不临于此土，宝月又照于何方？"师曰："非君境界。"应曰："恁么则沤生沤灭还归水，师去师来是本常。"师长嘘一声，下座归方丈。安坐至亥时，问众曰："世尊灭度是何时节？"众曰："二月十五日子时。"师曰："吾今日子时前。"言讫长往。

（同上书卷八）

（3）首山省念禅师——（宋太宗）淳化三年十二月四日午时，上堂说偈曰："今年六十七，老病随缘且遣日。今年记却来年事，来年记著今朝日。"至四年，月日无爽前记，上堂辞众，仍说偈曰："白银世界金色身，情与非情共一真，明暗尽时俱不照，日轮午后示全身。"言讫，安坐而逝。

（同上书卷十一）

（4）五祖法演禅师——（宋徽宗）崇宁三年六月二十五日，上堂辞众，曰："赵州和尚有末后句，你作么生会？试出来道看。若会得去，不妨自在快活。如或未然，这好事作么说？"良久，曰："说即说了，也只是诸人不知。要会么？富嫌千口少，贫恨一身多。珍重。"时山门有土木之役，躬往督之，且曰："汝等勉力，吾不复来矣。"归丈室，净发澡身，迄旦，吉祥而化。

（同上书卷十九）

自知死期,(2)是早到半年以前,(3)是早到一年以前,这不只离奇,而且近于违理,因为,如果能有这样的神力,为什么不另辟一天地(如涅槃、净土之类),真了所谓生死大事呢?佛家,或说一切宗教,总是惯于站在地上说天上事,这使教外人不能不感到:耳闻,天花乱坠,眼见,还是种瓜只能得瓜,种豆只能得豆,想象与实际合不拢,即使不说是可叹,也总是可怜了。

12.3　顺应世俗

佛家以出世间为理想,看法和办法是以逆为顺。这逆顺也应该包括是非好坏的评价,具体说,是世俗以为荣的,最好弃之如敝屣,至少是视之如浮云。中土道家就颇有这种精神,如庄子是宁曳尾于涂(途)中;表现为隐士生活也经常是如此,如段干木避魏文侯,是越墙而走。佛门这样做的当然更多,如寒山、拾得,受到地方官的尊重,埋怨丰干饶舌之后,也是逃走。更甚者是逃入深山,与鸟兽同群。这都是理想与实际同一条路,做得对,表示想得也对。可是翻开禅宗典籍看看,所记的有些事,表现的评价观点,不像是佛家的,而像是世俗的。这是佛教中土化,不得不在某范围内向世间让步,可是过了头。其表现呢,也是各式各样,如也推崇忠孝就是重要的一种。同性质的还有一些,下面分别举例说明。

12.3.1　近权贵

权贵的最上层是皇帝。皇帝，古往今来无数，说到为人，一言难尽。但有个共同点，是权大到一手可以遮天。有权而不滥用，不以霸道逞私念的，古今有几个人呢？这里只说与这里有关的，是他既与压迫苦难有不解之缘，又与荣华富贵有不解之缘，因此，站在佛家的立场，应该远远地躲开他；即使不能时时做到，处处做到，也应该外圆内方，时时记住，这是不得已，心里应该是厌恶的。可是禅宗典籍所记，有时不是这样。如：

（1）荐福弘辩禅师——帝（唐宣宗）曰："何为佛心？"对曰："佛者西天之语，唐言觉，谓人有智慧觉照为佛心。心者佛之别名，有百千异号，体惟其一。无形状，非青黄赤白、男女等相，在天非天，在人非人，而现天现人，能男能女，非始非终，无生无灭，故号灵觉之性。如陛下日应万机，即是陛下佛心，假使千佛共传，而不念别有所得也。"……师是日辩对七刻，赐紫方袍，号圆智禅师。

（《五灯会元》卷四）

（2）育王怀琏禅师——皇祐中仁庙（宋仁宗）有诏，住净因禅院。召对化成殿，问佛法大意，奏对称旨，赐号大觉禅师。后遣中使问曰："才去竖拂，人立难当。"师即以颂回进曰："有节非干竹，三星偃月宫。一人居日下，弗与众人同。"帝览大悦。又诏入对便殿，赐罗扇一把，题《元寂颂》于其上。与师问答诗颂，书以赐之，凡十有七篇。至和中乞归老山中，乃进颂曰："六载皇都唱祖机，两曾金殿奉天威。青山隐去欣何得，满箧惟将御颂归。"帝和颂不允，仍宣谕曰："山即如如体也，将安归乎？再住京国，且兴佛法。"师再进颂谢曰："中使宣传出禁围，再令臣住此禅扉。青山未许藏千拙，白发将何补万几。霄露恩辉方湛湛，林泉情味苦依依。尧仁况是如天阔，应任孤云自在飞。"既而遣使赐龙脑钵，师谢恩罢，捧钵曰："吾法以坏色衣，以瓦铁食，此钵非法。"遂焚之。中使回奏，上加叹不已。（英宗）治平中上疏丐归，仍进颂曰："千簇云山万壑流，闲身归老此峰头。余生愿祝无疆寿，一炷清香满石楼。"英庙依所乞，赐手诏曰："大觉禅师怀琏受先帝圣眷，累锡宸章。屡贡诚恳，乞归林下。今从所请，俾遂闲心。凡经过小可庵院，任性住持，或十方禅林，不得抑逼坚请。"师既渡江，少留金山、西湖。四明郡守以育王虚席迎致。九峰韶公（九峰鉴韶）作疏劝请，四明之人相与出力，建大阁，藏所赐诗颂，榜之曰宸奎。翰林苏公轼知杭时，以书问师曰："承要作《宸奎阁碑》，谨已撰成。衰朽废学，不知堪上石否。"

（同上书卷十五）

（3）惠林宗本禅师——元丰五年，（宋）神宗皇帝下诏，辟相国寺六十四院为八禅二律，召师为慧林第一祖。既至，上遣使问劳。阅三日传旨，就寺之三门为士民演法。翌日，召对延和殿问道，赐坐，师即跏趺。帝问："卿受业何寺？"奏曰："苏州承天、永安。"帝大悦，赐茶。师即举盏长吸，又荡而撼之。帝曰："禅宗方兴，宜善开导。"师奏曰："陛下知有此道，如日照临，臣岂敢自怠。"即辞退，帝目送之，谓左右曰："真福慧僧也。"后帝登遐，命入福宁殿说法。以老乞归林下，得旨任便云游，州郡不得抑令住持。

（同上书卷十六）

（4）龙牙智才禅师——因（宋）钦宗皇帝登位，众官请上堂。祝圣已，就坐，拈拄杖卓一下，曰："朝奉疏中道，本来奥境，诸佛妙场，适来拄杖子已为诸人说了也。于斯悟去，理无不显，事无不周。如或未然，不免别通个消息。舜日重明四海清，满天和气乐升平。延祥拄杖生欢喜，掷地山呼万岁声。"掷拄杖，下座。

（同上书卷十九）

在帝座下称臣，是不得不如此，可以谅解。至于说陛下心是佛心，以得赐紫、赐号为荣，甚至建阁藏皇帝手书，并请名人作碑文为记，可以不山呼而山呼万岁，心情就离出世间太远，离世间太近了。

官是比皇帝低一些的权贵，一般说，也是与压迫苦难和荣华富贵有密切关系。依照佛家以慈悲对人、以淡泊对己的立身标准，对于这类人，也应该畏或恶而远之，至少心情应该是这样。可是事实并不都是这样。最突出地表现在残唐五代及其后，许多禅师是遵官命住某山某寺，并像是以有此因缘为荣。如：

（5）长庆慧棱禅师——（唐哀帝）天祐三年，泉州刺史王廷彬请住招庆。开堂日，公朝服趋隅，曰："请师说法。"师曰："还闻么？"公设拜。师曰："虽然如此，恐有人不肯。"……闽帅请居长庆，号超觉大师。

（同上书卷七）

（6）保福从展禅师——（后）梁（末帝）贞明四年，漳州刺史王公创保福禅苑，迎请居之。开堂日，王公礼跪三请，躬自扶掖升座。……闽帅遣使送朱记到，师上堂提起印曰："去即印往，住即印破。"僧曰："不去不住，用印奚为？"师便打。僧曰："怎么则鬼窟里全因今日也。"师持印归方丈。

（同上）

（7）化城慧朗禅师——江南相国宋齐丘请开堂，师升座曰："今日令公请山僧为众，莫非承佛付嘱，不忘佛恩？众中有问话者出来，为令公结缘。"僧问："令公亲降，大众云臻，从上宗乘，请师举唱。"师曰："莫是孤负令公么？"

（同上书卷十）

（8）风穴延沼禅师——依止六年，四众请主风穴。又八年，李史君与阖城士庶，再请开堂演法矣。……师后因本郡兵寇作孽，与众避地于郢州，谒前请主李史君，留于衙内度夏。普设大会，请师上堂。……至九月，汝州大帅宋侯舍宅为寺，复来郢州，请师归新寺住持。至（后）周（太祖）广顺元年，赐额广慧。师住二十二年，常余百众。

（同上书卷十一）

像这样的出家生活，虽然是客观情势使然，但总嫌官府气味太浓，山林气味太淡了。

12.3.2　念故旧

前面引过《后汉书·襄楷传》的话："浮屠不三宿桑下，不欲久，生恩爱，精之至也。"这话也说得很精，可谓一箭中的。我常常想，佛家主要是理想主义者，根据想象，分明是难之又难的，他们却认为，用大雄之力，并不难做到。但在有些方面，如考究心理或洞察人情，他们又很实际。这集中表现在对付苦的方面。他们知道苦是来于情欲，所以想灭苦，就必须无所求，不动情。三宿桑下会生恩爱，就是动了情，或说将有所执着，有所求，其结果必会引来苦。不三宿是保持彻底舍的精神，贯彻于行为就是一切世间的什么都看作无所谓。其实所谓禅悟，也不过是，已经能够彻底舍，能够看一切世间事物为无所谓。用这个标准衡量，有些禅师的有些做法，表现还不能忘情，就近于俗而远于道了。如：

（1）清凉休复禅师——（后晋高祖）天福八年十月朔日，遣僧命法眼禅师（清凉文益）至，嘱付讫，又致书辞国主，取三日夜子时入灭。国主令本院至时击钟。及期，大众普集，师端坐警众曰："无弃光影。"语绝告寂。

（《五灯会元》卷八）

（2）石霜楚圆禅师——（宋仁宗）宝元戊寅，李都尉（驸马都尉李遵勖）遣使邀师曰："海内法友，惟师与杨大年（杨亿）耳，大年弃我而先。仆年来顿觉衰落，忍死以一见公。"仍以书抵潭帅敦遣之。师恻然，与侍者舟而东下。舟中作偈曰："长江行不尽，帝里到何时？既得凉风便，休将橹棹施。"至京师，与李公会月余，而李公果殁。临终画一圆相，又作偈献师："世界无依，山河匪碍。大地微尘，须弥纳芥。拈起幞头，解下腰带。若觅死生，问取皮袋。"师曰："如何是本来佛性？"公曰："今日热如昨日。"随声便问师："临行一句作么生？"师曰："本来无挂碍，随处任方圆。"公曰："晚来困倦。"更不答话。师曰："无佛处作佛。"公于是泊然而逝。仁宗皇帝尤留

神空宗，闻李公之化，与师问答，加叹久之。师哭之恸，临圹
而别。

（3）天童正觉禅师——（宋高宗）绍兴丁丑九月，谒郡
僚及檀度，次谒越帅赵公令𫗧，与之言别。十月七日还山。
翌日晨巳间，沐浴更衣，端坐告众，顾侍僧索笔，作书遗育
王大慧禅师，请主后事。

（同上书卷十四）

（4）昭觉克勤禅师——（宋徽宗）崇宁中，还里省亲，
四众迓拜。

（同上书卷十九）

死前向故旧辞行，回家省亲，甚至"哭之恸，临圹而别"，这在常人
的圈子里，是"契阔谈宴，心念旧恩"，富有人情味，值得当作美谈
说说。可是移到禅师们的圈子里就大不妥，因为这表示已经三宿桑
下，生了恩爱，不是"精之至"了。

12.3.3　重诗文

提到这一点，也是《春秋》责备贤者之意。专说诗，出家人作
诗，自然也是古已有之。偈颂用的是诗体（有别于长行），虽然内容
说的是无常苦空之类。唐五代出了不少诗僧，早的有王梵志、寒山、

拾得，晚的有贯休、齐己、可止等。这里的问题不是诗体可用不可用，而是用旧坛子究竟装什么酒。按照中土的传统，诗是志之所之也，这志既包括意，又包括情，还有，登高能赋，可以为大夫，能写是荣誉，于是诗就不能不带有浓厚的世间气。出家人写诗，也平平仄仄平，而想完全抛掉世间气，不容易。可惜的是，禅的后期，有不少禅僧写诗，恐怕不是想抛掉，而是乐得享有一些这样的世间气。这样的作品，禅宗典籍里收了不少，举一些为例：

(1) 善权法智禅师——上堂："明月高悬未照前，雪眉人凭玉栏干。夜深雨过风雷息，客散云楼酒碗干。"上堂："三界无法，何处求心？惊蛇入草，飞鸟出林。雨过山堂秋夜静，市声终不到孤岑。"

(《五灯会元》卷十四)

(2) 圆通守慧禅师——上堂："但知今日复明日，不觉前秋与后秋。平步坦然归故里，却乘好月过沧洲。咦！不是苦心人不知。"

(同上书卷十八)

(3) 白杨法顺禅师——上堂："鸡啼晓月，狗吠枯桩，只可默会，难入思量。看不见处，动地放光；说不到处，天地玄黄。抚城尺六状纸，元来出在清江。大众，分明话出人难见，昨夜三更月到窗。"上堂："风吹茅茨屋脊漏，雨打阛黎眼睛湿。怎么分明却不知，却来这里低头立。"因病示众：
"久病未尝推木枕，人来多是问如何。山僧据问随缘对，窗外黄鹂口更多。"

（同上书卷二十）

（4）资寿尼妙总禅师——慧（径山宗杲）见其语异，复举岩头婆子话问之，师答偈曰："一叶扁舟泛渺茫，呈桡舞棹别宫商。云山海月都抛却，赢得庄周蝶梦长。"

（同上）

还有说绮语的，如：

（5）中竺中仁禅师——上堂："九十春光已过半，养花天气正融和。海棠枝上莺声好，道与时流见得么？然虽如是，且透声透色一句作么生道？金勒马嘶芳草地，玉楼人醉杏花天。"上堂，举狗子无佛性话，乃曰："二八佳人刺绣迟，紫荆花下啭黄鹂。可怜无限伤春意，尽在停针不语时。"

（同上书卷十九）

（6）报恩法演禅师——上堂，举俱胝竖指因缘，师曰："佳人睡起懒梳头，把得金钗插便休。大抵还他肌骨好，不涂红粉也风流。"

（同上书卷二十）

这些诗，虽然依禅门的习惯，可以指东说西，但这样费力随着近体诗的格律走，总是迁就世俗太多了。

还有不是指东说西的，如宋朝一个著名的和尚惠洪（也称洪觉范）著《石门文字禅》，卷十有一首题为《上元宿百丈》的七律：

> 上元独宿寒岩寺，卧看篝灯映薄纱。夜久雪猿啼岳顶，梦回清月在梅花。十分春瘦缘何事，一掬归心未到家。却忆少年行乐处，软红香雾喷京华。

吴曾《能改斋漫录》有关于这首诗的一段记事：

> 洪觉范有《上元宿岳麓寺》诗，蔡元度夫人王氏，荆公女也，读至"十分春瘦缘何事，一掬乡心未到家"，曰："浪子和尚耳。"

这位王荆公的小姐评得并不过分，因为既然出了家，修出世间道，"忆少年行乐处"总是不应该的。一般作诗或者没这么严重，但乐世俗人之所乐，总当是好事不如无吧？

这种随着世俗走的写作风气，还扩大到诗以外。常见的是骈文。如：

（7）石门元易禅师——上堂："皓月当空，澄潭无影。紫微转处夕阳辉，彩凤归时天欲晓。碧霄云外，石笋横空；绿水波中，泥牛驾浪。怀胎玉兔，晓过西岑；抱子金鸡，夜栖东岭。于斯明得，始知月明帘外，别是家风；空王殿中，圣凡绝迹。且道作么生是夜明帘外事，还委悉么？正值秋风来入户，一声砧杵落谁家。"

（同上书卷十四）

（8）大洪法为禅师——上堂："法身无相，不可以音声求；妙道亡言，岂可以文字会？纵使超佛越祖，犹落阶梯；直饶说妙谈玄，终挂唇齿。须是功勋不犯，影迹不留。枯木寒岩，更无津润；幻人木马，情识皆空。方能垂手入廛，转身异类。不见道，无漏国中留不住，却来烟坞卧寒沙。"

（同上）

骈四俪六，这是费心思雕龙，与破执的精神是不能调和的。

12.3.4 防微杜渐

上面所说禅师们顺应世俗的一些表现，都近于小节。推想在简略的典籍记载之外，即禅师们的全面生活中，一定有超过小节的。佛家以逆为顺，命定会遇见顺应世俗至多只能顺应到什么程度的问题。这在原则上容易说，是可以任野草生长，只是不得侵入畦内。就是说，言行可以伸缩，只是不得违背教理的基本。基本是什么？可以用四圣谛法（有明确的看法和办法）来代表。譬如说，人生是苦，所以应该想法灭苦，灭苦的办法是舍，主要是舍情欲，这些就是基本。如果言行违背了这个基本，譬如说，认为世间也有可取的乐，那就一切修持办法以及所求的禅悟都完了。顺应世俗的小节，哪些不致触动基本，哪些会触动基本，情况很复杂。但有一点可以肯定，是这种趋势如果任其顺流而下，总会渐渐地甚至越来越多地触动基本。禅的后期，有不少禅师成为社会的另一类名流，甚至如古人所传的山中宰相，用教理的基本衡量，总当不是可喜的。这个问题，从佛教传入中土就有，后来，尤其南宗禅发荣滋长以后，情况是越来越清楚，越来越严重。它牵涉到佛教的存亡（实存实亡），是信士四众应该常常想想的。

第
十
三
章

禅
的
影
响
（
上
）

13.1 关于影响

禅是佛家一个宗派的人生之道。它属于佛家，因而修持的目的相同，至少是基本上相同。小异是达到目的的办法。这有客观原因，是为了能存在，能延续，不得不中土化，不得不向世俗靠近。化，近，产生异。有人特别看重异，于是也就特别看重变，说禅的骨子里已经是道家，甚至以不守清规的僧人为证，说其末流成为纵欲主义。我不同意这种看法。一切人间事都要变。变有大小：大，改动基本；小，不改动基本。在这两类变中，禅的变是小的，是修正，不是背叛。即如与道家的关系，禅吸收道家无为、任自然等成分，是因为两家有相通之处，这是取其所需，不是尽弃其所学而学。因此，纵使吸收，大别还是照旧保持着，这大别是：道是基于"任"之，禅是基于"舍"之。舍，是因为认定人生是苦，想灭苦，就不能不视情欲为蛇蝎，世间为苦海。自然，这是就根本思想说；至于表现于外，那就可以五花八门。但性质还会有分别，以自由无碍为例，同样的行为，甲没有动情，是禅；乙动了情，是败道。禅要求的是不动情的心境湛然，所以还是佛家一路。这禅的一路，由隋唐之际算起，经过唐宋的兴盛，元明清的风韵犹存，一千几百年，在文化的领域里活动，势力相当大，这有如风过树摇，自然不能不产生影响。

最明显的影响是各地有许多禅林，有不少人出了家，到那里去真参禅或假参禅。这是禅门之内的事。本章所谓影响是指禅门之外，譬如城门失火，城门不算，只算被殃及的池鱼。

文化是非常复杂的事物，现象难于理出头绪，讲因果就更难。禅，作为一种人生之道，是文化整体的一部分，与其他部分有千丝万缕的关系，而关系，绝大多数是思想方面的，想条分缕析，说丁是丁，卯是卯，太难了。难而勉强求索，有时就难免臆测，因而会错。为了避免牵强附会，只好取其大而舍其小，取其著而舍其微。

思想的影响，有如水洒在土地上，四散，浸湿邻近的土。能浸湿是水之性，邻近的土受影响不受影响，可以用是否浸湿来检验。同理，其他事物是否受了禅的影响，也要用是否吸收了禅之性来检验。禅之性是什么？人人可以意会，可是想明确而具体地说清楚却不容易。勉强说，大致包括四个方面：一是"认识"方面，是：世间尘嚣可厌，应舍；自性清净，见性即可顿悟，即证涅槃。二是"实行"方面，即如何立身处世，是悟后一切随缘（近于万物静观皆自得），自由无碍，并可化逆为顺（视不可欲为无所谓）。三是"受用"方面，是心境湛然，不为境移，不为物扰，无烦恼。四是"表现"方面，是因为深入观照，体会妙境，无执着，所以言行可以超常，有意外意，味外味。总说一句，是有世外气，有微妙意。

以这样的禅之性为标准，来检验它的影响所及，像是问题不大了。其实不然。其中一个很难解决，是池鱼方面，表现像是与禅为一路，但究竟是否即来于禅，有时也很难说。难说，一个稳妥的办法是少说，就是上面说过的，要取大舍小，取著舍微。此外还有范围问题。我一直认为，禅的影响面远没有净土大，因为悟要有比较多的知识资本。这是说，难于扩大到士大夫以外。就是士大夫，绝大多数热而冷不起来，恐怕也是相识并不相亲。不过，情况也可以由另一面看，即所谓耳濡目染，没有多少知识资本的，也未尝不可以受些影响，如琴操是地位卑下的歌妓，传说与苏东坡参禅顿悟就出了家。此外还有程度问题。程度深的可以是真正逃出禅界，浅的就不过是官场失意之后，作两首淡泊的诗，表示富贵于我如浮云罢了。这类问题，也只能用取大舍小、取著舍微的原则来处理。

这样的一些问题撇开之后，为了头绪清楚些，想把影响分为两类：一类是学术方面的，另一类是生活方面的。这一章谈前一类，包括属于哲学领域的道学和属于文学领域的诗学。

13.2　道学

道学，也可称为新儒学。儒学分旧新，是就演变的形势说的。总的形势是，治学重点由外而转向内：旧儒学多讲人伦，偏于外；新儒学多讲心、性，偏于内。旧儒学指唐以前的，主要是先秦和两汉。那时期，儒学着重讲怎样处理日常生活，怎样修身齐家、治国平天下。君臣，父子，兄弟，夫妇，朋友，再向外推，乡党，以及行路之人，要以情理相待，出发点是仁义，如有过或不及，则以礼节之。多讲要如此如此，很少问为什么要如此如此。问为什么是走向哲学或说玄学的倾向，孟子有一些，如讲浩然之气，讲不动心。到《中庸》，像是更有意往这条路上走，说"天命之谓性，率性之谓道"，可是仍然是小国寡民，没有多少人在这方面深思苦索。

新儒学兴起于中唐，因为想考索行为的是非、善恶的由来等问题，于是深入钻研"性"，并由性而钻研"天"。这是追求仁义或善的哲理的根据。然后当然是以之为指导，决定应该如何"行"，即如何立身处世，以期超凡入圣。这种深追的风气到宋明更加兴盛。主题包括天（大自然或存在）、人两个方面。天是宇宙论，研讨一切事物之所从来。这弄明白了，可以有两方面的用处：一是解决了知识的疑难，花花世界，千奇百怪，溯本推源，原来如此；另一是，人在天之下，或天之内，天明白了，就可以知人，即可以确知应该怎样生活。在这方面，宋朝道学家费了极大的力量。自然，都只能坐在屋子里冥想，乱猜。依常识可以推知，猜的结果必不会一样。于是而有程朱的"理学"、陆王的"心学"（这里统称为"道学"），都以为自己独得天人的奥秘。这是一笔非常复杂的账。其实，由现在看，也无妨说是一笔胡涂账。幸而这里不是想算这笔账，而是想说明，一，消极方面，如果没有禅，也许就不会有这样大讲心性的新儒学；二，积极方面，新儒学讲天理人欲，讲良知良能，确是受了禅宗大讲自性清净的影响。这里要插说几句话，是新儒学由唐代起，许多大大小小的名家，都自负为纯正的儒，与佛不同，而且大多排佛。与佛不同是事实，如不说人生是苦，不绝情欲等，都是荦荦大者。但其时禅宗的势力太大，有关修持的理论和实行方面总有不少可资借鉴之处，他山之石，可以攻玉，借来用用也是人之常情。可是借用，他们大概认为这是顺着《孟子》《中庸》等向下钻的结果。这自然也不错。不过钻，顺着近于禅的一条路走，而不顺着其他路走，说是未借他山之石，总是勉强的。回到本题，说影响，消极方面的"如果没有"来于悬想，难得讲清楚；下面专说积极方面，道学，由唐朝起，主要的各家都受了禅宗什么影响。就本书说，这不是重点，又，如果谈各家，略深入，就会陷入各式各样的排列抽象概念的泥塘，而所得，至多不过是知道公婆各有各的理，有争执，就不免都有所蔽。为了经济实惠，以下讲影响情况，都以"略"（只及其大）和"浅"（举要点而少辨析）为准则，全豹一斑，算作举例。

13.2.1 李翱复性

讲唐代道学，一般由韩愈讲起，因为他是排老（道）、佛，树立儒家道统，所谓拨乱反正的人物。他作《原道》，本之《大学》，讲正心诚意；作《原性》，想修正孟子性善说而发扬光大之。其实这位韩文公，声势大而实学少。如排佛，还为作《论佛骨表》而贬了官，可是有时又不免偷偷地向禅师们飞眼色。《原性》，看题目是谈大问题的大著作，可是内容却肤浅得很，说性有上中下三品，上者善，中者可导而上下，下者恶，这是孟子加告子加荀子，是乡愿劝架的办法，凡举起拳头的都对，调和派。他还说到情，也是有上中下三品，与性相配，跟着调和。调和，有好处，是兼容并包；但也暴露出弱点，是东拼西凑，缺少主见。

所以由李翱讲起。李翱，字习之，与韩愈是师友之间的关系，可是后来居上，在谈性方面，造诣远远超过韩愈。这与禅大概有些关系。韩愈，传说与大颠（宝通）和尚有点交往，从大颠弟子三平（义忠）那里受到点启发。李翱就不同了，与禅林交往多，如《五灯会元》卷五还为他立了专条，称为"刺史李翱居士"，算作药山惟俨的法嗣。那时他任鼎州刺史，据说是仰望药山的道行，请而不来，所以亲往请教。主要问两个问题。一是"如何是道"，药山用手指上下，然后释义，是"云在青天水在瓶"（意思是道无不在，各适其所适）。另一问是"如何是戒定慧"（意在知修持的方法），药山答："贫道这里无此闲家具。"李翱不懂有何深意，药山进一步说明："太守欲得保任此事，直须向高高山顶立，深深海底行，闺阁中物舍不得便为渗漏。"（这是地道南宗精神，要重根本，不为常见所缚）高高深深的是什么？推想不过是自性清净，见性即可成佛。

性这样重要，他不能不深思，其间或之前，当然会想到儒家的"性善""天命之谓性"等，于是感而遂通，写了《复性书》上中下三篇，用儒家的话大讲禅家的内容。如：

> 人之所以为圣人者，性也。人之所以惑其性者，情也。喜怒哀惧爱恶欲七者，皆情之所为也。情既昏，性斯匿矣，非性之过也。七者循环而交来，故性不能充也。水之浑也，其流不清，火之烟也，其光不明；非水火清明之过。沙不浑，流斯清矣；烟不郁，光斯明矣。情不作，性斯充矣。……故圣人者，人之先觉者也。觉则明，否则惑，惑则昏。……虽有情也，而未尝有情也。

性与情对立，与儒家的传统说法不同。孟子道性善，说恻隐之心是仁，恻隐不是情不动。《大学》说："此谓惟仁人为能爱人，能恶人。"爱恶并不妨害性善。《中庸》说："喜怒哀乐之未发，谓之中；发而皆中节，谓之和。"对于情，只要求发而中节，不要求不发。要求不发，寂然不动，是禅的修持方法：去染污以明本来清净的自性。圣人是先觉者，觉则明，否则惑，强调觉，觉即悟，也是禅家的。尤其有情而未尝有情的说法，是禅家机锋的翻版，孔孟是不会有这种怪思路的。

用复性的办法以正心修身，这是变人伦日用为禅的冥想的内功。

这内功最好有哲学或玄学的根据，于是到宋儒就更深地往心、性里钻，更深地往天理里钻，新儒学的空气就越来越浓了。

13.2.2　程朱理学

宋代道学，程朱以前还有几位重要人物。一位是写《爱莲说》的周敦颐，字茂叔，号濂溪。他开宋明道学家深钻天人关系的风气之先，画太极图，作《太极图说》以说明之。目的是解答这个世界是怎么回事的问题，于是说是无极生太极，太极生阴阳两仪，两仪生五行，然后化生万物。这由现在看，都是无根据的胡思乱想。但可以谅解，因为：一，所想解答的问题，虽玄远而与喜深思的人人有关联；二，直到现在，我们虽然有了大镜子和小镜子，以及数学和理论物理学，可是还是没有找到可以满人意的解答。只说与这里有关的，古代《易·系辞》说"易有太极，是生两仪"，讲天地之始是从太极开始。周敦颐于其上加个无极，有人说本于宋初的陈抟，如果是这样，陈抟是不是还有所本？这使我们不能不想到佛家的"无明"。周敦颐还说太极是理，五行是气，人禀太极之理，具五行之性，理气对立，与禅宗的自性与染污对立相似，也可算是为以后的程朱理学写了个引子。

其后还有邵雍和张载。邵雍，字尧夫，谥康节。他于太极之外，又引来八卦，画的图更多，设想得更复杂。张载，字子厚，号横渠。他所学杂，先喜欢谈兵，听范仲淹劝告，改读儒书，也读道书和佛书。后来立意以儒贯之，作《正蒙》，讲气，讲理，讲性，还讲天人合一，"民吾同胞，物吾与也"（《西铭》）的名言就是他说的。他自信为得儒家之正，批评佛家"语寂灭"，不"可与言性"，其实这样反复讲性，与禅宗的重视见性总不当没有一点关系。

宋代道学，到二程才趋于成熟。二程是程颢和程颐兄弟二人。程颢，字伯淳，人称明道先生；程颐，字正叔，人称伊川先生。二人都以周敦颐为师，并吸收内外学各家，重穷理，重修身，成为程氏一家。但二人的学说又同中有异，所以有人说弟弟伊川先生为朱子理学的先驱，哥哥明道先生为陆王心学的先驱。程氏兄弟以儒家正统自居，可是据记载，程颢"出入于老释者几十年"，程颐"少时多与禅客语"，他们钻过，受到影响是可以想见的。如研讨天人关系问题，他们都重视理，或称天理，说天地只是一个理。这理也存于人人的心中，并存于所有的物中，所以仁者应与天地万物为一体。修养方法不过是穷此理，反身而诚。由诚和敬，可以认识天理之本然，达到万物一体的境。这与禅的破我执、见性即可成佛，走的正是同一个路子。又如传说的程门立雪的故事，杨时和游酢去谒见程颐，程正在瞑坐，他们不敢惊动，立而侍，到程觉到，门外雪已经深一尺。这样长时间瞑坐，不是睡而是穷理，与禅家的定功又是同一个路子。

二程的学问下传，其中的一支是杨时传罗从彦，罗从彦传李侗，李侗传朱熹，就是南宋初年的理学大师，后代推尊为可以继孔孟的朱子。朱熹，字元晦，晚号晦翁。他推重二程，在所作《大学章句序》里说："于是河南程氏两夫子出，而有以接乎孟氏之传……虽以熹之不敏，亦幸私淑而与有闻焉。"这用的是孟子私淑孔子的旧仪型，可见景仰和自负的心情是如何强烈。心情必化为行动，于是如孔门弟子的编《论语》，朱熹也编，成《河南程氏遗书》二十五篇。此外，著《四书集注》，常是说"子程子曰"，以表明学有所本。其实，就新儒学的造诣说，朱熹是后来居上，正如许多人所说，他是集理学之大成，或者说，融会各家，更深入，而自成一系统。这系统，内容复杂深奥（当然问题也不少），这里只好取一点点与本题有关的。主要是理、气的对立。气是具体事物，理是一切具体事物所以如此而不如彼的所以然。理在气上，而且在气先。但理又体现于气中，所以人人有此理，物物有此理。人之生是理与气合，气有理，即人之性。不只人有性，物亦有性。理是至善的，但气有清浊，所以可以表现为不善。这样，由道德的角度看，理和气就会成为对立物，就是说，理会为气所蔽，于是应清而成为浊。这种看法再前进一些，就成为天理与人欲的对立。很明显，修养之道就成为，灭人欲而存天理，用朱熹的比喻是："人性本明，如宝珠沉混水中，明不可见，去了混水，则宝珠依旧自明。自家若得知人欲蔽了，便是明处。"（《朱子语类》卷十二）这比喻和禅家的想法（自性清净，为染污所蔽，修持之道为去染污，明心见性），本质上几乎没有什么分别。尤其是修持之道，朱熹用程颐办法，敬，即穷理致知，这是纯内功，并且说："用力之久，而一旦豁然贯通焉……吾心之全体大用无不明矣。"（《大学章句》）用力久是参，豁然贯通、明是顿悟，这种路数也是禅家的。还有，朱熹虽然狠狠批评佛家的空无，可是偶尔走了嘴，也表示过钦羡之意，如说：

> 退之晚来，觉没顿身己处。如招聚许多人，博塞为戏，所与交，如灵师、惠师之徒，皆饮酒无赖。及至海上，见大颠壁立千仞，自是心服。其言实能外形骸，以理自胜，不为事物侵乱，此是退之死款。乐天暮年，卖马遣妾，后亦落莫，其事可见。欧公好事，金石碑刻，都是没著身己处。却不似参禅修养人，犹是贴著自家身心理会也。宋子飞言，张魏公谪永州时，居僧寺，每夜与子弟宾客，盘膝环坐于长连榻上，有时说数语，有时不发一语，默坐至更尽而寝，率以为常。李德之言，东坡晚年却不衰。先生曰，东坡盖是夹杂些佛老，添得又闹热也。
>
> （《朱子语类辑略》卷八）

这是承认禅家能够外形骸，身心有个安顿处，比韩文公、白香山高明，可见实质上，讲人欲的时候，是不会不想到禅门的理想和修持方法的。

13.2.3　陆王心学

上面说过，儒学的演变形势是由外而转向内。就新儒学说也是这样，是越来越内，以至于可以说心是一切，不再于心外另树立个天理。提出这种看法的是比朱熹晚生几年的陆九渊。陆九渊，字子静，因为在象山讲学，自号象山翁。传说他未成年时听到人述说程颐的话，就很不以为然。这已经可以预示，他讲道学，要走与朱熹不同的路。后来多读书，冥想，发现"宇宙便是吾心，吾心便是宇宙"（《杂说》）的大道理。心既是一切，则讲玄理，讲修持，当然就不必到心外去费心思。在朱熹的理学系统里，最重要的是理，不是心；或者说，都承认理，朱是理也在心外，陆则理不在心外。这分别牵涉到玄理，更牵涉到修养方法。两位并在鹅湖之会争论过，各是其所是，于是由南宋起，道学就分为两派：理学和心学。如通常所说，理学重的是道问学，心学重的是尊德性。尊德性，就是求不失其本心，用陆的话说，这是知本，"学苟知本，六经皆我注脚"（《语录上》）。（说这话，兼有批评朱熹为圣贤书作注的意思。）失其本心，有原因，是为物欲所蔽，所以修持的重点是去蔽，恢复心的本然。心至上，明心见性就可以不随着经书转，这与理学相比，是更靠近禅了。

朱陆以后，道学仍旧兴盛。著名学者不少，有的传陆的心学，如南宋的杨简（号慈湖）；有的传朱的理学，如明初的陈献章（号白沙）。杨宣扬"人心自明，人心自灵"，陈主张为学要"舍彼之繁，求吾之约，惟在静坐"，都带有浓厚的禅味。

发展心学，有更大成就的是明朝的王守仁。王守仁，字伯安，曾住阳明洞中，人称阳明先生。他是道学家中的特异人物，不只能静坐冥想，还能领兵打仗。通兵法而用力钻研心、性，也可见当时道学的势力之大。他继承陆九渊的心学，认为心即是理，与天地万物为一。不只大人的心是这样，小人的心也是这样。大人和小人的分别，在于是否有私欲之蔽。能够发见这心的本然之善，是"良知"。能知必能行，行就是扩充这心的本然之善，名为"致良知"。于是修养之道，用他自己的话说就是：

> 人心是天渊，无所不赅。原是一个天，只为私欲障碍，则天之本体失了。……念念致良知，将此障碍窒塞一齐去尽，则本体已复，便是天渊了。
>
> （《传习录》卷下）

这样强调心的作用，与禅家的自性清净，为染污所蔽，见性即可成佛，走的正是同一个路子。因此，后来有不少人说，王阳明的良知说更近于禅。关于这一点，王守仁自己像是也不完全否认，如他曾说："因求诸老释，欣然有会于心，以为圣人之学在此矣。"（《朱子晚年定论序》）"无所住而生其心，佛氏曾有是言，未为非也。"（《传习录》卷中）佛氏有些说法不非，甚至也是圣人之学，则建立自己道学系统的时候，取其所需正是必然的了。

陆王之后，道学家发扬心学，还有更靠近禅的，如王畿（龙溪）、王艮（心斋）等就是。其中尤其是王畿，讲修养方法，主张要"不思善，不思恶"，要"以无念为宗"，并说这样就可以脱离生死轮回，

419

这就不是近于禅，而是入于禅了。

其实，就是到清代，颜（元）李（塨）学派以反对宋明理学自居，可是他们承认理、气、性、形都来自天命，是善的，因引蔽习染而成恶，修养之道在于"存学""存性"，也还是没有完全跳出禅家的见性即可成佛的老路。

13.2.4　语录体

附带说说道学家的授受方式，也接受了禅家的。佛教教理以逆为顺，想把逆说成真是顺，不能不乞授于深奥而繁琐的名相辨析。这不利于普及。为了也能说服所谓愚夫愚妇，不得不在多方面求通俗化。其中有内容的，如少说空无，多说果报。有语言的，如不用文言，用口语。这合起来就成为我们现在还能见到一些的变文。变文宣扬佛理，主要是对外。禅师们授受，主要是对内，也采用了白而不文的方式。这记下来就是语录，大量的，成为禅宗的重要典籍。道学家自信为与佛家不同，想知道不同，表明不同，就不能不也看看禅家的语录。据说理学大师朱子就是喜欢看禅师语录的。看，也许觉得这种方式好，也许习染而并不觉得，于是授受时也就学着使用这种方式，写下来也就成为语录。质最纯、量最大的是朱熹，集为《朱子语类》，多到四十卷。

道学家用语录的形式讲学，始于二程。其中以弟弟程颐为比较明显，如：

（1）《孟子》养气一篇，诸君宜潜心玩索，须是实识得方可。勿忘勿助长，只是养气之法；如不识，怎生养？有物始言养，无物又养个甚么？浩然之气，须见是一个物，如颜子言，如有所立，卓尔，孟子言，跃如也。卓尔，跃如，分明见得方可。

（《河南程氏遗书》卷十八）

（2）释氏有出家出世之说。家本不可出，却为他不父其父，不母其母，自逃去，固可也。至于世，则怎出得？既道出世，除是不戴皇天，不履后土始得。然又却渴饮而饥食，戴天而履地。

（同上）

程氏兄弟，程颢只是向白靠近，程颐是想白而不能纯粹。朱熹就更进一步，用纯粹的白话，如：

（3）问：每日暇时，略静坐以养心，但觉意自然纷起，要静越不静。曰：程子谓心自是活的物事，如何窒定教他不思？只是不可胡乱思。才着个要静的意思，便是添了多少思虑。且不要恁地拘逼他，须自有宁息时。又曰：要静，便是先获，便是助长，便是正。

（《朱子语类辑略》卷六）

（4）今之学者，往往多归异教者，何故？盖为自家这里工夫有欠缺处，奈何这心不下，没理会处；又见自家这里说得来疏略，无个好药方，治得他没奈何的心。而禅者之说，则以为有个悟门，一朝入得，则得后际断，说得恁地见（现）成捷快，如何不随他去？此却是他实要心性上理会了如此。不知道自家这里有个道理，不必外求，而此心自然各止其所。非独如今学者，便是程门高弟，看他说那做工夫外，往往不精切。

（同上书卷七）

陆王也是习惯用白话。如陆九渊：

（5）圣人之言自明白，且如"弟子入则孝，出则弟（悌）"，是分明说与你入便孝，出便弟，何须得传注？学者疲精神于此，是以担子越重。到某这里，只是与他减担。只此便是格物。

（《象山先生全集》卷三十五）

如王守仁：

（6）先生尝言佛氏不著相，其实著了相；吾儒著相，其实不著相：请问。曰：佛怕父子累，却逃了父子，怕君臣累，却逃了君臣，怕夫妇累，却逃了夫妇，都是为个君臣父子夫妇著了相，便须逃避。如吾儒有个父子，还他以仁，有个君臣，还他以义，有个夫妇，还他以别，何曾著父子君臣夫妇的相？

（《传习录》下）

用语录体是学话。道学家学禅的行事，还有不这样浮面的，那是由浅而深、由暗而明的悟入的体验，有些人也强调"顿"。如杨简是：

（7）（杨）从容问曰："何为本心？"适平旦尝听扇讼，公（陆九渊）即扬声答曰："且彼讼扇者必有一是一非，若见得孰是孰非，即决定谓某甲是，某乙非矣，非本心而何？"先生闻之，忽觉此心澄然，亟问曰："止如斯耶？"公竦然端厉，复扬声曰："更何有也！"先生不暇他语，即揖而归。拱达旦，质明，正北面而拜。

（钱时《慈湖先生行状》）

如王守仁是：

（8）孝宗弘治五年，二十一岁，"始侍龙山公（某父王

423

华）于京师，遍求考亭（朱子）遗书读之。一日，思先儒谓众物必有表里精粗，一草一木皆涵至理，官署中多竹，即取竹格之，沉思其理，不得，遂遭疾"。弘治十一年，二十七岁，"一日，读晦翁上宋光宗疏，有曰：'居敬持志，为读书之本；循序致精，为读书之法。'乃悔前日探讨虽博，而未尝循序以致精，宜无所得。又循其序，思得渐渍洽浃，然物理吾心，终若判而为二也"。武宗正德三年，三十七岁，"春至龙场。……忽中夜大悟格物致知之旨，寤寐中若有人语之者。不觉呼跃，从者皆惊。始知圣人之道，吾性自足，向之求理于事物者，误也"。

（《王文成公全集》附《年谱》）

"忽觉此心澄然""忽中夜大悟"，是禅家的顿悟，不是孔门的"学而时习之""不知老之将至"。尤其王守仁，悟之前还有长时间的不契，这心的旅程，与禅门的修持经历简直是一模一样。

13.3　诗学

道和禅拉上关系，很自然，因为戴天履地，由生趋死，都想问个究竟，不甘于不识不知；而且，不管是中年逐鹿，还是临去结缨，都想明道全身，心安理得。这用现在的话说，两家是同路人，虽然各有心事，某时某地，借借火，甚至搭一段车，总是理所当然的。诗和禅的关系就不是这样。大分别是对于"情"的态度。诗要情多，最好是至于痴。"春草年年绿，王孙归不归""春蚕到死丝方尽，蜡炬成灰泪始干"，是诗，精神是执着而难割难舍。禅对于世间事，是必须没有执，必须能舍。舍，要忘情，要无情；如果痴，那就只好跑出山门，不共住了。这是说，两家在这方面水火不相容，无法同路。但是天地间有些事就是怪，不能携手的竟携起手来：诗家用禅理讲诗，禅家借诗体表达禅意，唐宋以来竟成为司空见惯。自然，两家出入的量有显著区别，是诗家入多出少，禅家入少出多。

这里只说诗家。诗家借禅说诗，郭绍虞《沧浪诗话校释》说严羽"只是以禅喻诗，而诸家则是以禅衡诗"，又说严羽已经说过"论诗如论禅"（《诗辨》四的释）。袁行霈先生《中国诗歌艺术研究·诗与禅》说得比较清楚，是：

> 禅对诗的渗透，可以从两方面看：一方面是以禅入诗，另一方面是以禅喻诗。……以禅喻诗。这是传统的说法，比较笼统。细分起来，有以禅参诗、以禅衡诗和以禅论诗的区别。以禅参诗是用参禅的态度和方法去阅读欣赏诗歌作品。以禅衡诗是用禅家所谓大小乘、南北宗、正邪道的说法来品评诗歌的高低。以禅论诗则是用禅家的妙谛来论述作诗的奥妙。

这三种，都是诗家借禅家的工具，以期把自己的家当修整得更精美。自然，对于诗，禅家的工具并不是都有用，诗家只是挑自己需要的。这可以化简些，说只是"诗作"和"作诗"两个方面的某种性质的进口设备。具体说，诗作方面取的是意境的"超凡"；作诗方面取的是入手的"妙悟"。先说超凡，两家有相通之处。诗所写是创造（取现实的丝缕重新编织）的意境，用来满足诸多渴想而难于在现实中获得的欲求。意境各式各样，其中一类是淡远，或说有出世间意，与禅境相似，而没有禅那样决绝。分别还是在于情的性质以及有无。陶渊明"采菊东篱下，悠然见南山"（《饮酒》其五）是意境超凡，可是其中还蕴涵着对于闲适生活的淡淡的甚至不淡淡的爱。云峰志璿禅师"不知谁住原西寺，每日钟声送夕阳"也是意境超凡，但心境是随缘兼看破，不是恋恋。有淡淡的爱是"似禅境"，随缘而不恋恋是"真禅境"。似非真，可是无妨虽不能至而心向往之，以求越靠近，超凡的味道越浓。求味道浓，有若有意若无意的，如王维的有些诗作就是。时代靠后，有意的成分增加，终于形成诗论，如严羽的《沧浪诗话》就是。再说"妙悟"，也是诗家和禅家有相通之处。"池塘生春草"（谢灵运《登池上楼》），好，何以好，如何好，不可说。"师姑元是女人作"，所悟之境为何，也是不可说。不可说，作，只好相信文章本天成，妙手偶得之；欣赏，只好付之偶然，期待忽而相视而笑，莫逆于心。总之，都是尽日觅不得，有时还自来的事，与学习数学，加减乘除，循序渐进，所知明确，功到必成的情况迥然不同。无明确的法，而仍要作，仍要欣赏，只好乞援于无法之法，就是所谓"妙"。超凡，两家有类似的希求，妙悟，两家有同样的甘苦，于是，说是物以类聚也好，说是同病相怜也好，诗和禅就携起手来。由结果看，自然是诗家讨了便宜，就是借用禅家的修路工具，开了通往淡泊清空的一条路。

13.3.1　司空图《诗品》

作诗，诗境向禅境靠近，至晚由盛唐的王（维）、孟（浩然）已经开始。可是其时只是感知而还没有成为"论"。成为论，要到五代以后。五代之前，因为禅宗的势力过大，推想一定有不少人，尤其既作诗又通禅的，会想到两者的相通之处，或者进一步，使两者沟通，以诗入禅，或以禅入诗。这后一种，可以举唐末的司空图为代表。他不像后来的苏轼、吴可、严羽等，明白提到禅，可是谈诗，所用语言，有不少是带有禅意或禅味的。如：

> 文之难而诗尤难。古今之喻多矣，愚以为辨于味而后可以言诗也。江岭之南，凡足资于适口者，若醯，非不酸也，止于酸而已；若鹾，非不咸也，止于咸而已。中华之人所以充饥而遽辍者，知其咸酸之外，醇美者有所乏耳。……噫！近而不浮，远而不尽，然后可以言韵外之致耳。……足下之诗，时辈固有难色，倘复以全美为工，即知味外之旨矣。
>
> （《与李生论诗书》）

又如：

> 戴容州（戴叔伦）云："诗家之景，如蓝田日暖，良玉生烟，可望而不可置于眉睫之前也。"象外之景，景外之景，岂容易可谈哉！
>
> （《与极浦谈诗书》）

这里提出的"咸酸之外""韵外之致""味外之旨"，以及"象外之象，景外之景"，与禅家的"超乎象外，不落言诠"正是相类的意境。

司空图论诗的名著是《诗品》。这是讲诗作的风格的，分为二十四种，是：雄浑，冲淡，纤秾，沉著，高古，典雅，洗炼，劲健，绮丽，自然，含蓄，豪放，精神，缜密，疏野，清奇，委曲，实境，悲慨，形容，超诣，飘逸，旷达，流动。风格是由内容、表达以及作者的学识为人甚至一时情趣等诸多条件所形成，虽然有特色，却很难说明。不得已，只好用象征的手法，举韵味相近的事物来旁敲侧击。如"雄浑"是：

> 大用外腓，真体内充。返虚入浑，积健为雄。具备万物，横绝太空。荒荒油云，寥寥长风。超以象外，得其环中。持之非强，来之无穷。

每一种都用四言诗体十二句来说明，其中有的用语也有韵外之致，富于禅意。如这里的"超以象外，得其环中。持之非强，来之无穷"就是。其他各种风格的说明，用语也有不少富于禅意。如：

> 冲淡——素处以默，妙机其微。……遇之匪深，即之愈希。脱有形似，握手已违。
>
> 纤秾——乘之愈往，识之愈真。
>
> 沉著——所思不远，若为平生。
>
> 高古——泛彼浩劫，窅然空踪。……虚伫神素，脱然畦封。
>
> 典雅——落花无言，人淡如菊。
>
> 洗炼——流水今日，明月前身。
>
> 自然——俯拾即是，不取诸邻。俱道适往，著手成春。
>
> 含蓄——不著一字，尽得风流。
>
> 精神——妙造自然，伊谁与裁？
>
> 缜密——是有真迹，如不可知。
>
> 疏野——但知旦暮，不辨何时。
>
> 委曲——似往已回，如幽匪藏。
>
> 形容——俱似大道，妙契同尘。
>
> 超诣——远引若至，临之已非。
>
> 飘逸——如不可执，如将有闻。

其中尤其"超以象外""不著一字"，是更明显地用禅意说明诗意，因为作诗是不能离象，更不能离开文字的。

13.3.2 诗与禅

把作诗和禅境禅悟拉在一起，大概始于北宋。梅尧臣已经说："作诗无古今，惟造平淡难。"平淡当是指少世间烟火气。苏轼就说得更加露骨，在《送参寥师》的诗里说：

> 上人学苦空，百念已灰冷……欲令诗语妙，无厌空且静。静故了群动，空故纳万境。阅世走人间，观身卧云岭。咸酸杂众好，中有至味永。诗法不相妨，此语当更请。

空且静是禅境，必须如此才能诗语妙，等于说上好的诗要有禅意。

苏轼之后，明白提出作诗与参禅有相通之处的，郭绍虞《中国文学批评史》中举了很多。浅的是以禅喻诗，如韩驹，在《赠赵伯鱼》的诗里说：

> 学诗当如初学禅，未悟且遍参诸方。一朝悟罢正法眼，信手拈出皆成章。

如吴可，有《学诗》诗，说：

学诗浑似学参禅，竹榻蒲团不计年。直待自家都了得，等闲拈出便超然。

学诗浑似学参禅，头上安头不足传。跳出少陵窠臼外，丈夫志气本冲天。

学诗浑似学参禅，自古圆成有几联？春草池塘一句子，惊天动地至今传。

如龚相，也作《学诗》诗（和吴可），说：

学诗浑似学参禅，悟了才知岁是年。点铁成金犹是妄，高山流水自依然。

学诗浑似学参禅，语可安排意莫传。会意即超声世界，不须炼石补青天。

学诗浑似学参禅，几许搜肠觅句联。欲识少陵奇绝处，初无言句与人传。

如杨万里，在《送分宁主簿罗宏材秩满入京》的诗里说：

要知诗客参江西，政如禅客参曹溪。不到南华与修水，于何传法更传衣？

深的是以禅悟论诗。如范温，在《潜溪诗眼》里说：

> 学者先以识为主，禅家所谓正法眼；直须具此眼目，方
> 可入道。

如张镃，在《觅句》的诗里说：

> 觅句先须莫苦心，从来瓦注胜如金。见（现）成若不拈
> 来使，箭已离弦作么寻？

如邓允端，在《题社友诗稿》的诗里说：

> 诗里玄机海样深，散于章句领于心。会时要似庖丁刃，
> 妙处当同靖节琴。

如叶茵，在《二子读诗戏成》的诗里说：

> 翁琢五七字，儿亲三百篇。要知皆学力，未可以言传。得
> 处有深浅，觉来无后先。殊途归一辙，飞跃自鱼鸢。

不管是以禅喻诗还是以禅悟论诗，都是想借禅为作诗的他山之

石。但这借还是零星的，或片段的，有如砖瓦木料，这里放一些，那里放一些。可以看出，已经到了用这些材料建造大厦的时候。于是就来了严羽的《沧浪诗话》。

13.3.3 《沧浪诗话》

诗话性质的书，由北宋欧阳修的《六一诗话》开始。作诗是正襟危坐的事；诗话则可庄可谐，上可以发表诗识，下可以借遗文轶事消遣，所以很多人喜欢作。到南宋，这类著作已经很多，其中最重要的或说影响最大的是严羽的《沧浪诗话》。严羽，字仪卿，是南宋后期人。他这部诗话影响大，是因为，用他自己的话说：

> 仆之《诗辨》(诗话包括《诗辨》《诗体》《诗法》《诗评》《考证》五部分)，乃断千百年公案，诚惊世绝俗之谈，至当归一之论。其间说江西诗病，真取心肝刽子手。以禅喻诗，莫此亲切，是自家实证实悟者，是自家闭门凿破此片田地，即非傍人篱壁、拾人涕唾得来者。李杜复生，不易吾言矣。
>
> (《答出继叔临安吴景仙书》)

一句话，是开始系统地用禅来讲诗。这对不对？昔人是仁者见仁，智者见智。持否定态度的，有的说禅和诗是两回事，不能扯在一起；有的说严羽虽然大喊至当归一之论，可是道理多有不圆通处；还有的甚

433

至说，对于佛理，严羽也是多有未知。这里不是研讨《沧浪诗话》的对错，可以只说他是怎样以禅喻诗的。《诗辨》一说：

> 夫学诗者以识为主，入门须正，立志须高。以汉魏晋盛唐为师……久之自然悟入。虽学之不至，亦不失正路。此乃是从顶预上做来，谓之向上一路，谓之直截根源，谓之顿门，谓之单刀直入也。

《诗辨》四说：

> 禅家者流，乘有大小，宗有南北，道有邪正；学者须从最上乘，具正法眼，悟第一义。若小乘禅，声闻辟支果，皆非正也。论诗如论禅：汉魏晋与盛唐之诗，则第一义也。大历以还之诗，则小乘禅也，已落第二义矣。晚唐之诗，则声闻辟支果也。学汉魏晋与盛唐诗者，临济下也。学大历以还之诗者，曹洞下也。大抵禅道惟在妙悟，诗道亦在妙悟。

《诗辨》五说：

> 夫诗有别材，非关书也；诗有别趣，非关理也。然非多读书，多穷理，则不能极其至。所谓不涉理路，不落言筌

者，上也。诗者，吟咏情性也。盛唐诸人惟在兴趣，羚羊挂角，无迹可求，故其妙处透彻玲珑，不可凑泊，如空中之音，相中之色，水中之月，镜中之象，言有尽而意无穷。

《诗法》一三说：

须参活句，勿参死句。

《诗法》一六说：

学诗有三节：其初不识好恶，连篇累牍，肆笔而成；既识羞愧，始生畏缩，成之极难；及其透彻，则七纵八横，信手拈来，头头是道矣。

《诗法》一七说：

看诗须着金刚眼睛，庶不眩于旁门小法。

这里讲学诗的门径是"参"，所求是"妙悟"，作诗要"不落言筌"，如"羚羊挂角，无迹可求"，不只理是禅家的，连话头也是禅家的。

现在看，《沧浪诗话》是顺应以禅说诗的风气，集中讲了讲，并向前迈了一步。这结果，诗和禅就更加靠近，有不少人，学诗作诗，总是强调由悟入手，而趋向淡远清空的意境。

13.3.4 神韵说

宋朝以后，文人引用禅理来讲诗的还有不少。如金末元初的元好问，诗和诗论的大家，也曾说："诗为禅客添花锦，禅是诗家切玉刀。"再举明朝的几位为例，如谢榛说：

> 体贵正大，志贵高远，气贵雄浑，韵贵隽永，四者之本，非养无以发其真，非悟无以入其妙。
>
> （《四溟诗话》一）

如屠隆说：

> 诗道有法，昔人贵在妙悟。……如禅门之作三观，如玄门之炼九还，观熟斯现心珠，炼久斯结黍米。
>
> （《鸿苞》十七）

如钟惺说：

> 我辈文字到极无烟火处，便是机锋，自知之而无可

奈何。

（《隐秀轩文·往集》）

僧人普荷（担当和尚）说得更加明显：

> 太白、子美皆俗子，知有神仙佛不齿。千古诗中若无
> 禅，雅颂无颜国风死。惟我创知风即禅，今为绝代剖其传。
> 禅而无禅便是诗，诗而无诗禅俨然。从此作诗莫草草，老僧
> 要把诗魔扫，那怕眼枯须皓皓。一生操觚壮而老，不知活句
> 非至宝。吁嗟至宝声韵长，洪钟扣罢独泱泱。君不见，严沧
> 浪。

（《滇诗拾遗》卷五《诗禅篇》）

他们重妙悟，重无烟火，有的还明白表示自己的诗论是继承严羽。

此后，还出了个继承严羽并发扬光大，理论自成一家的，那是清朝初年的著名诗人王士禛。他字贻上，别号渔洋山人，二十四岁作《秋柳》四首（七律），就轰动大江南北，一时被推为诗坛盟主。他作诗，喜欢淡远清空的风格，写景，轻轻点染，写情，似清晰而又像是抓不着什么。诗论当然也是这样，接受司空图的韵味说和严羽的妙悟说，提出混合两者或再向下发展的"神韵说"。意思是，上好的诗或诗作的最高境界是神韵。神韵中有"神"，难于诠释，勉强说，是

妙到不可言说而有味外味（即不同意此论的人所感到的迷离恍惚和轻飘飘）。这正是禅的境界。看他自己怎样说明这难说的最上乘诗的奥秘：

汾阳孔文谷云："诗以达性，然须清远为上。薛西原论诗，独取谢康乐、王摩诘、孟浩然、韦应物，言'白云抱幽石，绿篠媚清涟'，清也；'表灵物莫赏，蕴真谁为传'，远也；'何必丝与竹，山水有清音'，'景昃鸣禽集，水木湛清华'，清远兼之也。总其妙在神韵矣。""神韵"二字，予向论诗，首为学人拈出，不知先见于此。

（《池北偶谈》）

洪升昉思问诗法于施愚山，先述余凤昔言诗大旨。愚山曰："子师言诗，如华严楼阁，弹指即现，又如仙人五城十二楼，缥缈俱在天际。余即不然，譬作室者，瓴甓木石，一一须平地筑起。"洪曰："此禅宗顿渐二义也。"

（《渔洋诗话》）

严沧浪以禅喻诗，余深契其说，而五言尤为近之。如王、裴辋川绝句，字字入禅。他如"雨中山果落，灯下草虫鸣"，"明月松间照，清泉石上流"，以及太白"却下水精帘，玲珑望秋月"，常建"松际露微月，清光犹为君"，浩然"樵子暗相失，草虫寒不闻"，刘脊虚"时有落花至，远随流水香"，妙谛微言，与世尊拈花，迦叶微笑，等无差别。通其解者，可语上乘。

严沧浪论诗，特拈"妙悟"二字，及所云"不涉理路，不落言诠"，又"镜中之象，水中之月，羚羊挂角，无迹可寻"云云，皆发前人未发之秘。

（《分甘余话》）

舍筏登岸，禅家以为悟境，诗家以为化境，诗禅一致，等无差别。

（《香祖笔记》）

僧宝传：石门聪禅师谓达观昙颖禅师曰："此事如人学书，点画可效者工，否则拙。何以故？未忘法耳。如有法执，故自为断续。当笔忘手，手忘心，乃可。"此道人语，亦吾辈作诗文真诀。

（《居易录》）

这把神韵的境界说得很高。按照这种理论，那就只有富于禅意的诗才是上好的诗。

细想起来，这也是怪事，因为诗的意境应该是世间的，禅的意境应该是出世间的，中间还隔着高墙。可是由于诗家亲烟火而有时想离开烟火，还想提笔后手头有"巧"，于是饥不择食，竟把异己引进来当作知己。而其结果，在诗的领域里就真出现了一些新生事物。妙悟、神韵等诗论是一个方面。还有一个方面，是表现在诗作中，这只要拿出《古诗十九首》甚至盛唐的诗，与宋以后的有些诗一比就可以知道，前者朴厚，有话直说，不吞吞吐吐，后者就常是"愁生陌上黄骢曲，梦远江南乌夜村"（王士禛《秋柳》一联）一类，像是很美，而又扑朔迷离的了。

第
十
四
章

禅
的
影
响
（
下
）

14.1　立身处世

上一章开头曾说，谈禅的影响不容易，因为难于丁是丁，卯是
卯。就这一章说就更是这样，因为是谈生活方面，谈一个人的立身处
世。上一章谈学术方面，大多是有文献可征的，写，可以抓住把柄，
看，因为觉得不是捕风捉影，容易点头称是。生活方面就不同了，它
表现为行为，表现为爱好，行为有大小，爱好有显隐，其中哪些是受
了禅的影响才会出现的？至少是有些，或有时候，很难说。又，就一
个人说，生活是复杂的，由少壮到衰老，千头万绪，而且不免于变
化，由其中抽出一些，说是受了禅的影响，其他不是，也太难了。

想克服困难，像是应该：一，咬定禅家的生活态度和生活情况，
用它为尺度，量；二，用大网，捉大鱼，让小鱼漏下去。但这也还会
碰到问题。一个小一些的是，指出某种现象，以为这一回是摸准了，
其实也许并不准。例如南宗的祖师慧能，据他自己说，是初次听人
诵《金刚经》就喜爱得了不得；禅宗典籍常常记载，有的禅师是自幼

就茹素，执意入空门。这是生性如此，生活态度同于禅而没有受禅的影响。问题还有个大的，是六朝以来，佛和道关系密切，互通有无，甚至合伙过日子，同路往远离尘嚣的地方走。这样，如果某人、某行为、某爱好，上面没有标明是禅或是道（典型的例是王维，他的诗说"中岁颇好道，晚家南山陲"，这道就一定都是禅吗？），我们怎么能知道，这是禅而非道，或是道而非禅，或兼而有之呢？总之，是苦于模棱，如果望文生义，就常常会似是而非。

但这情况也可以从另一方面考虑，是禅宗势力这样大，它这另一条路的人生之道，会影响某些人又是必然的。这某些人，前面说过，主要是有知识的士大夫，与禅林、禅师、禅理有交往的。有交往，大多会或有意或无意，取他们认为有用的，掺和在自己的立身处世的指导思想里，并表现为行为和爱好，这就成为禅的影响。自然，因为立身处世的范围太广，其中牵涉到思想，还苦于无形无质，想说得中肯总是困难很多。不得已，还得用前面说过的原则：取大舍小，取著舍微，而且只及全豹的一斑，以期以一例概其余。但就是这样，个别地方恐怕还是不免于似是而非，怎么办？也只能希望并不都错而已。又，为了条理清楚些，或只是解说的方便，以下把生活分作几个方面。由形迹显著、与禅最近的情况说起。

14.2.1　近禅与逃禅

过世间生活，日久天长，有些烦腻，或只是想换换口味，到禅林去转转，或同禅门中人你来我往（包括用文字），是近禅。过世间生活，不管由于什么，失了意，于是向往禅门的看破红尘，身未出家而心有出家之念，并于禅理中求心情平静，是逃禅。二者有程度浅深的分别。深的，受了禅的影响，没有问题。浅的呢？那就不可一概而论。如唐朝的王播，未腾达时候是住在禅院里的，受了冷遇，腾达之后题"三十年来尘扑面，如今始得碧纱笼"的诗，以吐多年的屈辱之气，这心情是怨，当然谈不到受影响。比王播小之又小的人物，多到无数，与禅林接近，心情不是怨，是舒畅，甚至安然，这就应该说是或多或少受了影响。这些人是很少见经传的，但可以想而见之。见经传的为数也不少，史书隐逸传之内、之外，都可以找到。这里不是意在网罗，可以用个省力的办法，举一部书为例。那是《五灯会元》，由庞蕴居士开始，举出陆亘大夫、白居易侍郎、相国裴休居士、刺史陈操尚书、刺史李翱居士、张拙秀才、太傅王延彬居士，常侍王敬初居士、丞相王随居士、驸马李遵勖居士、英公夏竦居士、文公杨亿居士、节使李端愿居士、太傅高世则居士、太守许式郎中、修撰曾会居士、侍郎杨杰居士、签判刘经臣居士、清献赵抃居士、丞相富弼居士、卫州王大夫、太史黄庭坚居士、观文王韶居士、秘书吴恂居士、内翰苏轼居士、参政苏辙居士等多人，算作某某禅师的法嗣。拉这些人算作法嗣，当然也因为他们地位高，名声大，可以给禅林壮壮门面。但他们与禅有关系也应该是事实。这关系，有的并且不是一般的。这有多种情况。如庞蕴居士，至多是士而不是大夫，据禅宗典籍所传，造诣恐怕不低于南泉普愿、赵州从谂之流。又如裴休，以高官的身份拜倒在黄檗希运的门下，并为老师整理流传《传心法要》和《宛陵录》；张商英，即著名的无尽居士，官也做得不小，为了给禅宗争地位，还作了《宗禅辩》和《护法论》。再如官不很大的冯楫是：

> 公后知邛州，所至宴晦无倦。尝自咏："公事之余喜坐禅，少曾将胁到床眠。虽然现出宰官相，长老之名四海传。"至（宋高宗绍兴）二十三年秋，乞休致，预报亲知，期以十月三日报终。至日，令后厅置高座，见客如平时。至辰巳间，降阶望阙肃拜，请漕使摄邛事。著僧衣履，踞高座，嘱诸官吏及道俗，各宜向道，扶持教门，建立法幢。遂拈拄杖，按膝蜕然而化。
>
> （《五灯会元》卷二十）

这是名为官员而实已成为禅师，受影响当然是更深的。

还有的连官场的名也舍掉，那就成为百分之百的逃禅。这样的人，历朝都有不少。如王维就是典型的一位。他中年丧妻，不再娶。晚年在辋川别墅中隐居，读经参禅，正如他弟弟王缙《进王摩诘集表》所说："至于晚年，弥加进道，端坐虚室，念兹无生。"这是名未出家而实出了家。白居易似乎也可以算。他官做得多而大，晚年像是灰了心，隐居香山，同和尚佛光如满结香火社，显然是不再想治国平天下，而想见性成佛了。宋朝仍是禅宗兴盛的时代，士大夫受影响而逃禅的自然也不会少。《五灯会元》卷十九记了突出的一位，是侍郎李弥逊居士：

> 至二十八岁为中书舍人。常入圆悟（昭觉克勤）室。一日早朝回，至天津桥，马跃，忽有省，通身汗流。直造天宁（寺），适悟出门，遥见便唤曰："居士且喜大事了毕。"公厉声曰："和尚眼花作甚么！"悟便喝，公亦喝。于是机锋迅捷，凡与悟问答，当机不让。公后迁吏部，乞祠禄归闽连江，筑庵自娱。

乞祠禄是辞实职，领退休金。住在小型禅院里，所求自然只是禅境的心体湛然。程度浅一些的，人数会更多，如正统儒家的欧阳修，晚年致仕，也是与禅师们亲近，自号六一居士了。其后到明代，李贽是个更突出的，因为不只心喜禅，而且剃了发。他官做到知府，罢官以后，聚徒授学，学王充，连孔孟也怀疑，这是因为思想早已稳稳地坐在禅榻上。受他的影响，公安派创始人袁氏兄弟（宗道、宏道、中道）也是既做官，又修道，积极时说说儒，稍一冷就到禅那里去寻求安身立命之地。明清之际的钱谦益也是这样，晚年失意，就"卖身空门""惟有日翻贝叶，消闲送老"（《与王贻上》书）。稍后，专说大人物，顺治皇帝是真想逃禅的；其孙和曾孙，雍正皇帝和乾隆皇帝，不真逃，可是取了圆明居士和长春居士的雅号。这风气仍然向下流传，直到民国初年还没有灭绝。如大官僚靳云鹏、大军阀孙传芳之流，下野之后，不知心怎么样，身却也是常在禅林了。

14.2.2　正心修己

这是道德修养方面的事。古代儒家讲怎样用功，还分为多少层次，是："欲修其身者，先正其心；欲正其心者，先诚其意；欲诚其意者，先致其知；致知在格物。"（《大学》）这所谓心，与《孟子》"求放（跑出去）心"的心大概一样，都是"常识"的，指思维能力的本源，正心，求心不放，不过是不胡思乱想，不求所不当求。到宋朝道学家，受禅门自性清净、即心是佛理论的影响，理也求深，于是常识的心升级，变为"玄学"的心。尤其是陆王，心的地位比在程朱那里更高，所讲习成为心学。这在前面，由学或知的角度，已经介绍过。王学是强调知行合一的，但常识上又有知易行难的说法；所以这里想说得委婉些，是知不能不影响行，比如所知是十，只行了五六甚至二三，也总当算是一部分合了一。说到本题，是受了禅的影响的宋明以来的道学家，以及受道学影响的各式各样的人，在修身方面，有时就会显露出禅的影子。这主要表现在以下几个方面。

一是正心，求心保持天赋之本然。如程颐说：

学者患心虑纷乱，不能宁静。此则天下公病，学者只要

446

立个心，此上头尽有商量。

（《河南程氏遗书》卷十五）

如朱熹说：

圣贤千言万语，只要人不失其本心。……人心本明，只
被物事在上盖蔽了，不曾得露头面，故烛理难。

（《朱子语类辑略》卷二）

这人心本明的想法，到王守仁就更进一步：良知是心本善，致良知是
发挥心之本然的行，成为明明德，就如何用功即可有成说，与禅的即
心是佛正是一个路子。

二是"参"。禅家常用，即参话头公案。禅宗中还有特别重视这
种修持方法的，成为看话禅。宋以来的道学家，以及受禅学道学影响
的人，也有用这种方法以求正心明道的。如二程说：

昔受学于周茂叔（周敦颐），每令寻颜子、仲尼乐处，
所乐何事。

（《河南程氏遗书》卷二上）

鸢飞戾天，鱼跃于渊，言其上下察也。此一段，子思吃
紧为人处，与"必有事焉而勿正心"意同，活泼泼地。会得

时活泼泼地，不会得时只是弄精神。

（同上书卷三）

奇怪的是非道学家的司马光也用过这种办法，如：

> 君实尝患思虑纷乱，有时中夜而作，达旦不寐，可谓良
> 自苦。人都来多少血气，若此则几何不摧残以尽也？其后告
> 人曰："近得一术，常以中为念。"

（同上书卷二上）

这同禅门的参赵州和尚"狗子无佛性"的无，以求由迷转悟，也走的
是同一条路。

三是"静坐"。这是禅家的定功，宋以来的道学家有不少人用。
如：

> 昔陈烈先生苦无记性，一日读《孟子》"学问之道无他，
> 求其放心而已矣"，忽悟曰："我心不曾收得，如何记得书？"
> 遂闭门静坐，不读书百余日，以收放心。却去读书，遂一览
> 无遗。

（《朱子语类辑略》卷二）

明道教人静坐，李先生亦教人静坐，盖精神不定，则道

448

无凑泊处。又云，须是静坐，方能收敛。

（同上）

前面讲过程门立雪的故事，弟子立而久待，就因为老师正在静坐。

四是"节情节欲"。这种修持功夫，就是一般不学道的人中也不少见。但这也可能不是来于禅，而是来于儒的以礼节之和道（或兼有道教成分）的养生术。较多的可能是儒道释兼而有之；如果是这样，由果而求因，那就禅也应该占有或大或小的一份。

14.2.3 脱略世事

这一节，以及下面两节的"处逆如顺"和"山林气"，比较难讲。因为禅气和道气都很浓，某种表现来路不明，硬说是禅的影响，说服力就不大。这沿流溯源，也许应该归咎于六朝以来的道释混合。但既已混合，再分为泾渭总是做不到了。而这几种现象，讲禅的影响又不能不涉及。不得已，只好丑话说在前面，是：一，这里说是禅，意思是含有道的成分的禅，甚至多半是道而少半是禅；二，禅少，甚至少到近于没有，那就算作姑妄言之，仅供参考而已。

脱略世事是对于常人认为应该有甚至很可欲的世间事物的态度变淡。这与禅是一路：视世间事物为一据点，出世间是大离（至少是理论上），脱略世事是小离。说是小，因为：一，思想方面还没有万法皆空那样决绝；二，形迹方面还难免拉拉扯扯。但无论如何，与一般人相比，总是不那么热了。不热，有的带有政治意味，是无意（甚至厌恶）仕宦；有的只是一般的厌烦男婚女嫁和柴米油盐；见于经传的绝大多数是兼而有之。随便举一些例。

王维是典型的一位，他不只行，而且宣扬：

> 晚年惟好静，万事不关心。自顾无长策，空知返旧林。松
> 风吹解带，山月照弹琴。君问穷通理，渔歌入浦深。

（《酬张少府》）

唐朝末年，司空图也是这类人物。他名声大，本来有官可做，可是坚辞不做；在中条山王官谷隐居，作诗并写他的诗论。宋朝有两位有名的隐士，是连官也没有做过。一位是魏野，也许禅意更多，因为既能不仕，又能随缘。他诗名大，受到许多大人物的敬重，其中一位是寇莱公（准），可是他始终没有改变"野人"的风貌。一位名声更大，是谥为和靖先生的林逋，不娶妻，在杭州西湖孤山隐居。袁宏道曾著文称赞他：

> 孤山处士妻梅子鹤，是世间第一种便宜人。我辈只为有
> 了妻子，便惹许多闲事，撇之不得，傍之可厌，如衣败絮行
> 荆棘中，步步牵挂。

（《解脱集·孤山》）

其实妻梅子鹤还是其次焉者。他还有更值得称赞的，是真能够"清"，证据是临终作诗，其中有"茂陵他日求遗藁，犹喜曾无封禅书"的话。这不禁使人想到汉武帝时候的司马相如，那就偏于热，因而也就流于俗了。还有，像道学家周敦颐的"窗前草不除去"（翁森《四时读书乐》并以之入诗，曰"绿满窗前草不除"），也可以归入这一类。

14.2.4 处逆如顺

我有时想，卑之无甚高论，禅悟，由理想方面看（实际复杂得多，应该另说），其成果或功效似乎可以用比喻来说明。这还可以分为浅深两种情况：浅的，像是身心之外围上一圈至坚至韧的盾牌，于是外界的刺激就不能侵入（即见可欲而心不乱）。深的，像是有了一种神妙的化合能力，不管碰到什么，都能使不可意的变为可意的（就是参政李邴居士所说自己的体验："事无逆顺，随缘即应。"）。前一种是不为物所扰，后一种更进一步，是化扰为不扰，结果一样，都是能断烦恼。总之，禅终归是世间之内的事，想使周围没有逆，办不到；所能做的只是用内功（禅悟），求逆化为顺。这本领，在家人当然也很需要，因为在世间食息，碰到逆总是难免的。碰到，怨天尤人，哭哭啼啼，显然不如能化逆为顺，处之泰然。这是很高的修养，取得很难，但也非绝不可能。举偶然想到的几位为例。

一位是范仲淹的长公子范纯仁。抄他的两件轶事为证：

范忠宣（称谥号）谪永州。公夫人在患难时，每遇不如意事则骂章惇，曰："枉陷正人，使我至此！"公每为一笑。舟行过橘洲，大风雨，船破，仅得登岸。公令正平（纯仁子）持盖，自负夫人以登。燎衣民舍，稍苏，公顾曰："船破，岂章惇所为耶？"

（沈作哲《寓简》）

　　范忠宣寓居永州东山寺。时诸孙尚幼，一日戏狎，言语少拂寺僧之意。僧大怒，叱骂不已。入坐于堂上，僧诵言过之语颇侵公，公不之顾；家人闻之，或以告公，亦不应。翌日，僧悔悟，大惭，遂诣公谢。公慰藉之，待之如初，若未尝闻也。

（曾敏行《独醒杂志》）

受责骂，如不闻，是禅。"岂章惇所为"，有"不思善，不思恶"的破执精神，禅味更重。

　　也是那个时期，苏轼一再受贬谪，最后到琼州（今海南岛），据说还强人说鬼，人家说没有鬼，他说："姑妄言之。"这也是处逆如顺。还有更厉害的，那是清初的金圣叹，因为哭庙被处斩刑，传说死之前还说怪话，留遗书同监斩官开玩笑。如果所传是实，那就比僧肇的"犹似斩春风"少认真气，更富于禅味了。

14.2.5 山林气

禅院多建在山中，这是出世间理想的不得已的退让一步，因为山仍在世间，不能出，依理是应该有些遗憾的。至于身未出家的人，住在山林就可以算作已经远离红尘，因而也就可以毫无遗憾。这种向往山林的风气至晚起于六朝。有名的故事是宗少文（炳）的卧游。后来还有不少人效颦，或扩而充之，如宋朝吕祖谦，传世的《卧游录》据说就出于他之手。但这只是想而不是行。行有两种情况：一种是人就山林，如司空图的入中条山王官谷。一种是使山林缩小，就人。这后者有等级之分：上者如宋徽宗，用君权让汴京城东北部生一个艮岳；中者如李格非《洛阳名园记》所记，在宅旁修建个或大或小的园林，旧时代的上层人物几乎都是这样；下者是建园林既无地又无力，那就可以想法弄一幅山水画，悬之壁间，或一块灵璧石，摆在案头，以幻想咫尺而有千里之势。还有比山水画和灵璧石更空灵的，是只称名而未必有实。一种是为居室起名，不管如何湫隘器尘，而名曰什么什么山房。另一种更多，是为人起别号，也是不管心在魏阙还是身在朱楼，而名曰什么什么山人。这风气大概始于唐朝，如隐士兼大官的李渤别号"少室山人"，诗人杜荀鹤别号"九华山人"。其后到明清就盛行而至于滥，几乎遍地都是"山人"，其中还有不少大名人，如明宗室朱载堉别号"句曲山人"，清诗人王士禛别号"渔洋山人"，等等。还有不满足于仅仅住山的，如清朝周金然，别号是"七十二峰主人"，那就把居室之外的整个山林都据为己有了。

其实，住在天街或住在陋巷，长年骂贼颂圣或柴米油盐，未免烦腻，想到山林换换空气，也是人之常情。常情，未必与禅有关。但也可能与禅有关，那就有如风助了火之力，于是就烧得特别旺起来。这旺的情况，见于史书隐逸传的，以及不见经传的，几乎有数不清的那样多。这里随便谈一些。如唐朝早年的田游岩，隐居嵩山，名声大，乃至惊动了高宗皇帝。皇帝过嵩山，屈尊去看他，他说了句山林气非常重的名言，是："臣所谓泉石膏肓烟霞痼疾者。"这是喜好过甚而成为病态。其后的白居易，病轻一些，但不只晚年住香山；中年贬官，失意，还在庐山建草堂，过过山林瘾。宋朝的林逋，上面已经谈过，当然也是典型的一位。元朝可以举王冕为例，隐居九里山，也是决心做山林中人物。再其后，明清两朝，这样的人物也是屡见不鲜。且说另一种情况，是山林气，就算附庸风雅吧，总是更加无孔不入了。手头有一本明末文震亨作的《长物志》，作者是曾任东阁大学士（宰相职）的文震孟的老弟，官至中书舍人，所谓仕宦之家，可是书中所举"长物"（消闲中可喜而又可有可无之物）中有：山斋，佛堂，水石，英石，太湖石，短榻（置之佛堂书斋，可以习静坐禅），禅椅，佛厨佛桌，香炉，禅灯，钵，钟磬，坐团，番经，禅衣，这俨然是住在山林中的大和尚的气派了。可以想象，如果没有禅，上层士大夫大概不会这样心在朝市而貌在山林的。

14.3.1　禅意诗

上一章谈了受禅影响的诗学；诗学是知，知要表现为行，作诗，这里谈含有禅意的诗作。先说说本源，是出家人的诗作。这本来应该都是偈颂，即用诗的形式述说禅理的。典型的如六祖慧能的"菩提本无树……"，可以不提。其后如龙山和尚的：

> 三间茅屋从来住，一道神光万境闲。莫把是非来辨我，
> 浮生穿凿不相关。
>
> （《五灯会元》卷三）

灵云志勤禅师的：

> 三十年来寻剑客，几回落叶又抽枝。自从一见桃华后，
> 直至如今更不疑。
>
> （同上书卷四）

都是这样，即只有道意而没有诗意。后来，想是由于越来越向世俗靠近，有些禅师用诗体达意，就乐得于道意外兼有些诗意。如灵岩了性禅师的：

一苇江头杨柳春，波心不见昔时人。雪庭要识安心士，鼻孔依前搭上唇。

（同上书卷二十）

资寿尼妙总禅师的：

一叶扁舟泛渺茫，呈桡舞棹别官商。云山海月都抛却，赢得庄周蝶梦长。

（同上）

都是骨子里是道而外貌是诗。

这两种写法，在家人的笔下也都有。可是相似的情况不同：前者几乎是照猫画虎，十之十的明道；又因为道总是枯燥的，附和的不多。后者就不然，而是有了大变化，就是不是与道诗，而是与诗带一些禅意（清幽淡远的世外意）；又因为这既有理论作靠山，又有某种意境可供欣赏吟味，于是用力这样写的就相当多。

先说前一种，用诗体明道的。其中有的明佛道，是禅的近亲。如赵抃居士的：

腰佩黄金已退藏，个中消息也寻常。世人欲识高斋（其书斋名）老，只是柯村赵四郎。

（同上书卷十六）

莫将居士的：

> 从来姿韵爱风流，几笑时人向外求。万别千差无觅处，
> 得来元在鼻尖头。

（同上书卷二十）

都有禅悟的看山还是山，看水还是水的意味。宋以来的道学家有时也用这样的办法表意，虽然所明的道未必有很多的禅意。如程颢的《秋月》：

> 清溪流过碧山头，空水澄鲜一色秋。隔断红尘三十里，
> 白云红叶两悠悠。

朱熹的《观书有感》：

> 半亩方塘一鉴开，天光云影共徘徊。问渠那得清如许？
> 为有源头活水来。

程诗是间接写心，朱诗是直接写心，这心虽是道心，却是与禅理相通的道心。道学家以外，受时代风气的影响，士大夫也有用这种办法表一时有所悟的。如王安石的《登飞来峰》：

飞来峰上千寻塔，闻说鸡鸣见日升。不畏浮云遮望眼，自缘身在最高层。

苏轼的《题西林壁》：

横看成岭侧成峰，远近高低各不同，不识庐山真面目，只缘身在此山中。

这都是用隐语发点世俗的小牢骚，诗意很少；只是言在此而意在彼，就语言的性质说是带有禅意的。

下面说禅意诗的大户，那是地道的诗，而带有清幽淡远的世外味。这还可以细分为三种。一种是写清幽淡远的景物，以表现远离烟火的世外味，如：

（1）不知香积寺，数里入云峰。古木无人径，深山何处钟。泉声咽危石，日色冷青松。薄暮空潭曲，安禅制毒龙。

（王维《过香积寺》）

（2）清晨入古寺，初日照高林。曲径通幽处，禅房花木深。山光悦鸟性，潭影空人心，万籁此俱寂，惟闻钟磬音。

（常建《破山寺后禅院》）

（3）独怜幽草涧边生，上有黄鹂深树鸣。春潮带雨晚来急，野渡无人舟自横。

（韦应物《滁州西涧》）

另一种是表现以慧心观照而得的空寂之感，如：

（4）千山鸟飞绝，万径人踪灭。孤舟蓑笠翁，独钓寒江雪。

（柳宗元《江雪》）

（5）山静似太古，日长如小年。余花犹可醉，好鸟不妨眠。世味门常掩，时光簟已便。梦中频得句，拈笔又忘筌。

（唐庚《醉眠》）

（6）野水空山拜墓堂，松风湿翠洒衣裳。行人欲问前朝事，翁仲无言对夕阳。

（孙友篪《过古墓》）

还有一种是轻轻点染，以求于迷离恍惚中有言外意和味外味，也就是以禅理说诗的所谓韵味或神韵，如：

（7）青山隐隐水迢迢，秋尽江南草未凋。二十四桥明月夜，玉人何处教吹箫。

（杜牧《寄扬州韩绰判官》）

（8）白藕作花风已愁，不堪残睡更回头。晚云带雨□（原缺，疑当作"归"）飞急，去作西窗一夜秋。

（《续本事诗》"诗媒"条记王氏诗）

（9）东风作絮糁春衣，太息萧条景物非。扶荔宫中花事尽，灵和殿里昔人稀。相逢南雁皆愁侣，好语西乌莫夜飞。往日风流问枚叔，梁园回首素心违。

（王士禛《秋柳》四首之一）

这最后一种，就表现方法说是不即不离，中唐以前的人很少用，宋以后有不少人喜欢用。不即不离，意境有时近于迷离恍惚，这好也罢，坏也罢，总当与禅的跳出常格有些关系。

14.3.2 禅意画

由明朝晚期起，有不少人认为，中国画，主要是山水画，由王维开始，用水墨渲染，以表现平远疏旷的境界的，带有禅意。所谓禅意，大概是指所画景物有远离世间烟火的意味。因为有禅意，有人甚至比附禅之有南北，说画也有南北二宗：以王维为代表的是南宗，以大小李将军（李思训、李昭道）为代表的是北宗。如莫是龙的《画说》说：

禅家有南北二宗，唐时始分。画之南北二宗，亦唐时分也，但其人非南北耳。北宗则李思训父子著色山，流传而为宋之赵干、赵伯驹、伯骕以至马、夏辈。南宗则王摩诘始用渲淡，一变钩斫之法，其传为张璪、荆、关、郭忠恕、董、巨、米家父子，以至元之四大家。亦如六祖之后，马驹、云门、临济儿孙之盛，而北宗微矣。(有人说是莫抄董其昌说。)

稍后，陈继儒在《偃曝余谈》中说：

> 山水画自唐始变，盖有两宗，李思训、王维是也。李之传为宋王诜、郭熙、张择端、赵伯驹、伯骕，以及于李唐、刘松年、马远、夏圭，皆李派。王之传为荆浩、关仝、李成、李公麟、范宽、董源、巨然，以至于燕肃、赵令穰、元四大家，皆王派。李派板细，无士气；王派虚和萧散，此又慧能之禅，非神秀所及也。至郑虔、卢鸿一、张志和、郭忠恕、大小米、马和之、高克恭、倪瓒辈，又如方外不食烟火人，另具一骨相者。

这里提到"士气"，所以又称有士气的南宗画为"文人画"。分宗，襃文人画而贬非文人画，其中问题很多。如：一，分宗说是比喻，相似与受影响是两回事。二，分宗，某人入某宗，以及二宗高下，古今都有异说。三，因此，古今有不少人反对这样的分宗说。这些问题，辨析起来相当麻烦，而与本节想谈的问题关系不大。

想谈的问题是，所谓南宗画是否受了禅的影响。我的想法，在有关系和无关系之间，我们似乎应该肯定前者。因为：其一，在同一个文化系统之中，两种意识形态毫不牵涉的可能性是微乎其微的。其二，苏轼说过："味摩诘之诗，诗中有画；观摩诘之画，画中有诗。"诗画表现的意境相通，王维诗中既然有禅意，画中自然也会有禅意。其三，所谓南宗的一些画，如出于宋李成、元倪瓒、明董其昌、清查士标等人之手的，确是简淡疏旷，有禅家的不食人间烟火气。其四，如明僧莲儒著有《画禅》，董其昌著有《画禅室随笔》，这是承认画和禅有密切关系。这样，我们说中国的山水画，有些也受了禅的影响，总不是无中生有吧？

14.4　禅语

禅语，指禅师们讲禅境时说的话，即机锋公案之类。这样的话，由常人看来是不着边际、难解。但也有优越的一面，是奇而巧，因为总是言近旨远，言在此而意在彼。意义跳出语言文字之外，于是不可说的就成为可说，难表达的就成为易表达。禅语的这种优越性，对禅林之外的人当然也会有吸引力，于是而学，以表达世俗的比较难说的意思。

世俗人用禅语表难言之意，有少数是采用禅门内的形式。如：

苏子瞻守杭日，有妓名琴操，颇通佛书，解言辞，子瞻喜之。一日游西湖，戏谓琴操曰："我作长老，汝试参禅。"琴操敬诺。子瞻问曰："何谓湖中景?"对曰："落霞与孤鹜齐飞，秋水共长天一色。""何谓景中人?"对曰："裙拖六幅湘江水，髻挽巫山一段云。""何谓人中意?"对曰："随他杨学士，鳖杀鲍参军。如此，究竟何如?"子瞻曰："门前冷落车马稀，老大嫁作商人妇。"琴操言下大悟，遂削发为尼。

（《苏米志林》）

本书开头引的林黛玉和贾宝玉参禅，也属于这一类。

禅门之外的禅语，因所表意思性质的不同，大致可以分为以下几种。一种是表玄意的，如：

（1）东坡尝宴客，俳优者作伎万方，坡终不笑。一优突出，用棒痛打作伎者曰："内翰不笑，汝犹称良优乎?"对曰："非不笑也，不笑所以深笑之也。"坡遂大笑。

（《宋人轶事汇编》卷十二）

（2）一和尚犯罪，一人解之。夜宿旅店，和尚沽酒劝，其人烂醉，乃削其发而逃。其人酒醒，绕屋寻和尚不得，摩其头则无发矣，乃大呼曰："和尚倒在，我却何处去了?"

（《笑赞》）

一种是表超脱的，如：

（3）荆公与魏公论事不合，曰："如此则是俗吏所为。"
魏公曰："公不相知，某真一俗吏也。"

（《宋人轶事汇编》卷十）

（4）元章知无为军，见州廨立石甚奇，命取袍笏拜之，
呼曰"石丈"，言事者传以为笑。或语芾曰："诚有否？"芾
徐曰："吾何尝拜？乃揖之耳。"

（《海岳志林》）

一种是表示诙谐的，如：

（5）黄鲁直戏东坡曰："昔右军书为换鹅书，近日韩宗
儒性饕餮，每得公一帖，于殿帅姚麟家换羊肉数斤，可名公
书为换羊书矣。"公在翰苑，一日，宗儒致简相寄，以图报
书。来人督索甚急，公笑曰："传语本官：今日断屠。"

（《侯鲭录》）

（6）有士人入寺中，众僧皆起，一僧独坐。士人曰："何以
不起？"僧曰："起是不起，不起是起。"士人以禅杖打其头，僧
曰："何以打我？"士人曰："打是不打，不打是打。"

（《笑赞》）

一种是表示嘲讽的，如：

（7）刘子仪不能大用，称疾不出。朝士问疾，刘云："虚热上攻。"石文定在坐，云："只消一把清凉散。"（原注：两府用清凉伞也。）

（《古今谭概·微词部》）

（8）杨升庵云：滇中有一先辈，谕诸生读书为文之法甚悉。语毕问诸生曰："吾言是否？"一人应曰："公天人，所言皆天话也。"（原注：吴下谓大言曰天话。）

（同上）

一种是表示牢骚的，如：

（9）东坡先生自黄移汝，起守文登。舟次泗上，偶作词云："何人无事，燕作空山。望长桥上灯火闹，使君还。"太守刘士彦本出法家，木强人也。闻之，即谒东坡，曰："知有新词，学士名满天下，京师便传。在法，泗州夜过长桥者徒二年，况知州耶！切告收起，勿以示人。"东坡笑曰："轼一生罪过，开口不在徒二年以下。"

（《挥麈后录》）

（10）不会谈天说地，不喜咬文嚼字。一味臭喷蛆，且向人前捣鬼。放屁，放屁，真正岂有此理！

（《何典》第一回《如梦令》）

一种是表示隐讳的，如：

（11）某科会试，潘文勤公祖荫充总裁，有一卷荐而未售，评曰："欠沙石。"及辗转托人致问，文勤曰："其文日光玉洁，因恐风檐寸晷，未必有如此磨琢工夫，或系代枪所致，故抑之。"又一卷批一"矮"字。众皆愕视，文勤晓之曰："矮者，谓其不高耳。"

（《清稗类钞·诙谐类》）

（12）这宝玉固然是有意负荆，那宝钗自然也无心拒客……从此"二五之精，妙合而凝"（案：为《太极图说》中语）。

（《红楼梦》一百九回）

可以想见，语言千变万化，所对付的情境也千变万化，除了上面举的几种之外，一定还有不少言在此而意在彼的。言在此而意在彼是禅门的家数，世俗人借来用，即使不能照搬，只要星星点点，也会闪烁出或大或小的光芒。

第十五章 余论

15.1 回顾既往

禅宗是中土佛教的一个宗派，禅是佛教中一种有特点的修持方法，讲禅，尤其在理的方面，常常不能离开佛教，因此，本章打算混起来讲。这里称余论，意思是有关禅的一些情况讲完了，用剩余的笔墨总的说说。这所说偏于评价，自然更是仁者见仁，智者见智。想由时间方面分作两部分，过去和未来。先谈过去，有以下几点意思。

第一点，佛道是值得珍视的。前面一再说过，人生，作为一种客观现实，是"一"，人生之道是"多"。这有如同是吃，有人喜欢酸的，有人喜欢辣的。同理，同是住在世间，有人喜欢朝市，有人喜欢山林。不同的选择，都是求生活安适，或者用人生哲学的术语说，求快乐。可是说到快乐，问题又是一大堆。如叔本华就不承认有积极性质的快乐。佛家更进一步，认为锦衣玉食，声色狗马，以及娶妻生子，柴米油盐，都没有什么快乐可言，而是苦。扩大了说，世间就是苦海。这是"知"，知之后要继以"行"，于是求灭苦之道。办法是出世间。由常人看，这想法很怪。但仔细思考，生活中有苦，甚至多苦，也确是事实。还有，即使撇开苦，心安理得问题，有不少人是常常想到而没有解决。这用佛家的话说，是生死大事未了。总之，人生确是有佛家所想的那样的问题，即使在有些人的眼里，问题并不那么严重。有问题，应该解决，用什么办法？佛道（尤其禅）的价值就在于它提供了一种办法，而且有不少人真就这样做了。做的结果呢？至少是信士弟子承认，有不少人真就断了烦恼。也有不少人或者抱存疑态度，这也无妨。我们站在禅外，应该用公平的眼光，把它看作对付人生中某种病的一种方剂，如果真就得了这种病，那就无妨用它试一试。这是说，它是人生哲学方面的一种祖传的遗产，保存以备用总是应该的。

第二点，慈悲的价值不可轻视。佛教修持的所求，小乘可以满足于自了；大乘不然，菩萨行还要推己及人。儒家也主张推己及人，所以《论语》说："夫仁者，己欲立而立人，己欲达而达人。""己所不欲，勿施于人。"佛家更进一步，是大慈大悲，就是扩大到人以外的"诸有情"或"众生"。这由常人看，是过于理想，贯彻很难。不过理想有理想的价值，如中土自佛教盛行以后，也由于有果报说的辅助，推崇慈善、厌恶残忍的思想感情总是很强烈，这对于维持社会的安定，紧密人与人的关系，应该说是有相当大的作用。打开窗户说亮话，所谓"德"，不过是人己利害冲突的时候，多为人想想而已。慈悲的思想感情正是培养德的强大的力量，所以不只应该保存，而且应该发扬光大。

第三点，中土佛教的天台、华严、法相等宗，都着重繁琐名相的辨析。禅宗走另一条路，直指人心，不立文字。两者相比，禅宗是走了简明的路。所谓"简"，是比较容易，如不通《成唯识论》等书同样可以得解脱。所谓"明"，是比较容易说清楚，如自性清净，当作信念坚持，日久天长就会杂念减削而感到心体湛然；如果钻研唯识学说，到末那识、阿赖耶识那里打转转，那就有陷入概念大海的危险。此外，禅还有接近世俗的优越性，就是说，容易致用。总之，中土佛教唐以后禅宗独盛，既是演变的必然，又是选择的当然。

第四点，是理想离现实太远，难于实现。前面多次说过，佛道是以逆为顺。逆什么？是逆《中庸》所说"天命之谓性"。这性，告子说得简明具体，是"食色，性也"。对这些，佛家硬说是染污，甚至万法皆空。要求清净真实的，即所谓实相、真如、涅槃之类。这些事物实质是什么？在哪里？难言也。且从顶端降下一层，不再问能不能证涅槃，只求能够灭情欲以断烦恼。可是情欲偏偏来于"天命之谓性"，顺，容易，抗就太难了。自然，太难不等于不可能，有少数人，如马祖、赵州之流，大概是断了烦恼，够得上真是悟了。可是，这正如《庄子·天下》篇批评墨家所说："反天下之心，天下不堪，墨子虽独能任，奈天下何！"因为太难，我的想法，自魏晋以来，出家、在家四众，数目多到数不清，真正能够解脱的恐怕为数不多。不能而住山林，持斋念佛，参禅打坐，其中究竟还有多少烦恼，虽然难于确知，却是可以想见的。这悲哀是隐蔽的。还有公开的，是把削发为僧尼看作一条生路，甚至另一种养尊处优的生路，那就是名为出世间实际是入世间了。一部分所谓信士弟子，由以逆为顺之难走到有名无实之假，也是佛教的悲剧的一面。这悲剧，应该由教理负责呢，还是应该由一些信徒负责呢？也许是兼而有之吧？

15.2　展望将来

关于将来，也可以说几点意思。

第一点，佛道的知和行，与现代的想法和生活有大距离，求现代人接受大不易。先说知，现代是科学统辖一切的时候。所谓科学，是求可以说明因果关系、可以实证的知识。往大处说，地球是太阳系的一个行星，太阳系是银河系的一个星系，等等，都可以实证。往小处说，人体由各种细胞组成，某些病由病毒引起，等等，也是可以实证。佛书上的讲法不然，大至三十三天，小至阿赖耶识的种子，都来于玄想，是不能实证的。能实证与不能实证对比，舍前者而取后者，即使非绝对不可能，总是太难了。知不能不影响行，于是科学之下产生了科技。科技想解决的偏于实际问题，如空调可以改善住的条件，飞机可以改善行的条件，等等。这等等相加，会引来生活方面的大变化，即不可意的成分渐渐减少，可意的成分渐渐增加。减之又减，加之又加，其结果，世间的情况就会离佛家的想法（世间是苦海）越来越远。再加上佛家的不率性而行，太难，求现代人能够沿着玄奘、马祖等人的路线走，必是越来越困难。

第二点，信士弟子会逐渐减少。科学与宗教，至少是知的部分，难于调和。这样，科学知识的势力膨胀，宗教信条的势力就会相应地缩小。这是一切宗教共有的命运。六朝以来，中土佛教势力很大，出家、在家四众，人数很多，思想的影响，对四众是深入，对四众以外的不少人是浅入。到现代，虽然信教有自由，各地还有一些寺院，可是甘心住在里边、执意求解脱的人总是为数不多了。在家的二众自然更少。可以想见，此后这种情况还会发展，就是说，信士弟子会越来越少。佛学，作为哲学史的一个门类，会在研究哲学的机构和大学的教室占一席地。但这是研究，等于站在外边用冷眼看，而不是随着大流走下去。知，难见诸行，这由佛教的立场看，是个遗憾。还可能有更大的遗憾，是灭苦的大志和办法，以及誓愿度的弘愿，都渐渐在人的思想中消逝。这值得惋惜。说值得惋惜，是因为，如果人的生活可以分为物质、心灵两部分，昔人感到的心灵方面的问题，不会因为科技的进步而削减净尽。那么，昔人对这类问题的成系统的想法和解决办法，也就值得保存，并在必要的时候思索一下。也就是根据这种想法，我觉得，佛道，尤其禅的修持方法和生活态度，总是应该当作宝贵的遗产收藏在适当的地方。

第三点是求生存的两难。上面两点意思，总起来是佛教的前途充满荆棘，不易走，或者说，想生存下去，有不少困难。信士弟子们当然想生存下去，困难怎么克服？很明显，是要在两难中闯出一条中道的路。这两难的路，一种偏于保守，就是紧抱着教义不放。这，刚才说过，就会与现代的思想和生活格格不入。具体说，还相信万法唯识，用现代化设备也是苦，禅悟后可以了生死，等等，必难于取信于人。这条路不能畅通，于是不得不试一条偏于维新的，就是向世俗靠近，或说趋向现代化。怎么化？一言难尽，因为牵涉到无限事物，不能遍举，就是只举一项，如用农药杀害虫，也不好办。前不久看报，见某活佛曾说："如果将'四大皆空'理解为不妄求，不做非分之想，不沉溺于物欲，则仍有其保留和存在的价值。"这用意很好，可是就佛理说，放弃"四大皆空"，究竟变动太大了。我有时想，不得已而向世俗和现代靠近，如果把"人生是苦"的想法也放弃了，路是容易走通了，但那还能够算作佛教吗？怎么样才能够取得既不放弃基本教义，又不远离现代精神的中道，以期能够生存下去，这个问题太大，只好留给与佛教、与佛教教理有牵涉的一些来者慢慢思考。

第四点，也不排斥另一种可能。这是指较长时期之后，整个世界思潮可能有变化，就是由向外的追求科技，变为向内的追求内心。如果竟会这样，佛教教义以及禅宗的修持方法，是各种心学中的很重要的一种，也许还会有人把它从书库里找出来，刮目相看吧。

图书在版编目 (CIP) 数据

禅外说禅 / 张中行著. —— 北京：北京十月文艺出
版社，2025.1
ISBN 978-7-5302-2286-7

Ⅰ. ①禅… Ⅱ. ①张… Ⅲ. ①禅宗—通俗读物 Ⅳ.
①B946.5-49

中国国家版本馆 CIP 数据核字 (2023) 第 024393 号

禅外说禅
CHAN WAI SHUO CHAN
张中行 著

出　　版　北 京 出 版 集 团
　　　　　北京十月文艺出版社
地　　址　北京北三环中路 6 号
邮　　编　100120
网　　址　www.bph.com.cn
发　　行　新经典发行有限公司
　　　　　电话 010-68423599
经　　销　新华书店
印　　刷　河北鹏润印刷有限公司
版　　次　2025 年 1 月第 1 版
印　　次　2025 年 1 月第 1 次印刷
开　　本　880 毫米 ×1230 毫米 1/32
印　　张　15
字　　数　302 千字
书　　号　ISBN 978-7-5302-2286-7
定　　价　56.00 元
如有印装质量问题，由本社负责调换
质量监督电话　010-58572393